中国旅游院校五星联盟教材编写出版项目

中国骨干旅游高职院校教材编写出版项目

旅行社服务与管理专业模块 | 模块主编 徐云松

旅游政策与法规

Tourism Policies and Laws

主 编 江 涛　副主编 包美仙　周德邦

中国旅游出版社

编辑出版工作指导委员会

编辑委员会

（按拼音首字母的音序排序）

特邀模块主编

出版说明

　　把中国旅游业建设成国民经济的战略性支柱产业和人民群众更加满意的现代服务业，实现由世界旅游大国向世界旅游强国的跨越，是中国旅游界的光荣使命和艰巨任务。要达成这一宏伟目标，关键靠人才。人才的培养，关键看教育。教育质量的高低，关键在师资与教材。

　　经过20多年的发展，我国高等旅游职业教育已逐步形成了比较成熟的基础课程教学体系、专业模块课程体系以及学生行业实习制度，形成了紧密跟踪旅游行业动态发展和培养满足饭店、旅行社、旅游景区、旅游交通、会展、购物、娱乐等行业需求的人才的开放式办学理念，逐渐摸索出了一套有中国特色的应用型旅游人才培养模式。在肯定成绩的同时，旅游教育界也清醒地看到，目前的旅游高等职业教育教材建设和出版还存在着严重的不足，体现在教材反映出的专业教学理念滞后，学科体系不健全，内容更新慢，理论与旅游业实际发展部分脱节等，阻碍了旅游高等职业教育的健康发展。因此，必须对教材体系和教学内容进行改革，以适应飞速发展的中国旅游业对人才的需求。

　　上海旅游高等专科学校、浙江旅游职业学院、桂林旅游高等专科学校、南京旅游职业学院、山东旅游职业学院等中国最早从事旅游职业教育的骨干旅游高职院校，在学科课程设置、专业教材开发、实训实习教学、旅游产学研一体化研究、旅游专业人才标准化体系建设等方面走在全国前列，成为全国旅游教育的排头兵、旅游教学科研改革的试验田、旅游职业教育创新发展的先行者。他们不仅是全国旅游职业教育的旗帜，也是国家旅游局非常关注的旅游教育人才培养示范单位，培养出众多高素质的应用型、复合型、技能型的旅游专业人才，为旅游业发展做出了贡献。中国旅游出版社作为旅游教材与教辅、旅游学术与理论研究、旅游资讯等行业图书的专业出版机构，充分认识到高质量的应用型、复合型、技能型人才对现阶段我国旅游行业发展的重要意义，认识到推广中国骨干旅游高等职业院校的基础课程、专业课程、实习制度对行业人才培养的重要性，由此发起并组织了中国旅游院校五星联盟教材编写出版项目暨中国骨干旅游高职院校教材编写出版项目，将五校的基础课程和专业课程的教材成系统精选出版。该项目得到了"五星联盟"院校的积极响应，得到了国家旅游局人事司、教育部高职高专旅游专业教学指导委员会、中国旅游协会旅游教育分会的大力支持。经过各方两年多的精心准备与辛勤编写，在国家"十二五"开局之年，这套教材终于推出面世了。

中国旅游院校五星联盟教材编写出版项目暨中国骨干旅游高职院校教材编写出版项目所含教材分为六个专业模块：**"旅游管理专业模块"**（《旅游概论》、《旅游经济学基础》、《中国旅游地理》、《旅游市场营销实务》、《旅游服务业应用心理学》、《旅游电子商务》、《旅游职业英语》、《旅游职业道德》、《旅游礼宾礼仪》）；**"酒店服务与管理专业模块"**（《酒店概论》、《酒店前厅部服务与管理》、《酒店客房部服务与管理》、《酒店餐饮部服务与管理》、《酒店财务管理》、《酒店英语》、《酒店市场营销》、《调酒与酒吧管理》）；**"旅行社服务与管理专业模块"**（《旅行社经营管理》、《旅游政策与法规》、《导游业务》、《导游文化基础知识》、《旅行社门市业务》）；**"景区服务与管理专业模块"**（《景区规划原理与实务》、《景区服务与管理》、《旅游资源的调查与评价》）；**"会展服务与管理专业模块"**（《会展概论》、《会展策划与管理》、《会展设计与布置》、《实用会展英语》）；**"烹饪工艺与营养专业模块"**（《厨政管理》、《烹饪营养与食品安全》、《面点工艺学》、《西餐工艺与实训》）。本套教材实行模块主编审稿制，每一个专业模块均聘请了一至三位该学科领域的资深专家作为特邀主编，负责对本模块内每一位主编提交的编写大纲及书稿进行审阅，以确保本套教材的科学性、体系性和专业性。"五星联盟"的资深专家及五校相关课程的骨干教师参与了本套教材的编写工作。他们融合多年的教学经验和行业实践的体会，吸收了最新的教学与科研成果，选择了最适合旅游职业教育教学的方式进行编写，从而使本套教材具有了鲜明的特点。

1. 定位于旅游高等职业教育教材的"精品"风格，着眼于应用型、复合型、技能型人才的培养，强调互动式教学，强调旅游职业氛围以及与行业动态发展的零距离接触。

2. 强调三个维度能力的综合，即专业能力（掌握知识、掌握技能）、方法能力（学会学习、学会工作）、社会能力（学会共处、学会做人）。

3. 注重应用性，强调行动理念。职业院校学生的直观形象思维强于抽象逻辑思维，更擅长感性认识和行动把握。因此，本套教材根据各门课程的特点，突出对行业中的实际问题和热点问题的分析研讨，并以案例、资料表述和图表的形式予以展现，同时将学生应该掌握的知识点（理论）融入具体的案例阐释中，使学生能较好地将理论和职业要求、实际操作融合在一起。

4. 与相关的行业资格考试、职业考核相对应。目前，国家对于饭店、导游从业人员的资格考试制度已日渐完善，而会展、旅游规划等的从业资格考核也在很多旅游发达地区逐渐展开。有鉴于此，本教材在编写过程中尽可能参照最新的各项考试大纲，把考点融入到教材当中，让学生通过实践操作而不是理论的死记硬背来掌握知识，帮助他们顺利通过相关的考试。

中国旅游院校五星联盟教材编写出版项目暨中国骨干旅游高职院校教材编写出版项目是一个持续的出版工程，是以中国骨干旅游高职院校和中国旅游出版社为平台的可持续发展事业。我们对参与这一出版工程的所有特邀专家、学者及每一位主编、参编者和旅游企业界人士为本套教材编写贡献出的教育教学和行业从业的才华、智慧、经验以及辛勤劳动表示崇高的敬意和衷心的感谢。我们期望这套精品教材能在中国旅游高等职业教育教学中发挥它应有的作用，做出它应有的贡献，这也是众多参与此项编写出版工作的同人的共同希望。同时，我们更期盼旅游高等职业教育界和旅游行业的专家、学者、教师、企业界人士和学生在使用本套教材时，能对其中的不足之处提出宝贵意见和建议，我们将认真对待并吸纳合理意见和建议，不断对这套教材进行修改和完善，使之能够始终保持行业领先水平。这将是我们不懈的追求。

中国旅游出版社

2011年3月

目 录
CONTENTS

前　言

　　"旅游政策与法规"是高等职业教育旅游管理类专业必修的课程之一，同时也是导游人员考试的必考科目。《旅游政策与法规》一书是2009年编者为配合浙江省精品课程旅游政策与法规建设而编写的，2010年被列入中国旅游院校五星联盟教材编写出版项目。本教材在编写过程中努力体现"以运用为目的，以必需、够用"为度的原则，体现"联系实际，重视运用，提高能力"的特色。

　　一、紧扣人才培养目标，以课程教学大纲为标准。教材以旅游市场人才需求为目标，紧扣课程教学大纲要求，在内容取舍上，以现行国家政策为依据，以旅游法规的基本理论和基本知识为主要内容，以实用、够用为原则，并吸收和借助相近其他行业法规的有关内容，完整地表达本课程应包含的知识及发展规律，结构严谨，体现了旅游法律规范的前后逻辑关系及旅游专业特有的思维方法。

　　二、理论与实践兼顾，深入行业校企合作。以必需够用为度，以任务驱动为标，校企合作统筹设计教学内容，培育学生职业素养。旅游政策与法规课程具有很强的实践性，教材在向学生介绍最新的旅游政策与法规的同时，强调知识迁移，注重知识的应用性，引导学生深入旅游企业，收集行业第一手资料。教材以旅游重大、热点案件的案例为切入点，详细分析了旅游法律关系主体及其权利义务，积极探讨依法解决旅游纠纷的基本途径和方法，有利于激发学生学习兴趣及培养各种能力，锻炼了学生运用所学旅游法规的基本理论解决实际问题的能力。

　　三、与相关的资格考试、职业考核相对应。目前国家实行统一的导游人员资格考试制度。教材在编写过程中参照导游人员资格考试大纲，把考点（尤其是重点考点）融入到教材当中，充分重视和体现资格考试的考点，并在课后的复习与思考中附有与导游人员资格考试相同题型的练习，帮助学生通过考试。

前　言

　　本教材是企合作开发的成果，编写教师团队为多年从事有关旅游政策与法规研究的教师，在高等职业旅游政策与法规教育领域中有一定建树，也是行业中取得一定资质的"双师型"教师。编写团队中有两位成员具有律师资格，常年参与浙江省旅游质量监督所法务工作。他们拥有多年丰富的教学、科研、考试培训、导游大赛等方面的经验。编写团队还得到诸多旅游行业从业者的大力支持，如浙江省旅游质量监督管理所、浙江省旅行社协会、浙江新世界国际旅行社等单位的各位同人，他们提供了不可多得鲜活的第一手行业资料，特别是浙江省旅游质量监督管理所的黄恢月同志参与了本书部分章节的编写。

　　全书总计十五章，分工如下：第一章至第四章，由包美仙编写；第五章至第十一章，由江涛编写；第十二章至第十五章，由周德邦编写。

　　由于编者水平有限，加之旅游法规正在不断修改之中，本书难以全部涉及，不妥之处，敬请广大同行、读者予以指正。

编　者

2013年5月于钱塘江畔

中国特色社会主义理论体系

第一章

中国特色社会主义理论体系，是马克思主义中国化的最新成果，是党的最宝贵的政治和精神财富，是全国各族人民团结奋斗的共同思想基础。高举中国特色社会主义伟大旗帜就是要坚持中国特色社会主义道路和中国特色社会主义理论体系。

包括邓小平理论、"三个代表"重要思想以及科学发展观等重大战略思想在内的科学体系可以概括为"中国特色社会主义理论体系"，是中国共产党对什么是社会主义，中国该如何探索社会主义建设的理论成果。它回答了社会主义的本质、中国处在社会主义初级阶段、中国要发展必须坚持"一个中心，两个基本点"的基本路线、经济发展必须建立社会主义市场经济体制、坚持科学发展观、构建社会主义的和谐社会等问题。

学习目标

知识目标

1. 了解邓小平理论的历史地位，明确目前我国社会主义的发展阶段、党的基本路线，掌握社会主义市场经济理论。

2. 掌握"三个代表"的含义，明确科学发展观的意义，掌握和谐社会的基本理论。

3. 掌握邓小平理论、"三个代表"重要思想和科学发展观的立场、观点和方法。

能力目标

1. 掌握邓小平理论、"三个代表"重要思想和科学发展观的立场、观点和方法。

2. 运用邓小平理论、"三个代表"重要思想和科学发展观的立场、观点和方法去分析问题，培养总体、宏观分析和解决实际问题的能力。

新中国 60 年经济建设的辉煌成就

　　新中国经过 60 年的发展建设，实现了从农业社会向工业化中期阶段的历史性跨越，工业化与信息化融合推进，高新技术产业飞速提升，"神舟七号"漫步太空是最有力的证明。国家综合实力也大大增强，我国国内生产总值由 1952 年的 679 亿元增加到 2008 年的 300670 亿元，经济总量跃升至世界第 3 位；人均国内生产总值由 1952 年的 119 元增加到 2008 年的 22698 元，进入世界中等收入国家行列；货物进出口总额由 1952 年的 64.6 亿元增加到 2008 年的 179763.9 亿元，外贸总额位居世界第 3 位；国家财政收入从 1952 年的 173.9 亿元增加到 2008 年的 61300 亿元，增长 352 倍；国家外汇储备从 1978 年的 1 亿多美元增加到 2008 年的 19460 亿美元，位列全球之首；人民生活从不足温饱发展到总体小康，并已朝着全面建设小康社会目标迈出了坚实步伐；政治建设、国防建设、文化建设、社会建设取得了世界瞩目的成就，今天一个面向现代化、面向世界、面向未来的社会主义中国巍然屹立在世界东方。

　　应该看到，目前我国仍未摆脱不发达状况。突出表现在，与发达国家相比，我国在劳动生产率上差距比较大。我国只有少量的世界先进水平的技术，如能够制造原子弹、氢弹、人造卫星、航天飞船等，普遍的则是技术水平不高。

　　我国人均国民生产总值仍然位居世界的后列。1998 年我国城镇年人均可支配收入 5425 元，农村是 2162 元，这与发达国家的 2 万～3 万美元的人均收入相比有着巨大的差距，与中等收入水平国家相比也依然存在较大差距，即使在发展中国家中也是位列靠后的。例如，居民的生活消费结构，我国的恩格尔系数为 0.596，其中城镇为 0.53，农村为 0.62。根据联合国粮农组织按恩格尔定律划分贫富档次的标准，中国还处于贫穷的水平。从三大营养物质看，我国居民的生活状况目前仍处于热量补偿阶段。目前，我国居民的营养水平与亚洲中上等国家 20 世纪 70 年代相近，接近于日本 20 世纪 60 年代中期水平。居民居住条件较差，人均居住面积处于中等偏下水平。

　　中科院中国现代化研究中心发布的最新研究成果《中国现代化报告 2012：农业现代化研究》指出，农业现代化已经成为中国现代化的一块短板，截至 2008 年，中国农业经济水平比美国落后约 100 年。据中科院中国现代化研究中心主任何传启介绍，中国农业现代化起步大致时间是 1880 年前后，比发达国家晚了 100 年。同时，如果以农业增加值比例、农业劳动力比例和农业劳动生产率三项指标计算的话，2008 年的中国农业水平与英国相差约 150 年，与美国相差 108 年，与韩国相差 36 年，日本和法国的农业水平是中国的 100 多倍。

　　我国在社会发展的其他方面与发达国家相比差距也比较大，存在的问题也不少，如党的十五大报告中所指出的：（1）国民经济整体素质和效益不高，经济结构不合理的矛盾仍然比较突出，特别是部分国有企业活力不强；（2）人民群众对于党风、政风、社会风气和社会治安的状况还不满意，贪污腐败、奢侈浪费等现象仍在蔓延滋长，官僚主义、形式主义、弄虚作假的问题较为严重；（3）收入分配关系尚未理顺，地区发展差距还明显存在，城乡部分群众生活比较困难；（4）人口增长、经济发展给资源和环境带来巨大的压力等。

——资料来源：陶文昭.如何讲授社会主义初级阶段的长期性［J］.教学与研究，2000（1）.

案 例 分 析

1. 如何评价新中国成立 60 年来取得的成就？
2. 中国社会主义的发展到底处于什么样的发展阶段？

　　中国共产党在马克思主义中国化的过程中，先后产生了毛泽东思想、邓小平理论和"三个代表"重要思想以及科学发展观。这些理论成果都是马克思主义同中国实际和时代特征相结合的产物，是中国化的马克思主义，也是中国共产党集体智慧的结晶。它们之间既是一脉相承的，又是与时俱进的统一的科学思想体系。

　　党的十七大把包括邓小平理论、"三个代表"重要思想以及科学发展观等重大战略思想在内的科学体系概括为"中国特色社会主义理论体系"。

　　党的十八大明确指出，中国特色社会主义理论体系，就是包括邓小平理论、"三个代表"重要思想、科学发展观在内的科学理论体系，是对马克思列宁主义、毛泽东思想的坚持和发展。

第一节　邓小平理论

一、邓小平理论的历史地位

　　马克思列宁主义同中国实践相结合有两次历史性飞跃，产生了两大理论成果。

第一次飞跃的理论成果是被实践证明了的关于中国革命和建设的正确的理论原则和经验总结，它的主要创立者是毛泽东，我们党把它称为毛泽东思想；第二次飞跃的理论成果是建设有中国特色社会主义的理论，它的主要创立者是邓小平，我们党把它称为邓小平理论。这两大理论成果，都是党和人民实践经验和集体智慧的结晶。

邓小平理论，是马克思主义同当代中国实践和时代特征相结合的产物，是毛泽东思想的继承和发展，是当代中国的马克思主义，是马克思主义在中国发展的新阶段。这些科学概括，清楚地指明了邓小平理论在马克思主义发展史、中国社会主义发展史和中国共产党奋斗史上的地位，全面阐明了邓小平理论同马克思列宁主义、毛泽东思想的关系。

二、邓小平理论的主要内容

邓小平理论第一次比较系统地回答了我国如何建设社会主义、如何巩固和发展社会主义的一系列基本问题。

（一）社会主义本质理论

什么是社会主义？这是邓小平同志在领导我国改革开放和现代化建设中反复思考的首要的基本的理论问题。邓小平同志根据马克思主义的基本理论和社会主义的实践经验，对这个问题进行了不懈的探索。他指出："社会主义的本质，是解放生产力，发展生产力，消灭剥削，消除两极分化，最终达到共同富裕。"这一科学概括，反映了社会主义发展的基本规律，反映了人民的利益和时代的要求，把对社会主义的认识提高到了新的科学水平。

（二）社会主义初级阶段理论

党的十三大对社会主义初级阶段的含义做了明确的概括，指出它包括两层含义：第一，我国已经是社会主义社会。我们必须坚持而不能离开社会主义。中国在社会主义改造基本完成之后，就具备了社会主义的一般特征。判断一个国家的社会性质，要对其经济、政治、文化进行多方面综合考察，但最为主要的是看谁在掌握国家政权，代表不同阶级利益的政党在国家政权中的地位，是判断国家性质的重要标志。中国共产党代表着广大人民群众的利益并处于执政地位，这是中国社会主义最显著的标志。

第二，我国的社会主义还处在初级阶段。我们必须从这个实际出发，而不能超越这个阶段。初级阶段，着重强调中国在社会主义发展进程中所处的历史地位，即不发达阶段。初级阶段的根本特点就是不发达。

这两层含义，从本质上概括了我国的国情。第一层含义表明，从本质上看，我国的社会性质是社会主义，它说明我国的社会性质既不是资本主义，更不是封建主义，也不是社会主义经济制度尚未确立的过渡时期，而是已经进入社会主义，有着与社会主义其他阶段共同的本质。第二层含义则表明，从量上看，我国社会主义还没有发展成熟，还处在不发达阶段，从而使这个阶段有着不同于已经实现社会主义现代化阶段的特点。

（三）社会主义初级阶段党的基本路线

在确认中国处于社会主义初级阶段的基础上，我们党制定了我国社会主义初级阶段的基本路线，这就是：领导和团结全国各族人民，以经济建设为中心，坚持四项基本原则，坚持改革开放，自力更生，艰苦创业，为把我国建设成为富强、民主、文明、和谐的社会主义现代化国家而奋斗。

社会主义初级阶段党的基本路线可以简要概括为"一个中心，两个基本点"，即以经济建设为中心，坚持四项基本原则，坚持改革开放。我国所面临的一切困难和任务的解决，都取决于社会主义现代化建设，中国的一切问题要靠发展来解决。四项基本原则是立国之本，是实现现代化的政治保证。坚持四项基本原则，关系到中国的前途和命运，关系到改革开放和现代化建设的成败。坚持四项基本原则不动摇，尤其是坚持党的领导不动摇，是坚持四项基本原则的核心。坚持改革开放，走强国之路。改革是初级阶段社会主义发展的重要动力，对外开放是初级阶段社会主义发展的必要条件。开放也是一种改革，是对外关系上的改革。没有改革开放，就没有 30 多年来所取得的成就。

党的基本路线规定了初级阶段的奋斗目标，即把我国建设成为富强、民主、文明、和谐的社会主义现代化国家。党的基本路线中的"领导和团结全国各族人民"的表述，指出了社会主义现代化建设的领导力量和依靠力量。党的基本路线也规定了"自力更生、艰苦奋斗"的工作方针。

要准确把握"一个中心，两个基本点"的关系，首先，要坚持以经济建设为中心不动摇。在整个社会主义初级阶段，除非出现大规模的外来侵略战争，在其他任何情况下都不能离开这个中心。其次，两个基本点相互联系，不能离开四项基本原则谈论改革开放，也不能离开改革开放谈论四项基本原则。最后，一个中心离不开两个基本点，两个基本点要围绕着一个中心。

（四）建立社会主义市场经济体制

党的十四大报告指出：社会主义市场经济是与社会主义基本制度结合在一起的。所以，社会主义市场经济除具有市场经济的一般特点外，还有自己的特殊性，即社会主义市场经济的基本特征。

1. 社会主义市场经济是以社会主义公有制为基础的市场经济

生产资料的社会主义公有制是社会主义生产关系的基础，是社会主义制度区别于资本主义制度最基本的经济特征。在我国社会主义初级阶段，由于社会主义性质和初级阶段的国情，决定了在所有制结构上是以公有制为主体、多种所有制经济共同发展，这是我国社会主义初级阶段的一项基本经济制度。因此，在社会主义市场经济中，非公有制经济成分作为社会主义市场经济的重要组成部分，还占有一定的比重，并且还将在一定范围和一定程度内得以发展，但是占主体地位的是包括全民所有制和集体所有制在内的公有制经济成分。由于社会主义公有制经济成分的主体地位，决定了社会主义市场经济是建立在社会主义公有制基础上的市场经济，也因此决定了社会主义市场经济和资本主义市场经济的根本不同。

2. 社会主义市场经济实行以按劳分配为主体、多种分配方式并存，效率优先、兼顾公平的收入分配制度

我国社会主义初级阶段所有制结构的特点，决定了我国社会主义市场经济在收入分配制度上，是以按劳分配为主体的多种分配方式同时并存。社会主义市场经济中的收入分配，强调效率优先、兼顾公平的原则。在收入分配上，必须依靠市场的调节，引入竞争机制，打破平均主义，实行多劳多得，合理拉开差距，鼓励一部分地区、一部分人通过诚实劳动和合法经营先富起来。但是，市场在收入分配上又存在着一定的局限性，市场的调节不能完全实现公正的收入分配。为避免收入分配上

的差距过大，防止社会的贫富悬殊，又必须强调兼顾公平。在保障效率优先的前提下，实现社会公平和共同富裕。

3. 在社会主义市场经济的宏观调控上，国家能够把人民的当前利益与长远利益、局部利益与整体利益结合起来，更好地发挥计划和市场两种手段的长处

在以生产资料公有制为基础的社会主义市场经济条件下，由于社会主义公有制的存在，国家、集体和个人三者利益的根本一致有了客观的基础，从而形成了国家、集体和个人三者利益的根本一致的社会主义物质利益关系。在这种物质利益关系下，国家可以通过有效的宏观调控，把人民的当前利益和长远利益、局部利益和整体利益有机地结合起来，较好地解决国家、集体和个人三者在利益上的差别和矛盾。在运用宏观调控的手段上，社会主义国家除了利用市场的作用外，还需要利用国家计划。通过计划和市场的有机结合，使这两种手段的长处能更有效地发挥，从而更好地实现宏观经济的调控。

4. 社会主义市场经济体制的基本框架

（1）建立现代企业制度。必须坚持以公有制为主体、多种所有制经济共同发展的方针，转换国有企业经营机制，建立现代企业制度。在所有制结构上，必须坚持以公有制为主体、多种所有制经济长期共同发展。在这种基本经济制度中，所有企业的地位是平等的。国有企业、集体企业和其他所有制企业都进入市场，通过平等竞争发挥国有经济的主导作用，不断壮大自己。以公有制为主体的现代企业制度，是社会主义市场经济体制的基础。国有企业是我国国民经济的支柱。搞好国有企业改革，对建立社会主义市场经济体制和巩固社会主义制度具有极为重要的意义。建立现代企业制度是国有企业改革的方向。要按照"产权清晰、权责明确、政企分开、管理科学"的要求，对国有企业实行规范的公司制改革，使国有企业成为适应市场需求的法人实体和竞争主体。在转换国有企业经营机制，建立现代企业制度的过程中，实行鼓励兼并、规范破产、下岗分流、减员增效和再就业工程，形成企业优胜劣汰的竞争机制。要建立起有效的国有资产管理、监督和营运机制，保证国有资产的保值增值，防止国有资产流失。

（2）培育和发展市场体系。建立全国统一开放、竞争有序的市场体系，实现城乡市场紧密结合，国内市场和国际市场相互衔接，促进资源优化配置。商品市场是市场体系的基础。要深化流通体制改革，继续发展和完善商品市场。要素市场是现代市场经济体制的有机组成部分。随着商品市场的不断发展和完善，对发展要素市场的要求日益强烈。在现代市场经济中，货币是所有资源的一般代表，资源的配置首先表现为资本金的配置。劳动力则是最能动、最活跃的生产要素。要充分开发和利用好这一要素必须依靠劳动力市场。因此，抓紧培育和规范资本市场、劳动力市场以及土地、技术和信息等要素市场是充分发挥市场机制配置资源基础性作用的基础，是建立统一开放和竞争有序的市场体系的重点。

（3）千方百计增加居民收入。实现发展成果由人民共享，必须深化收入分配制度改革，努力实现居民收入增长和经济发展同步、劳动报酬增长和劳动生产率提高同步，提高居民收入在国民收入分配中的比重，提高劳动报酬在初次分配中的比重。初次分配和再分配都要兼顾效率和公平，再分配更加注重公平。完善劳动、资本、技术、管理等要素按贡献参与分配的初次分配机制，加快健全以税收、社会保障、转移支付为主要手段的再分配调节机制。深化企业和机关事业单位工资制度改革，推行企业工资集体协商制度，保护劳动所得。多渠道增加居民财产性收入。规范收入分配秩序，保护合法收入，增加低收入者收入，调节过高收入，取缔非法收入。

（4）建立健全的宏观调控体系。转变政府管理经济的职能，建立以间接手段为主的宏观调控体系，保证国民经济健康运行。宏观调控是国家的经济职能，其主要任务是保持国民经济的总量平衡，抑制通货膨胀，促进重大经济结构优化，保证国民经济持续、快速、健康发展。总量平衡和结构优化是宏观调控的核心。宏观调控主要运用经济和法律手段。要深化金融、财政和计划体制改革，把建立计划、金融、财政之间相互配合和制约的，能综合协调宏观调控经济政策和正确运用经济杠杆的机制，作为完善宏观调控体系的重点。要搞好宏观调控，必须按照政企分开的原则，转变政府职能。政府的经济职能要真正转到制定和执行宏观经济政策，规划国民经济长期发展战略，实现对国民经济总量平衡的调控，引导生产力合理布局，促进结构优化。搞好基础设施建设，为企业创造良好的外部环境。把不应由政府直接行使的职能转给企业、市场和中介组织。为此，要按照政企分开和精简、统一、效能的原则，搞好政府机构的改革。

（5）改革和完善社会保障制度。建立多层次的社会保障制度，为居民提供同我国国情相适应的社会保障，促进经济和社会的稳定。要建立健全社会保障体系，实行社会统筹和个人账户相结合的养老、医疗保险制度，完善失业保险和社会救济制度，为城乡居民提供最基本的社会保障。建立多层次的社会保障体系，是社会主义市场经济体制下不可缺少的重要环节，对深化企业和事业单位的改革，保障社会稳定以及市场经济体制的建立和发展都有重要意义。

上述五个主要环节，是社会主义市场经济体制的五大支柱，它们之间既互相联系又互相制约，由此形成一个有机整体，构成了社会主义市场经济体制的基本框架。

除了上面指出的几个方面外，邓小平理论体系中还包括了改革开放理论、社会主义现代化发展战略、社会主义民主政治建设、社会主义精神文明建设、统一战线、军队和国防建设、社会主义外交战略、祖国统一、党的建设等理论。

相关链接 🔍 搜索

中国货物贸易进出口总额跃居世界第二位

国家统计局 2012 年 8 月发布的报告指出，2003~2011 年间，中国货物进出口贸易年均增长 21.7%，2011 年中国货物贸易进出口总额跃居世界第二位，连续 3 年成为世界最大出口国和第二大进口国。

据国家统计局网站消息，我国 2011 年进出口总额为 36421 亿美元，比上年增长 22.5%；出口总额达 18986 亿美元，比上年增长 20.3%；进口总额达 17435 亿美元，比上年增长 24.9%。进出口相抵，顺差 1551 亿美元。

——资料来源：http://politics.people.com.cn/GB/70731/16899420.html.

2010年进出口总量前十名的国家和地区

（单位：亿美元）

排　名	国　　家	出口额	进口额	进出口总额
1	美　国	12781	19681	32462
2	中　国	15778	13951	29729
3	德　国	12681	10664	23345

续表

排　名	国　　家	出口额	进口额	进出口总额
4	日　本	7698	6926	14625
5	法　国	5204	6057	11261
6	荷　兰	5720	5166	10887
7	英　国	4043	5571	9614
8	意大利	4474	4838	9313
9	韩　国	4664	4252	8916
10	中国香港	3904	4335	8239

——资料来源：http://bbs.news.163.com/bbs/zhongmei/236041214.html.

第二节　"三个代表"重要思想

　　江泽民同志在党的十六大报告中明确指出，十六大的主题，就是高举邓小平理论伟大旗帜，全面贯彻"三个代表"重要思想，继往开来，与时俱进，全面建设小康社会，加快推进社会主义现代化，为开创有中国特色社会主义事业新局面而奋斗。

　　在 21 世纪，继续推进现代化建设，完成祖国统一大业，维护世界和平与促进共同发展，是我们党肩负的重大历史任务。面对国内外形势的深刻变化，我们党要紧跟世界进步的潮流，团结和带领全国各族人民抓住机遇，迎接挑战，胜利完成这三大历史任务，必须坚定不移地贯彻落实"三个代表"重要思想。"三个代表"重要思想是我们党的立党之本、执政之基、力量之源，也是我们在 21 世纪全面推进党的建设，不断推进理论创新、制度创新和科技创新，不断夺取建设有中国特色社会主义事业新胜利的根本要求。

一、中国共产党要始终代表中国先进生产力的发展要求

　　江泽民同志在庆祝中国共产党成立 80 周年大会上的讲话中指出："我们党要始

终代表中国先进生产力的发展要求，就是党的理论、路线、纲领、方针、政策和各项工作，必须努力符合生产力发展的规律，体现不断推动社会生产力解放和发展的要求，尤其要体现推动先进生产力发展的要求，通过发展生产力不断提高人民群众的生活水平。"

在新的历史条件下，我们党要始终代表先进生产力的发展要求，必须遵循和把握客观规律，在理论和实践上解决好若干重大问题。

第一，必须坚持以经济建设为中心，始终把发展社会生产力放在首要地位，人类社会的发展，就是先进生产力不断取代落后生产力的历史过程。我们为实现现代化而奋斗，最根本的就是要通过改革和发展，使我国形成发达的生产力。

第二，必须坚持社会主义的改革开放，为发展社会生产力不断注入新的动力。在社会主义社会的各个历史阶段上，都需要根据社会经济发展的要求，适时地对社会主义制度进行自我完善和发展，这样才能使社会主义制度充满生机和活力，为发展生产力提供强大动力。

第三，必须正确处理改革、发展、稳定三者的关系，为生产力的发展创造良好的社会政治环境。发展生产力，必须保持安定团结的社会政治环境。

第四，必须坚持全心全意依靠工人阶级和广大人民群众。人是生产力中最具有决定性的力量。包括知识分子在内的我国工人阶级，是推动我国先进生产力发展的基本力量。我国农民阶级和其他劳动群众，同工人阶级紧密团结，是推动我国社会生产力发展的重要力量。不断提高工人、农民、知识分子和其他劳动群众以及全体人民的思想道德和科学文化素质，不断提高他们的劳动技能和创造才能，充分发挥他们的积极性、主动性、创造性，始终是我们党代表中国先进生产力发展要求必须履行的第一要务。

第五，必须大力发展科学技术。科学技术是第一生产力，而且是先进生产力的集中体现和主要标志。世界科学技术的突飞猛进，极大地推动了世界生产力和整个经济社会的发展。未来的科技发展还将产生新的重大飞跃。我们必须敏锐地把握这个客观趋势，始终注意把发挥我国社会主义制度的优越性，同掌握、运用和发展先进的科学技术紧密地结合起来，大力推动科技进步和创新，不断用先进科技改造和提升国民经济，努力实现我国生产力发展的跨越。这是我们党代表中国先进生产力发展要求必须履行的一个重要职责。

二、中国共产党要始终代表中国先进文化的前进方向

江泽民同志在庆祝中国共产党成立 80 周年大会上的讲话指出："我们党要始终代表中国先进文化的前进方向，就是党的理论、路线、纲领、方针、政策和各项工作，必须努力体现发展面向现代化、面向世界、面向未来的，民族的、科学的、大众的社会主义文化的要求，促进全民族思想道德素质和科学文化素质的不断提高，为我国经济发展和社会进步提供精神动力和智力支持。"

牢牢把握中国先进文化的发展趋势和要求，坚持以马克思列宁主义、毛泽东思想、邓小平理论为指导，立足于建设有中国特色社会主义的实践，着眼于世界科学文化发展的前沿，不断发展健康向上、丰富多彩的，具有中国风格、中国特色的社会主义文化，满足人民群众日益增长的精神文化需求，引导广大人民群众从思想上、精神上正确武装和不断提高起来。这也是我们党始终站在时代前列，保持先进性的根本体现和根本要求。

三、中国共产党要始终代表中国最广大人民的根本利益

江泽民同志在庆祝中国共产党成立 80 周年大会上的讲话中指出："我们党要始终代表中国最广大人民的根本利益，就是党的理论、路线、纲领、方针、政策和各项工作，必须坚持把人民的根本利益作为出发点和归宿，充分发挥人民群众的积极性、主动性、创造性，在社会不断发展进步的基础上，使人民群众不断获得切实的经济、政治、文化利益。"

全心全意为人民服务，立党为公，执政为民，是我们党同一切剥削阶级政党的根本区别。任何时候我们都必须坚持尊重社会发展规律与尊重人民历史主体地位的一致性，坚持为崇高理想奋斗与为最广大人民谋利益的一致性，坚持完成党的各项工作与实现人民利益的一致性。

人民群众的整体利益总是由各方面的具体利益构成的。我们所有的政策、措施和工作，都应该正确反映并有利于妥善处理各种利益关系，都应认真考虑和兼顾不同阶层、不同方面群众的利益。但是，最重要的是必须首先考虑并满足最大多数人民群众的利益要求，这始终关系党的执政的全局，关系国家经济政治文化发展的全局，关系全国各族人民的团结和社会安定的全局。

我们党始终坚持人民的利益高于一切。党除了最广大人民的利益，没有自己特殊的利益。党的一切工作，必须以最广大人民的根本利益为最高标准。全党同志要始终坚持一切为了群众、一切依靠群众的根本观点，坚持党的群众路线，深入群众、深入基层。倾听群众呼声，反映群众意愿，集中群众智慧，使各项决策和工作符合实际和群众要求。所有党员干部必须真正代表人民掌好权、用好权，绝不允许以权谋私，绝不允许形成既得利益集团。在逐步实现全国人民共同富裕的过程中，党员干部必须正确处理好先富和后富、个人富裕和共同富裕的关系。所有党员领导干部，都应该先天下之忧而忧、后天下之乐而乐，吃苦在前、享受在后，首先要支持和帮助群众富起来，而不能只考虑自己如何富，更不能利用手中的权力谋取不正当的利益。各级领导干部时刻都要把人民群众的安危冷暖放在心上，关心群众疾苦，努力为群众办实事、办好事。各级领导机关和领导干部，要特别关心那些工作和生活上暂时遇到困难的群众，把他们的事情摆上重要议事日程，重点考虑，重点解决，切实安排好他们的就业和生活。只有把关心群众、服务群众的工作切实做好了，我们才能始终保持与人民群众的血肉联系，才能无往而不胜。

代表中国先进生产力的发展要求，代表中国先进文化的前进方向，代表中国最广大人民的根本利益，是统一的整体，相互联系，相互促进。发展先进的生产力，是发展先进文化，实现最广大人民根本利益的基础条件。人民群众是先进生产力和先进文化的创造主体，也是实现自身利益的根本力量。不断发展先进生产力和先进文化，归根到底都是为了满足人民群众日益增长的物质文化生活需要，不断实现最广大人民的根本利益。

任长霞——立警为公，执法为民

任长霞，女，汉族，中共党员，河南省登封市公安局党委书记、局长。1964年2月8日生于河南省睢县。1983年加入公安队伍，做预审工作13年，在郑州公安系统、政法战线及河南省预审岗位练兵大比武中均夺取过第一名，协助破获大案要案1072起，追捕犯罪嫌疑人950人。1998年被任命为郑州市公安局技术侦查支队队长后，她多次深入虎穴，化装侦查，亲自抓获了中原第一盗窃高档轿车主犯，先后打掉了7个涉黑团伙，抓获犯罪嫌疑人370多名，被誉为"警界女神警"。

2004年1月30日，登封市告城镇发生了一起强奸杀害幼女案。任长霞亲自挂帅，力求实现"命案必破"。她在专案组与侦查员同吃同住同工作，一住就是73天。2004年4月13日晚，在郑州市公安局专家组协助下，任长霞带领专案组民警彻夜工作，摸排出了一些重要线索。

2004年4月14日早上9时她便带上案件资料赶到郑州，向上级领导汇报案情，制定出了下一步的侦破方向。下午又在郑州查证了另外两条案件线索。为部署当晚的侦破抓捕工作，任长霞结束在郑州的工作后急匆匆就要返回登封。当晚8时40分，任长霞所乘车辆在郑少高速公路遭遇车祸，当即重伤昏迷，终因伤势过重，抢救无效，于4月15日凌晨1时离开了人世。

3年前的2001年4月，郑州市公安局技术侦查支队队长任长霞调任登封市公安局局长，成为河南省公安系统有史以来的第一位女公安局长。当时面临的形势非常艰难：民警队伍涣散、积案如山、群众怨声不断、行风评议年年倒数第一。她深入基层调查摸底，跑遍了登封17个乡镇区派出所，找到了问题的症结所在。随即从"从严治警"入手，清除了队伍中的3个害群之马，开除和辞退了15名长期不上班、旷工、迟到以及参与违法违纪行为的民警。此举令民警的精神面貌焕然一新。

在整顿队伍、严肃警风的同时，任长霞将全部精力集中到了破大案、破积案，打响了一场又一场攻坚战。"4·15"东金店强奸焚尸案、"4·18"大冶镇火石岭村绑架案、"5·18"特大盗枪案、"5·28"石道杀人案、"6·9"强奸轮奸女教师案、"7·2"唐庄杀妻杀子案等一系列大案、要案纷纷告捷。面对辉煌的战绩，民警和群众服了，大家都说："咱登封来了个女神警，案发一起就破一起。"

刑事犯罪案件破获的同时，任长霞也着手解决深层次问题。2001年4月23日，她从一封平常的群众来信中了解到，松颖避暑山庄老板王松纠集家族成员、两名劳改释放人员在白沙湖一带，横行乡里，敲诈勒索，致使上百人受到伤害，7人丧命，民怨极大。她决心挖掉这颗毒瘤。同年4月29日，王松手下的爪牙因参与作案被抓获，王松企图以钱开路，打通关节，救出这几个"弟兄"。5月1日晚，王松来到任长霞办公室，随手甩出一沓钱放在桌子上说："手下人捅了娄子，请任局长高抬贵手，网开一面。"任长霞严词拒绝，并将计就计，指挥民警将王松一举擒获。

2001年4月25日，任长霞抽调20余名民警成立"控申专案组"，按照"立足化解，妥善处置"的思路，变上访为下访，变被动为主动，把查处信访积案作为一项"民心工程"，纳入工作的整体目标。她把每周六定为局长接待群众日，诚心倾听群众呼声。据不完全统计，3年来共接待群众来信3467人次，使476户老上访户罢访息诉，被广大人民群众赞誉为"任青天"、"女包公"。

登封市有两起家喻户晓的强奸杀人案。一起是西岭区域内1997年到2001年5年间先后有多人被抢劫、被杀，数名妇女被强奸，案件难以侦破，群众反应强烈。任长霞研究决定将此案定为攻坚战的重中之重，抽调精干力量强力侦破，终于在 2001 年 8 月 1 日将犯罪嫌疑人王少峰抓获归案。另一起是长达 11 年未破的两少女被奸杀案，任长霞多次召开党委会研究部署此案的侦破工作。她在一次接待来访群众时获知一条重要线索，迅速组织民警顺线追踪，终于将犯罪嫌疑人赵占义擒获。在短短的几个月时间内，登封市公安局共查结 1998 年以来控申积案 71 起，老百姓终于有了笑脸。

一系列业绩的取得，源于任长霞对崇高理想的不懈追求。1983 年，当英姿飒爽的任长霞警校毕业来到郑州市公安局中原分局预审科当上一名民警时，她就在日记本中写下一段话："能成为一名打击犯罪、保护人民的人民警察，能亲手抓获犯罪分子，还老百姓公道，是我人生最大的追求。"也正是从这时开始，她就立下了将自己一生献给公安事业的誓言。

1992 年 11 月，任长霞在郑州市公安系统和政法系统岗位练兵大比武中，力克群雄，双双夺冠。1994 年 11 月，又在全省预审岗位练兵大比武中，夺得第一名。办案实践中，任长霞更注重探索和积累办案经验，提高审讯技巧。凭着自己娴熟的预审技能、顽强的工作作风，她直接审理了各类刑事案件 1072 起，追捕逃犯 950 人，在河南省预审战线上创造出了骄人的业绩。

任长霞在担负郑州市公安局技术侦察支队支队长的短短 2 年的时间里，跑遍了全国 20 多个省、市，破获了近 300 余起抢劫、杀人等重特大案件，抓获了 350 多名犯罪嫌疑人。

任长霞常说："作为一名领导干部，要事事、处处、时时以个人的人格力量去教育大家，感化大家，激励大家。"作为一位公安局长，任长霞无疑面临着钱、权、法的考验。自入警以来，她从事的都是有一定权力的工作，总是有人通过直接、间接的关系来靠近她，给她送去金钱、物品，但都被她婉言拒绝。

——资料来源：新华网，http://www.ha.xinhuanet.com/xhzt/dfrcx/.

第三节　科学发展观

一、坚持以人为本，全面、协调、可持续的发展观

（一）科学发展观的提出

2003 年 7 月 28 日，胡锦涛总书记在全国防治"非典"工作会议上指出，要更

好地坚持协调发展、全面发展、可持续发展的发展观。同年10月中旬，中共十六届三中全会明确提出了"坚持以人为本，树立全面、协调、可持续的发展观，促进经济社会和人的全面发展"；强调"按照统筹城乡发展、统筹区域发展、统筹经济社会发展、统筹人与自然和谐发展、统筹国内发展和对外开放的要求"，推进改革和发展。

（二）科学发展观的含义

科学发展观是坚持以人为本，全面、协调、可持续的发展观。这是我们党以邓小平理论和"三个代表"重要思想为指导，从新世纪新阶段党和国家事业发展全局出发提出的重大战略思想。

坚持以人为本，就是要以实现人的全面发展为目标，从人民群众的根本利益出发谋发展、促发展，不断满足人民群众日益增长的物质文化需要，切实保障人民群众的经济、政治和文化权益，让发展的成果惠及全体人民。

全面发展，就是要以经济建设为中心，全面推进经济、政治、文化建设，实现经济发展和社会全面进步，形成物质文明、政治文明、精神文明相互促进、共同发展的格局。

协调发展，就是要统筹城乡发展、统筹区域发展、统筹经济社会发展、统筹人与自然和谐发展、统筹国内发展和对外开放，推进生产力和生产关系、经济基础和上层建筑相协调，推进经济、政治、文化建设的各个环节、各个方面相协调。

可持续发展，就是要促进人与自然的和谐，实现经济发展和人口、资源、环境相协调，坚持走生产发展、生活富裕、生态良好的文明发展道路，保证一代接一代地永续发展。

（三）充分认识科学发展观的指导意义

科学发展观是马克思主义同当代中国实际和时代特征相结合的产物，是马克思主义关于发展的世界观和方法论的集中体现，对新形势下实现什么样的发展、怎样发展等重大问题作出了新的科学回答，把我们对中国特色社会主义规律的认识提高到新的水平，开辟了当代中国马克思主义发展新境界。科学发展观是中国特色社会主义理论体系最新成果，是中国共产党集体智慧的结晶，是指导党和国家全部工作的强大思想武器。科学发展观同马克思列宁主义、毛泽东思想、邓小平理论、"三个代表"重要思想一道，是党必须长期坚持的指导思想。

第一，树立和落实科学发展观是贯彻落实"三个代表"重要思想的具体体现。按照"三个代表"重要思想的要求，发展先进生产力，发展先进文化，就是要抓好发展这个党执政兴国的第一要务，促进物质文明、政治文明和精神文明共同进步。发展的最终目的是实现最广大人民的根本利益。科学发展观强调以人为本，强调实现经济社会全面、协调、可持续发展，体现了"三个代表"重要思想关于发展的要求，体现了我们党立党为公、执政为民的本质。

第二，树立和落实科学发展观是全面建设小康社会的必然要求。全面建设惠及十几亿人口的更高水平的小康社会，是一个经济、政治、文化、社会、生态和人的全面发展的系统集成的目标体系，体现了科学发展观的重要内涵。应当看到，我国现在所达到的小康，还是低水平的、不全面的、发展很不平衡的小康。只有牢固树立和认真落实科学发展观，坚持按照科学发展观的要求想问题、办事情、作决策，才能使全面建设小康社会真正建立在求真务实的基础上，才能真正做到在经济发展基础上促进社会全面进步，不断提高人民生活水平，保证人民共享发展成果。

第三，树立和落实科学发展观是妥善应对我国经济社会发展关键时期可能遇到的各种风险和挑战的正确选择。我国 2011 年人均国内生产总值已突破 5000 美元。现在是整个现代化进程中一个非常关键的阶段，也是经济社会结构将发生深刻变化的重要阶段。在这个重要阶段，牢固树立和认真落实科学发展观，我们才能为妥善应对经济社会发展中的诸多矛盾提供重要的指导思想和工作的基本原则，认识和把握经济社会发展的矛盾全局，审时度势，因势利导，顺利实现全面建设小康社会的宏伟目标，不断开创中国特色社会主义事业的新局面。

第四，树立和落实科学发展观是提高党的执政能力和执政水平的迫切需要。推动经济社会的持续快速发展，需要解决好科学发展的问题；解决好科学发展的问题，需要按照客观规律科学地领导中国特色社会主义的各项事业。把树立和落实科学发展观同加强党的执政能力建设紧密结合起来，把提高科学发展的能力作为提高党执政能力的一个重要方面，这样，我们党就能更好地解决提高党的领导水平和执政水平，提高拒腐防变和抵御风险的能力这两大历史性课题。

第五，树立和落实科学发展观，关系党和国家工作的大局，关系中国特色社会主义事业的长远发展，对于全面建设小康社会和实现现代化具有十分重要的指导意义。我们一定要把思想统一到科学发展观上来，统一到中央的决策和要求上来，自觉地用科学发展观指导各项工作，推进各项事业，实现经济社会更快更好地发展。

 科学发展观对建设中国特色社会主义具有什么指导意义？

二、构建社会主义和谐社会

（一）构建社会主义和谐社会理论的形成

在 2002 年，党的十六大报告确立 21 世纪头 20 年全面建设小康社会的发展目标时，就提出了"社会更加和谐"的奋斗目标。十六届三中全会上，党中央提出了科学发展观，要求通过"五个统筹"实现更好更快的发展。十六届四中全会通过的《中共中央关于加强党的执政能力建设的决定》，进一步明确了构建社会主义和谐社会的任务，并将之作为全党要不断提高的"五个方面的能力"之一。2006 年初，在省部级主要领导干部"提高构建社会主义和谐社会能力"专题研讨班上，胡锦涛同志深刻阐述了构建社会主义和谐社会的基本特征、重要原则、深刻内涵和主要任务，强调要建设"民主法治、公平正义、诚信友爱、充满活力、安定有序、人与自然和谐相处"的社会主义和谐社会。十六届五中全会上，又把构建社会主义和谐社会作为贯彻科学发展观的一项重大任务，提到了全党面前。十六届六中全会，是我们党第一次在党的全会上研究和谐社会建设问题，标志着我们党对和谐社会的认识上升到了一个新高度。2006 年 10 月 11 日召开的中共十六届六中全会通过了《中共中央关于构建社会主义和谐社会若干重大问题的决定》，这是对构建社会主义和谐社会具有重大指导意义的纲领性文件。

（二）社会主义和谐社会的含义

我们所构建的社会主义和谐社会，有着非常明确的总体要求，这就是："民主法治、公平正义、诚信友爱、充满活力、安定有序、人与自然和谐相处。"

强调民主法治，就是要健全民主制度，丰富民主形式，扩大公民有序的政治参与，保证人民依法实行民主选举、民主决策、民主管理和民主监督，享有广泛的权利和自由，尊重和保障人权。这就要求我们党和政府的各级领导干部要善于体察民情、了解民意，善于集中民智、珍惜民力，力戒独断专行、以权谋私、背离群众；就是要坚持有法可依、有法必依、执法必严、违法必究，要切实维护法律的公正性和权威性，真正做到在法律面前人人平等。

强调公平正义，就是要树立浩然正气，端正党风党纪，坚持立党为公，执政为民，主持公道，伸张正义，权为民所用，情为民所系，利为民所谋，维护党纪国法的严肃性，鼓励公而忘私、见义勇为，真正做到纪律严明、赏罚分明、有错必纠、惩戒有度。从社会主义初级阶段的实际情况出发，努力保障和实现所有社会成员在教育、劳动、就业、分配、医疗、卫生、社保等方面的权利。

强调诚信友爱，就是要建设社会主义精神文明，加强思想道德教育，提倡重承诺、践誓言、诚实守信、团结友爱、与人为善，严于律己，宽以待人，形成相互理解、相互尊重、相互信任、相互体谅、相互帮助、相互关爱的社会风气。

强调充满活力，就是要弘扬以爱国主义为核心的民族精神和以改革创新为核心的时代精神，解放思想，实事求是，与时俱进，鼓励创新，宽容失误，建立和完善各个领域全面协调的激励机制，营造人尽其才、才尽其用、勇于创造、善于创造、锐意进取、竞相创新的社会氛围，使社会智力的源泉充分涌流，使社会创造的活力竞相迸发。

强调安定有序，就是要清除危害社会稳定的各种不利因素，最大限度地增加和谐因素，减少不和谐因素，严厉打击破坏社会稳定的犯罪行为，切实治理扰乱社会秩序的违规行为，有效制止滥用职权纵容包庇歪风邪气的渎职行为。要在全社会加强法制教育，形成遵纪守法清廉的正气、弘扬社会主义道德和集体主义精神的正风，树立社会公德、职业道德和家庭美德，构建文明和谐的社会秩序。

强调人与自然和谐相处，就是要妥善处理人口与资源、环境的矛盾，以解决危害群众健康和影响可持续发展的环境问题为重点，加快建设资源节约型、环境友好型社会，优化产业结构、发展循环经济、推广清洁生产、保护生态环境，完善环境保护法律法规，努力推动生产发展、生活富裕、生态良好、全面发展的局面。

（三）社会和谐是社会主义的本质属性

要深刻理解"社会和谐是社会主义的本质属性"。关于社会主义本质的定义，迄今为止，最能达成共识的当属邓小平同志的有关论断，即社会主义的本质是"解放生产力，发展生产力，消灭剥削，消除两极分化，最终实现共同富裕"。这一论断之所以能达成广泛的共识，就在于它所揭示的是社会主义发展过程所体现的内在要求。"解放"、"发展"、"消灭"、"消除"、"最终实现"所表述的都是运动过程，都是内在要求，都有明确目标。

解放和发展生产力，必然要求建立与生产力发展状况相适应的生产关系，特别是相适应的生产资料所有制和分配制度（这种所有制和分配制度的具体形式，可能会因不同国家、不同地区的不同发展阶段而有所区别）。这显然符合社会主义本质要求。而"消灭剥削"、"消除两极分化"和"实现共同富裕"这些命题，则更直接地反映着社会主义的本质属性。社会主义这些本质属性的展开和实现，无不需要"民主法治、公平正义、诚信友爱、充满活力、安定有序、人与自然和谐相处"。反之，只有解放生产力，发展生产力，消灭剥削，消除两极分化，实现共同富裕，才能为构建社会主义和谐社会奠定更加坚实的物质文化基础。

构建社会主义和谐社会理论是科学发展观的内在要求和理论延伸，是对"三个代表"重要思想的继承与发展。构建社会主义和谐社会理论是全面建设小康社会理论的题中应有之义。江泽民同志在十六大报告中阐述全面建设小康社会的标准时提出了6个"更加"："经济更加发展、民主更加健全、科教更加进步、文化更加繁荣、社会更加和谐、人民生活更加殷实。"其中就包括了社会和谐的要求。显然，和谐是全面建设小康社会必须解决的问题之一，没有和谐就没有全面小康。这一思想在党的十六届六中全会通过的《中共中央关于构建社会主义和谐社会若干重大问题的决定》（本节以下简称《决定》）中得到进一步阐发，强调要"把构建社会主义和谐社会作为贯穿中国特色社会主义事业全过程的长期历史任务和全面建设小康社会的重大现实课题抓紧抓好"。

（四）构建社会主义和谐社会已经成为社会主义现代化建设的新的战略任务和奋斗目标

党的十三大提出，要把我国建设成为"富强、民主、文明"的社会主义现代化国家，而十六届六中全会又加上了一个"和谐"的定语，这表明构建社会主义和谐社会已经成为社会主义现代化建设的新的战略任务和奋斗目标。

作为构建社会主义和谐社会的纲领性文件，《决定》不仅正式把和谐社会纳入中国现代化建设的奋斗目标，而且首次提出了是我国到 2020 年的奋斗目标和主要任务。中共中央提出构建社会主义和谐社会的宏伟目标，与党中央提出的现代化建设的新"三步走"战略是一致的。2020 年，也就是在建党 100 周年前夕，实现全面建设惠及十几亿人口的更高水平的小康社会的目标，并努力形成全体人民"各尽其能、各得其所而又和谐相处"的局面。2050 年，也就是在新中国成立 100 周年之后，基本实现现代化，建成"富强、民主、文明、和谐"的社会主义国家。

党的十六届六中全会提出了构建社会主义和谐社会的 9 大目标，包括民主法制、协调发展、收入分配、公共服务、思想道德、科学文化、社会管理、创造活力、生态环境。全会提出了构建和谐社会必须遵循 6 项原则：必须坚持以人为本；必须坚持科学发展；必须坚持改革开放；必须坚持民主法治；必须坚持正确处理改革发展稳定的关系；必须坚持在党的领导下全社会共同建设。6 项原则涵盖了和谐社会建设工作的出发点和落脚点、工作方针、工作动力、工作保证、工作条件、领导核心和依靠力量。《决定》还用相当大的篇幅，从发展社会事业、促进社会公平正义、建设和谐文化、完善社会管理、增强社会创造活力 5 个方面，提出了构建社会主义和谐社会 28 个方面的政策措施。

（五）社会主义核心价值体系

《决定》鲜明提出了社会主义核心价值体系的概念。《决定》在总结近年来思想道德建设经验的基础上，第一次鲜明地提出了这样一个重大观点："建设和谐文化是构建社会主义和谐社会的重要任务，社会主义核心价值体系是建设和谐文化的根本。"《决定》把和谐文化建设提升到了新高度，并且进一步阐明了社会主义核心价值体系的基本内涵，即：马克思主义指导思想；中国特色社会主义共同理想；以爱国主义为核心的民族精神和以改革创新为核心的时代精神；社会主义荣辱观。

 课 堂 思 考

社会主义核心价值体系的基本内涵是什么？

（六）和谐社会是中国共产党领导下全体人民共建共享的社会

《决定》着重提出了和谐社会是中国共产党领导下全体人民共建共享的社会。创建和谐社会，必须坚持以人为本，必须坚持在党的领导下全社会共同建设。要"实现好、维护好、发展好"最广大人民的根本利益，做到"发展为了人民、发展依靠人民、发展成果由人民共享"，团结一切可以团结的力量，调动一切积极因素，形成"促进和谐人人有责、和谐社会人人共享"的生动局面。《决定》的这些表述，不仅进一步回答了"什么是社会主义"、"怎样建设社会主义"的问题，而且进一步明确了"为谁建设社会主义"的问题，整个《决定》始终贯穿着"以解决人民群众最关心、最直接、最现实的利益问题为重点"这根红线。

 复习与思考

一、名词解释

邓小平理论　"三个代表"　科学发展观　和谐社会

二、填空题

1._____完整地回答了在中国这样经济文化比较落后的国家如何建设社会主义，如何巩固和发展社会主义的问题。

2.构建_____理论是全面建设小康社会理论的题中应有之义。

3.社会主义市场经济是以_____为基础的市场经济。

4._____重要思想，是我们党的立党之本、执政之基、力量之源。

5._____是第一生产力，也是先进生产力的集中体现和主要标志。

6.坚持_____不动摇，是坚持四项基本原则的核心。

7._____是立国之本，是实现现代化的政治保证。

8.邓小平理论的主题是_____。

9.社会主义初级阶段党的基本路线可以简要概括为_____。

10. 基本实现现代化，建成"富强、民主、文明、和谐"的社会主义国家，是我国到_____年的奋斗目标和主要任务。

三、选择题（请选择一个正确答案，填在相应的位置上）

1. 要坚持以（ ）为中心不动摇。在整个社会主义初级阶段，除非出现大规模的外来侵略战争，在其他任何情况下都不能离开这个中心。

A. 和平与发展　　　　　　　　B. 经济建设

C. 改革开放　　　　　　　　　D. 构建和谐社会

2. 人类社会发展的最终决定力量和根本的推动力是（ ）。

A. 改革　　　　　　　　　　　B. 大力发展生产力

C. 和平与发展　　　　　　　　D. 解放生产力

3. 中国所有问题的解决关键是（ ）。

A. 大力发展生产力　　　　　　B. 解放思想，实事求是

C. 解放生产力　　　　　　　　D. 靠自己的发展

4. 在所有制结构上，必须坚持以公有制为主体、多种所有制经济（ ）发展。

A. 长期　　　B. 长期共同　　　C. 共同　　　D. 一定时间

5. （ ）是先进生产力和先进文化的创造主体，也是实现自身利益的根本力量。

A. 工人阶级　　B. 人民群众　　C. 农民阶级　　D. 知识分子

6. 开放也是一种改革，是（ ）的改革。

A. 经济关系　　B. 对外关系上　　C. 国际关系　　D. 政治关系

7. 邓小平理论第一次比较系统地回答了（ ）。

A. 社会主义革命问题　　　　B. 我国如何建设社会主义的问题

C. 如何巩固和发展社会主义的一系列基本问题

D. 社会主义改革开放问题

8. （ ）是社会主义的本质属性。

A. 社会公平　　B. 社会和谐　　C. 社会正义　　D. 社会进步

9. （ ）是立国之本。

A. 改革开放　　　　　　　　B. 四项基本原则

C. 科学发展观　　　　　　　D. 大力发展生产力

10. 发展（　　），是发展先进文化，实现最广大人民根本利益的基础条件。

A. 先进的生产力　　B. 经济　　C. 科学文化　　D. 社会主义市场经济

四、判断题

1. 毛泽东思想的主要创立者是毛泽东，邓小平理论的主要创立者是邓小平。（　　）

2. 邓小平理论的思想观点有别于马克思主义，是一套全新的哲学思想。（　　）

3. 社会主义市场经济是以社会主义公有制为基础的市场经济。（　　）

4. 毛泽东思想是当代中国的马克思主义，是马克思主义在中国发展的新阶段。（　　）

5. 要搞好宏观调控，必须按照政企分开的原则，转变政府职能。（　　）

6. 在社会主义市场经济中，非公有制经济成分作为社会主义市场经济的重要组成部分，还占着一定的比重，并且还将在一定范围和一定程度内得以发展。（　　）

7. 要依法保护合法收入，允许和鼓励资本、技术等生产要素参与收益分配。（　　）

8. 社会主义道德建设，要树立社会公德、职业道德和公民旅游道德。（　　）

9. 我们所构建的社会主义和谐社会，有着非常明确的总体要求，这就是："民主法治、公平正义、诚信友爱、充满活力、安定有序、人与自然和谐相处。"（　　）

10. 科学发展观就是要促进经济社会和人的全面发展。（　　）

五、简答题

1. 社会主义市场经济体制的基本框架包括哪些基本内容？

2. "三个代表"重要思想的主要内容是什么？

3. 什么是科学发展观？

4. 和谐社会的含义是什么？

5. 科学发展观对建设中国特色社会主义有什么指导意义？

6. 社会主义核心价值体系的基本内涵是什么？

六、案例分析

案例1：全国最大的国企破产案

1998年11月，全国最大的制糖厂行业老大黑龙江省阿城糖厂宣布破产。这是涉及金额最大的一起国企破产案。这家全国最大的甜菜糖厂在最后 10 年中背上了 8 亿元的债务。行业老大竟然走上了破产之路。

始建于 1905 年的阿城糖厂，多年来一直占据着中国制糖行业的头把交椅。在长期的计划经济体制下，阿城糖厂一直是按照政府计划，生产多少销售多少，不用考虑生产成本和销售困难。

"甜蜜的岁月"一直延续到 1990 年，这一年是阿城糖厂由盛到衰的转折点。企业面临几大难题：一是企业还没有完成适应市场的转型，二是企业有 630 多万元的潜在亏损，三是企业管理水平低下。1990 年年底，制糖业生产、销售开始全面由计划体制向市场经济转轨，糖的销售任务完全由企业自己承担。原先一直由国家保护的国内制糖业面临严峻的考验。但阿城糖厂没有"市场"这个概念，仍然讲求规模大、效益高。阿城糖厂亏损总额达到 2 亿多元。后来企业陷入重重困境。1998 年 7 月 22 日，黑龙江省阿城糖厂向市法院提出宣告破产申请。市法院依照《破产法》的有关规定，经审查后于同年 8 月 7 日决定立案并裁定该企业进入破产程序，同时宣告该企业破产。企业申请破产时总资产近 2.8 亿元，企业负债 8.36 亿元，资产负债率为 298%。1995 年企业全部停产，停产时欠职工工资及福利费 5000 余万元，欠税金 500 余万元，其他债务 7.5 亿元。根据《破产法》和相关法规政策的规定，哈尔滨市审计局对阿城糖厂进行破产责任审计。审计报告认定，阿城糖厂破产，既有制糖业普遍问题，又有其特殊原因。1990 年以后的几任厂长，管理深度不够，减亏自救措施不得力，在一定程度上影响了生产的稳定，造成了新的损失、浪费，加速了企业破产的步伐，也负有一定的领导责任。

阿城糖厂破产后，职工的安置成了摆在人们面前的问题。如果 1986 年只有 200 人的集体企业沈阳防爆机械厂宣告破产第一次告诉我们，即使是社会主义国家的企业，经营不善也会破产的话，那么今天阿城糖厂破产则告诉我们，改革进入攻坚阶段，经营亏损严重，且求生无望的国有大中型企业也一样会破产。

——资料来源：中央电视台新闻调查栏目.

国企最大破产案：阿城糖厂的死亡之路.

根据以上案例，回答如下问题：

1. 国有企业在社会主义市场经济条件下如何发展？
2. 如何理解建立社会主义市场经济体制的改革目标是历史的必然选择？

案例 2：渔民村的变迁

深圳从一个小渔村变成今天世界大都市，的确是现代中国的一个奇迹。许多人涌到深圳来，不光是为了游玩，也是来体验一个看得见摸得着的神话。20年前来过深圳的人旧地重游，面对高楼林立、花园广布的现代化城市，怎么也难以将当年尘土飞扬、充斥着低矮破旧民居的渔村小镇与眼前的景象联系起来。

改革开放前夕，罗湖是个名副其实的边陲小渔村。

1979年，党的十一届三中全会以后，邓小平同志的改革开放政策在中国推行了不到两年经济就发展起来了，人民的日子开始好过了。

的确，为了探索正确的道路，深圳人也作出了牺牲。罗湖紧挨香港，是特区首先发展的中心区。从特区初创的20世纪80年代初开始，为了支持特区的建设，罗湖的农民忍痛以极低廉的每亩2000~3000元的地价，将自己祖辈赖以生存的土地贡献给特区。现在作为特区金融中心的蔡屋围村，当时5000亩土地的征地费才1500万元，平均1平方米土地还不到5块钱。1980年开始，渔民村利用特区的经济政策，组建起运输车队、船队，办起了来料加工厂。1981年，渔民村户均收入3.3万多元，成为深圳的第一个"万元户村"。1984年1月25日上午，邓小平同志来到了家家"万元户"、户户"小洋楼"的罗湖区渔民村视察。1月26日，他欣然为深圳挥毫题词："深圳的发展和经验证明，我们建立经济特区的政策是正确的。"按照邓小平同志"共同富裕"的要求，中国农村最早的股份公司在罗湖出现了。村民们用土地积累的资金转产、转业，巩固和发展集体经济。今天，罗湖区的集体股份公司已经有20多亿元的净资产。

1994年，昔日的"边陲小渔村"已变成由610座18层以上的高楼大厦组成的大都市，深圳已初步成为区域性、外向型的金融中心、港运中心和商贸中心。

2000年，罗湖区将渔民村的旧村改造写进了《政府工作报告》，决定把旧村拆掉，重新建设，按照高起点规划、高标准建设、高效能管理的"三高"原则和统一规划、统一设计、统一建设、统一管理、统一分配的做法，以新思路、新政策、新模式改造旧村。

经过30多年的快速发展，资源紧缺已成为可持续发展的最大制约，深圳人清醒地认识到，靠以前那种"圈地建厂就有产值"的发展模式早已行不通。深圳市委确定了"和谐深圳、效益深圳"的发展战略，罗湖区也确定了自己的目标：建设现代服务强区、全力发展"环境经济"，使城区价值最大化，为现代服务强区的发展提供良好环境。随着经济飞速发展、农村城市化建设的推进，深圳许多姓"农"的"村"划入城市、成为"城中村"。国贸大厦、地王大厦、赛特广场、五洲宾馆、彭年大酒店、电子科技大厦、高交会会馆等大批高楼拔地而起，数不清的花园别墅、精品公寓纷纷兴建，购物商厦街区在扑朔迷离的霓虹灯闪烁中展现着令人炫目的繁华。

——资料来源：http://www.people.com.cn/GB/paper81/10272/939092.html.

根据以上案例，回答如下问题：

1.分析深圳翻天覆地变化的根本原因。

2.结合案例，说明如何正确理解社会和谐的内涵。

七、实践与训练

1.调查与访问：走访自己的家乡，了解其变化发展。学生自愿组成小组，撰写调查报告。组织1次课堂交流与讨论，时间为2节课。

2.讨论当地经济社会的变化，分析变化的原因。

📖 推荐阅读

1.毛泽东思想和中国特色社会主义理论体系概论［M］.北京：高等教育出版社，2010.

2.罗文东.中国特色社会主义理论体系新论［M］.北京：人民出版社，2008.

3.秦刚.中国特色社会主义理论体系［M］.北京：中共中央党校出版社，2008.

4.http://www.people.com.cn/.

5.新华网 http://www.ha.xinhuanet.com/.

第二章 我国的基本国策

对外开放、"一国两制"、环境保护、计划生育的基本国策是我国具有全局性、长期性战略意义的基本国策。

为了国家稳定、持续、协调发展，为了完成祖国统一大业，我国实行对外开放、"一国两制"、环境保护、计划生育的基本国策。

学习目标

知识目标

1 了解我国对外开放政策的背景、明确对外开放的含义、基本内容，掌握对外开放的意义。

2 了解"一国两制"基本国策的背景，明确"一国两制"的含义，掌握"一国两制"的基本内容及其意义。

3 了解环境保护政策的背景，明确我国面临的严峻的环境问题，掌握环境保护的目标及其意义。

4 了解我国人口的基本特点，明确计划生育的具体要求，掌握计划生育国策的意义。

能力目标

1 了解基本国策的时代背景和重大意义，掌握基本国策的基本内容，积极主动地宣传基本国策。

2 在实践中坚定不移地推进对外开放、环境保护、计划生育基本国策的落实。

3 做一个基本国策忠实的践行者，切实为社会主义建设服务。

我国进出口额的变化

　　1950 年我国进出口额刚刚超过 10 亿美元，2008 年达到 25616 亿美元，增长了 2000 多倍。进出口总额占世界贸易总额的比重由 1950 年的 0.9% 上升至 2008 年的 8.86%，成为世界第三大贸易国和第二大出口国。

　　　　　　　　　　——资料来源：http://zhidao.baidu.com/question/124682956.html?si=6.

案 例 分 析

讨论对外开放对于我国经济社会发展有什么影响？

　　我国的基本国情是人口多、底子薄，人均自然资源相对不足，人口和环境压力非常严峻。由于历史原因，中国近代长期闭关自守、与世隔绝，导致经济、技术长期落后。为了完成祖国统一大业，为了国家稳定、持续、协调发展，我国把对外开放、"一国两制"、环境保护、计划生育作为具有全局性、长期性战略意义的基本国策。

第一节　对外开放

一、中国的发展离不开世界

　　邓小平说："总结历史经验，中国长期停滞和落后状态的一个重要原因是闭关自守。经验证明，关起门来搞建设是不能成功的，中国的发展离不开世界。"（《邓

小平文选》第3卷第78页）

现在的世界是开放的世界，这是生产社会化发展的必然结果，是商品经济、市场经济发展的必然结果。随着生产社会化发展为生产国际化，生产分工和社会分工发展为国际分工，从而使生产和消费越来越具有世界性；商品市场经济是一种开放型经济，它的发展必然要求打破地区分割，由区域市场发展为统一的国内市场，并进而突破国界，发展成为统一的世界市场，市场机制对资源配置的基础作用由一国范围扩大为世界范围。现代经济的发展使世界各国的发展都必须实行对外开放。孤立于世界之外、闭关自守是不行的，中国的对外开放政策，就是对当代世界经济、科技发展和国际形势发展科学观察和概括的结果。

中国的发展离不开世界。中国的历史反复证明，中国的发展离不开世界，孤立于世界之外闭关自守，中国就会陷入贫穷落后和愚昧无知。我国目前正处于社会主义的初级阶段，经济发展和科学技术比较落后，要赶上经济发达国家，除了主要依靠本国的力量外，重要的一环是大力发展对外经济关系，充分利用国外的资金、技术、科学管理经验和灵敏的信息网络，利用生产国际化进一步发展的有利时机和较好的国际环境，加速我国社会主义现代化建设的发展。我国实行对外开放，绝不是短期的权宜之计，而是长期的基本国策。

二、对外开放是全方位、多层次、宽领域的开放

党的十一届三中全会以来，我国开始了对外开放的历程，成功地实现了从封闭到半封闭到全方位开放的伟大历史转折。从建立经济特区、发展对外贸易、引进外资、扩大对外经济技术交流与合作开始，逐渐形成了全方位、多层次、宽领域的对外开放格局。

所谓全方位，就是不论对资本主义国家还是社会主义国家，对发达国家还是发展中国家，都实行对外开放；不仅在经济建设方面，而且在文化建设方面都坚持对外开放。各民族各国家，无论大小，无论发展程度如何，无论属于什么性质和类型，都有自己的长处，只要可以和我们互通有无，我国都应该在平等互利的基础上积极发展同它们的经贸关系。

所谓多层次，就是根据各地区的实际情况和特点，通过经济特区、沿海开放城

市和开放区、经济技术开发区，以及沿边、沿江和内陆中心城市等不同开放程度的各种形式，形成全国范围内的对外开放。我国的对外开放经历了由东到西、由点到线、由线到面，由沿海到内地逐步推进的过程，形成了全国性的对外开放格局。这种格局的形成是一个在不断总结经验的基础上，有重点、有层次，由点到面、逐渐推进、全面展开的过程。

所谓宽领域就是立足我国国情，不仅对国际商品、资本、技术、劳务等市场开放，而且把对外开放拓宽到能源、交通等基础设施和基础产业，以及金融、保险、房地产、科技、教育、文化、服务业等广泛领域。

2001年12月我国正式加入世界贸易组织，标志着我国对外开放进入一个新阶段。这有利于扩大对外开放，为我国赢得更好的国际环境，有利于促进经济体制改革和经济结构的战略性调整，增强我国经济发展活力和国际竞争力，总体上符合我国的根本利益和长远利益。同时，加入世界贸易组织也是严峻的考验，国际市场的竞争将更加深入地与国内市场的竞争结合在一起，面临的经济风险也会显著增加。能否把有利条件用足，把不利条件减少到最低限度，关键在于我们自身的努力。

课堂思考

举例说明全方位、多层次、宽领域的对外开放表现在社会生活中的哪些方面。

三、不断提高开放型经济水平

对外开放是我国一项长期的基本国策，今后我国要以更加积极的姿态走向世界，必须努力提高对外开放水平。

党的十七大提出，拓展对外开放广度和深度，提高开放型经济水平。面对复杂多变的国际形势和艰巨繁重的国内改革发展任务，着力提高开放型经济水平，形成经济全球化条件下参与国际经济合作和竞争新优势，必须更加注重统筹国内国际两个大局，坚持内外协调，更好地利用国际、国内两个市场、两种资源，拓展对外开放广度和深度，不断开创对外开放新局面。

一是坚持"引进来"和"走出去"相结合的战略。提高利用外资水平，创新利用外资方式，优化利用外资结构，发挥外资推动自主创新、产业升级、区域协调发展等方面的积极作用。在扩大开放领域方面，要鼓励外商投资城市公共设施和交通运输业；在优化开放结构方面，要改善利用外资的产业结构和地区结构。鼓励外资投向高技术产业、基础设施、环境和服务业等产业。继续实施"走出去"战略，创新对外投资和合作方式。要支持企业在研发、生产、销售等方面开展国际化经营，加快培育我国的跨国公司和国际知名品牌。

二是转变外贸增长方式，提高对外贸易效益。在积极发展对外贸易过程中，要实施以质取胜战略，优化进出口商品结构，着力提高对外贸易的质量；扩大具有自主知识产权、自主品牌的产品出口，控制高污染、高能耗和资源型产品出口，鼓励进口先进技术和国内短缺资源；着重提高加工贸易的产业层次和加工深度，加强国内配套能力；大力发展服务贸易，并不断发展服务贸易的层次和水平；完善贸易政策，健全外贸运行监控体系，增强处置贸易争端能力，维护企业合法权益和国家利益；积极参与多边贸易谈判，积极开展国际能源资源互利合作，实施自由贸易区战略，加强双边多边经贸合作。

三是切实维护国家安全。要建立统筹内外经济的调控和应对机制，防范国际经济风险，维护国家经济安全。

中国进出口贸易总额跃居世界第二位

国家统计局公布的数据显示，2011 年全年中国进出口总额 36421 亿美元，比上年增长 24.9%。其中，出口 18986 亿美元，增长 20.3%；进口 17435 亿美元，增长 24.9%。进出口相抵，贸易顺差 1551 亿美元，比上年增加 328 亿美元。2008 年我国外汇储备达到 1.95 万亿美元。

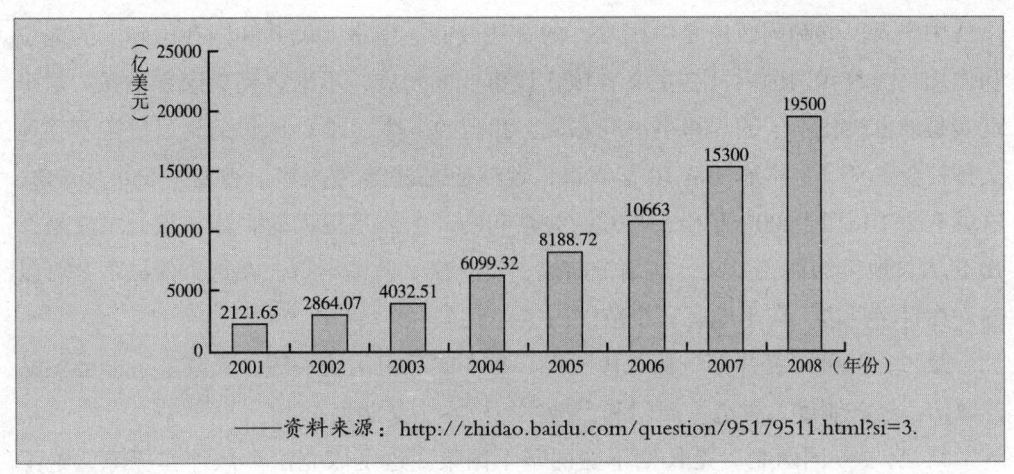

——资料来源：http://zhidao.baidu.com/question/95179511.html?si=3.

第二节 "一国两制"与祖国统一

一、"一国两制"基本内容

　　香港、澳门和台湾自古以来就是中国领土不可分割的一部分。但由于种种人为的、历史的原因，香港、澳门曾分别被英国和葡萄牙长期占据，台湾还处于同祖国大陆分离的状态，实现祖国统一是整个中华民族的强烈愿望。新中国成立以后，我们党和政府一直在寻求解决祖国统一的途径。

　　1982年邓小平提出了"一个国家，两种制度"的设想。之后又明确提出"一国两制"的概念，并把这些思想概括起来做了多次系统阐述。邓小平同志指出：我们的政策是实行"一个国家，两种制度"。具体说，就是在中华人民共和国内，10亿人口的大陆实行社会主义制度，香港、澳门和台湾实行资本主义制度。"一国两制"可以概括为三个方面：

　　第一，坚持一个中国的原则立场。这就是制度可以不同，但在国际上代表中国的，只能是中华人民共和国。因为中华人民共和国实行社会主义制度，代表最大多数人民的根本利益，是中国近代社会历史发展的必然结果，是中国人民的抉择。中华人民共和国经过几十年的艰苦奋斗，取得了举世公认的伟大成就，世界上已普遍承认中华人民共和国政府是中国唯一的合法政府。中华人民共和国在国际上的地位和作用，随着我国国内社会主义各项建设事业的发展，不断得到巩固和增强。这个现实是谁也改变不了的。邓小平同志说：我国的主体、10 亿人口的地区坚定不移地实行社会主义。主体地区是 10 亿人口，台湾是近 2000 万人口，香港是 550 万人口，这就有个 10 亿同 2000 万和 550 万的关系问题。主体是很大的主体，社会主义是在 10 亿人口地区的社会主义，这是个前提，没有这个前提不行。在这个前提下，可以容许在自己身边，在小地区和小范围内实行资本主义。

第二，两种制度并存。从总体上说，是在实现祖国统一后，大陆实行社会主义的政治、经济制度，香港、澳门和台湾实行资本主义制度。

第三，"一国两制"是长期不变的基本国策。这是以宪法和法律作保障，绝不会因领导人的更迭和注意力的转移而改变。

二、实行"一国两制"的依据和意义

（1）"一国两制"是尊重历史、尊重现实的构想，是马克思主义实事求是思想路线的产物。香港、澳门和台湾都是中华人民共和国领土不可分割的一部分，但作为历史遗留问题，性质是不同的。香港是鸦片战争后，英国迫使我国清政府签订 3 个不平等条约强行割让和租借去的，是英国的殖民地。澳门问题同样也是葡萄牙殖民者侵犯我国主权的产物。新中国成立后，我国政府曾多次郑重阐明对香港和澳门问题的严正立场：即香港和澳门是我国的领土，解决香港和澳门问题，就是恢复我国对这两个地方的主权问题。但作为历史遗留的国际问题，我们一贯主张在适当的时机以和平方式解决。台湾问题，则纯属我国的内政。由于人为的原因，1949 年台湾同祖国分离，几十年来海峡两岸人民无法往来，亲人不能团聚，海峡两岸人民都盼望早日结束这种令人心痛的局面。但由于祖国大陆已经实行了几十年的社会主义政治、经济制度，形成了新型的社会主义的人际关系和以马克思主义为基石的意识形态，而台湾、港澳长期以来实行的是资本主义制度。台湾同胞、港澳同胞对大陆的政治经济制度缺乏了解，要他们立即改变久已形成的生活方式，接受大陆的政治制度和经济条件，是难以办到的。因此，要实现统一，就要既考虑到台湾、香港、澳门和大陆隔离多年的历史，又考虑到各方社会制度的不同和生活方式存在的差异；既考虑到祖国统一是人心所向，大势所趋，又考虑到要保持这些地区的稳定和繁荣，就必须尊重历史，尊重现实，提出一个不仅对大陆而且对台湾、香港、澳门都有好处，为各方都能接受的统一方针。如果不这样考虑，只是简单地、机械地从社会主义要消灭私有制、消灭剥削的抽象原则出发，就不可能提出"一国两制"的构想。正如邓小平所说："如果'一国两制'的构想是一个对国际上有意义的想法的话，那要归功于马克思主义的辩证唯物主义和历史唯物主义，用毛泽东主席的话来讲就是实事求是。"

（2）"一国两制"是和平共处原则的创造性运用和发展，为解决国际争端提供了范例。和平共处五项原则已经成为公认的处理国与国关系的普遍准则。邓小平同志指出："和平共处的原则用之于解决一个国家内部的某些问题，恐怕也是一个好办法。根据中国自己的实践，我们提出'一个国家，两种制度'的办法来解决中国的统一问题，这也是一种和平共处。"中国根据"一国两制"的构想，用和平方式成功地解决了香港、澳门问题，对国际社会已产生了强烈的影响，显示了这一构想的强大生命力。

（3）"一国两制"是对马克思主义国家学说的重大发展。马克思主义认为，国家是阶级统治的机关，是一个阶级压迫另一个阶级的暴力工具。这是根据国家产生的历史根源和阶级根源所做出的科学结论。国家不仅具有阶级的属性，而且还具有民族的属性，是民族利益的代表。在特定的历史条件下，为了整个民族的利益，可以把国内阶级矛盾和冲突放在次要的地位。例如，在抗日战争期间，我们党为了挽救中华民族的危亡，制定的抗日民族统一战线政策，就是依据这一理论。同样道理，为了实现整个民族的统一，我们党还可以运用正确的政策，和平解决阶级矛盾和冲突。"一国两制"的构想，就是在中华人民共和国内，在维护中华民族总体利益的前提下，和平解决无产阶级和资产阶级、社会主义制度与资本主义制度之间的矛盾和冲突。"一国两制"是对马克思主义国家学说的具体运用和发展。

三、"一国两制"构想在香港、澳门的成功实践

1997年7月1日，我国政府开始对香港恢复行使主权，中华人民共和国香港特别行政区正式成立，结束了英国长达1个世纪的殖民统治，洗刷了我国人民的百年屈辱。香港回归祖国，标志着"一国两制"由科学构想变成现实。

邓小平"一国两制"的构想，有力推动了祖国和平统一的进程。1982年9月，中方通知英方，我国政府决定将在1997年恢复对香港行使主权。1984年12月，签署

了中英《关于香港问题的联合声明》，宣布我国政府将于 1997 年 7 月 1 日对香港恢复行使主权。按照"一国两制"构想所确定的解决香港问题的基本宗旨：一是一定要在 1997 年收回香港并恢复行使主权，二是要继续保持香港的繁荣和稳定。1990 年 4 月，《中华人民共和国香港特别行政区基本法》经全国人大七届三次会议通过，正式颁布。1993 年 7 月 2 日，全国人大常委会成立了香港特别行政区筹委会预备工作委员会，1996 年 1 月，特区筹委会正式成立，人民解放军驻港部队也正式组建完成。1996 年 12 月推选产生首任特区行政长官、政府班子和临时立法会。香港回归、香港特别行政区成立以来，"一国两制"、"港人治港"、"高度自治"的方针得到切实执行，《中华人民共和国香港特别行政区基本法》得到全面实施，香港的政治、经济、社会生活都呈现繁荣稳定的景象。事实证明，"一国两制"在香港取得了巨大成功。

在中英关于香港问题的联合声明签署不久，中葡两国政府也开始了关于澳门问题的谈判。1993 年 3 月 31 日八届人大一次会议通过了《中华人民共和国澳门特别行政区基本法》。1999 年 12 月 20 日，澳门顺利地回归祖国。

香港、澳门顺利回归祖国及其回归祖国后的成功实践具有极为重要的意义。首先，香港、澳门先后顺利回归，彻底洗雪了中华民族蒙受了 100 多年的耻辱，是中华民族发展史上具有划时代意义的盛事。其次，香港、澳门回归祖国后，既高度自治，又得到祖国的强大支持；既继续保持既有特色，又顺应世界经济变化和祖国内地发展的大趋势，进一步明确了未来的发展方向，在我国对外开放新格局中积极创新优势，继续担当重要的角色，展示了香港、澳门本身发展的美好前景。再次，香港、澳门在"一国两制"方面的成功实践，既已经并将进一步证明"一国两制"方针的正确性和科学性，又进一步丰富了"一国两制"的理论和实践，对以"一国两制"方式进一步解决台湾问题必将产生巨大示范作用。最后，"一国两制"在香港、澳门的成功实践，是我们党坚持马克思主义实事求是思想路线、尊重历史、尊重现实，用和平方式解决矛盾的典范，不但为我国实现完全统一指明方向，而且为世界各国通过和平方式解决历史遗留问题提供了一个切实可行的新思路，并因此而受到各国有识之士的高度评价。

四、新世纪新阶段的对台政策

在香港、澳门顺利回归以后，解决台湾问题便日益凸显出来，成为全党全国各族人民的最重要的任务。20 世纪 90 年代以来，以江泽民同志为核心的党的第三代中央领导集体，一方面全面落实"一国两制"构想，另一方面，从 1995 年 1 月 12 日江泽民同志发表《为促进祖国统一大业的完成而继续奋斗》的重要讲话，到 2002 年 11 月中共十六大，初步形成了一个解决台湾问题，按"一国两制"方式实现祖国完全统一的系统的基本纲领和方针政策。

（1）坚持一个中国原则，坚决反对"台独"等任何分裂图谋。所谓一个中国原则，是指世界上只有一个中国，我国的主权和领土完整不容分割。坚持一个中国的原则，关键和核心是中国主权和领土完整不容分割。承认一个中国的原则，两岸关系正常发展和祖国和平统一就有了基础；否认一个中国原则，是两岸关系最大的危险，和平统一就不可能。

（2）在一个中国原则基础上，恢复和进行两岸对话与谈判，力求实现和平统一。坚持用和平方式实现祖国统一，避免诉诸武力，尽力以谈判方式来解决问题，是中国共产党的既定方针。

（3）寄希望于台湾人民，促进两岸关系发展。台湾同胞是实现祖国统一的基本依靠力量。寄希望于台湾人民，是解决台湾问题、完成祖国统一大业的基础性工作。最终解决台湾问题、实现祖国的完全统一，一定要得到台湾大多数民众的理解与支持，要进一步完善现有涉台法规和工作，大力推动两岸人民往来和各项交流，使台湾同胞在往来、交流和合作中更直观、更真切地感受到自身利益与祖国大陆紧密相连，更深刻地认识到"和平统一、一国两制"是实现祖国统一最好的方式和最佳的模式，确保台湾同胞根本利益得到充分、切实的保护。

（4）坚持"一国两制"方针。两岸统一后，祖国大陆坚持社会主义制度，台湾保持原来的资本主义制度，包括保持现有的西方政党制度长期不变。台湾作为特别行政区，享有比香港、澳门更多的自治权，除拥有行政管理权、立法权和司法权（包括终审权），还可以有自己的军队，党、政、军都由自己管理，中央政府不派军队和行政人员驻台，但给台湾留出名额担任国家政权的领导职务，参与国家事务的管理。

（5）努力争取和平统一，同时决不承诺放弃使用武力。决不承诺放弃使用武力，不是针对台湾同胞的，而是针对外国势力干涉我国统一和台湾分裂势力搞"台湾独立"图谋的。我们坚持在台湾问题上决不承诺放弃使用武力，是一个重要的战略方针，就是要向世人表明我国人民义无反顾地捍卫国家主权和领土完整的立场与决心，也是要为和平统一提供必要的前提和保障。

相关链接｜　🔍搜索

回归后的香港经济

2007年5月，瑞士洛桑管理学院发布2007年"国际竞争力排行榜"，香港排名世界第三。

2007年3月，英国政府组织"伦敦金融城"公布全球金融中心指数调查，香港在亚洲区名列第一，全球排名第三，仅次于伦敦和纽约。报告说，香港由于拥有稳健监管系统和优秀金融服务人才，成为最有可能跻身全球金融中心的亚洲城市。

2007年6月，日本经济委员会会同多个研究机构发表"香港回归十年竞争力报告"，香港整体竞争力在50个主要经济体中位居第一，并认为"香港的国际化程度和应变能力是很多经济体难以达到的"。

在美国传统基金会日前公布的2007年"经济自由度指数"报告中，香港连续第13年被评为全球最自由经济体系。

汇丰银行前主席艾尔敦在一次演讲中这样评价回归后的香港："回归时很多外国人认为香港作为国际商业中心的时日无多，他们都估计错了。香港仍在继续扮演国际金融、物流和贸易中心的角色，这其中最重要的就是'国际'两个字。香港过去的成功之道，就是'为不同的人扮演不同的角色'。今后，香港一定要维持国际化。面对众多的内地公司，香港要继续成为其首选的集资地；面对跨国公司，香港要继续成为其设立地区总部的不二之选。"

——资料来源：站上历史新起点——写在香港回归祖国十周年之际，

http://www.gov.cn/jrzg/2007-06/25/content_660971.htm.

第三节　环境保护

一、加强环境保护的重要意义

环境保护就是研究和防止由于人类生活、生产建设活动使自然环境恶化，进而寻求控制、治理和消除各类因素对环境的污染和破坏，并努力改善环境、美化环境、保护环境，使它更好地适应人类生活和工作需要。换句话说，环境保护就是运用环境科学的理论和方法，在更好地利用自然资源的同时，深入认识污染和破坏环境的根源及危害，有计划地保护环境，预防环境质量恶化，控制环境污染，促进人类与环境协调发展，提高人类生活质量，保护人类健康，造福子孙后代。

自然环境是人类生存的基本条件，是发展生产、繁荣经济的物质源泉。如果没有地球这个广阔的自然环境，人类是不可能生存和繁衍的。随着人口的迅速增长和生产力的发展，科学技术的突飞猛进，工业及生活排放的废弃物不断地增多，从而使大气、水质、土壤污染日益严重，自然生态平衡受到了猛烈的冲击和破坏，许多资源日益减少，并面临着耗竭的危险；水土流失、土地沙化也日趋严重，粮食生产和人体健康受到严重威胁。所以，维护生态平衡，保护环境是关系到人类生存、社会发展的根本性问题。

二、环境保护基本国策的提出与主要内容

我国社会主义现代化建设是在人口基数大，人均资源少，经济发展和科学技术水平都比较落后的条件下进行的。20 世纪 70 年代以来，随着我国人口的增长、经济的发展和人民消费水平的不断提高，使本来就已经短缺的资源和脆弱的环境面临着越来越大的压力。选择一条什么样的发展道路，成为与当代中国人民及其子孙后代生存息息相关的重大问题。

（一）环境保护基本国策的提出

我国政府十分重视因人口增长和经济发展而出现的环境问题，把保护环境作为提高人民生活水平和生活质量的一个重要方面。为了促进经济、社会与环境的协调发展，我国制定并实施了一系列保护环境的方针、政策、法律和措施。

1983 年，全国第二次环境保护会议将环境保护确定为基本国策，揭开了我国环境保护的新序幕。

1989 年 12 月 26 日，第七届全国人民代表大会常务委员会第十一次会议通过了《中华人民共和国环境保护法》，同日国家主席杨尚昆发布了主席令予以公布，并自公布之日起施行。

进入 20 世纪 90 年代，国际社会与世界各国在探索解决环境与发展问题的道路上迈出了重要一步。1992 年 6 月，联合国环境与发展大会把可持续发展作为未来共

同的发展战略，得到了与会各国政府的普遍赞同。1992 年 8 月，我国政府提出了我国环境与发展应采取的十大对策，明确指出走可持续发展道路是中国当代以及未来的必然选择。

1994 年 3 月，我国政府批准发布了《中国 21 世纪议程——中国 21 世纪人口、环境与发展白皮书》，从人口、环境与发展的具体国情出发，提出了我国可持续发展的总体战略、对策以及行动方案。有关部门和地方也分别制定了实施可持续发展战略的行动计划。

1996 年 3 月，第八届全国人民代表大会第四次会议审议通过的《中华人民共和国国民经济和社会发展"九五"计划和 2010 年远景目标纲要》，把实施可持续发展作为现代化建设的一项重大战略，使可持续发展战略在我国经济建设和社会发展过程中得以实施。

（二）环境保护的主要内容

1983 年全国第二次环境保护会议将环境保护确定为基本国策，其主要内容包括：

1. 确立环境保护为我国的一项基本国策。防治环境污染和生态破坏以及合理开发利用自然资源关系到国家的全局利益和长远发展，我国政府将坚定不移地贯彻执行环境保护这项基本国策。

2. 制定经济建设、城乡建设和环境建设同步规划，同步实施，同步发展，实现经济效益、社会效益、环境效益相统一的指导方针，实行"预防为主，防治结合"、"谁污染，谁治理"和"强化环境管理"三大政策。

3. 颁布实施环境保护的法律法规，把环境保护建立在法治的基础上，不断完善环境法律体系，严格执法程序，加大执法力度，保证环境法律法规的有效实施。

4. 坚持把环境保护纳入国民经济和社会发展计划，实施国家指导下的宏观调控与管理，逐步增加对环境保护的投入，使环境保护与各项建设事业统筹兼顾，协调发展。

5. 建立健全各级政府的环境保护机构，形成比较完善的环境管理体制，充分发挥环境监督管理的作用。

6. 加速环境科学技术的进步。加强基础理论研究，组织科技攻关，开发和推广防治环境污染的实用技术，扶植环境保护产业的发展，初步形成环境保护科研体系。

7. 开展环境宣传教育，提高全民族的环境意识。广泛进行环境宣传，逐步普及中小学环境教育，发展环境保护在职教育和专业教育，培养环境科学技术和管理方面的专门人才。

8. 推进环境保护领域的国际合作。积极发展同世界各国和国际组织在环境与发展方面的交流与合作，认真履行国际环境公约，努力发挥我国在国际环境事务中的作用。

三、加强环境保护和环境建设的指导思想、原则和目标

我国环境保护和环境建设的指导思想是：高举邓小平理论伟大旗帜，充分发挥社会主义制度的优越性，调动全社会各方面的力量，坚持从我国的国情出发，遵循自然规律和经济规律，紧紧围绕我国生态环境面临的突出矛盾和问题，以改善生态环境、提高人民生活质量、实现可持续发展为目标，以科技为先导，以重点地区治理开发为突破口，把生态环境建设与经济发展紧密结合起来，处理好长远与当前、全局与局部的关系，促进生态效益、经济效益与社会效益的协调统一。

我国环境保护和环境建设遵循的基本原则是：坚持统筹规划，突出重点，量力而行，分步实施，优先抓好对全国有广泛影响的重点区域和重点工程，力争在短时期内有所突破；坚持按客观规律办事，从实际出发，因地制宜，讲求实效，采取生物措施、工程措施与农艺措施相结合，各种治理措施科学配置，发挥综合治理效益；坚持依法保护和治理生态环境，依靠科技进步加快建设进程，建立法律法规保障体系和科技支撑体系，使生态环境的保护和建设法制化，工程的设计、施工和管理科学化；坚持以预防为主，治理与保护、建设与管理并重，除害和兴利并举，实行"边建设、边保护"，使各项生态环境建设工程发挥长期效益；坚持把生态环境建设与产业开发、农民脱贫致富、区域经济发展相结合；坚持依靠亿万群众，广泛动员全社会的力量共同参与，建立多元化的投入机制，多渠道筹集生态环境建设资金。

我国环境保护和环境建设的总体目标是：用大约50年的时间，动员和组织全国人民，依靠科学技术，加强对现有天然林及野生动植物资源的保护，大力开展植树种草，治理水土流失，防治荒漠化，建设生态农业，改善生产和生活条件，加强综合治理力度，完成一批对改善全国生态环境有重要影响的工程，扭转生态环境恶化的势头。力争到21世纪中叶，使全国适宜治理的水土流失地区基本得到整治，适

宜绿化的土地植树种草，"三化"草地基本得到恢复，建立起比较完善的生态环境预防监测和保护体系，大部分地区生态环境明显改善，基本实现中华大地山川秀美。

相关链接 🔍搜索

我国应对气候变化的举措

中国已经从科学和社会发展等多方面认识到了气候变化的巨大影响，并且开始进行积极的应对。我国于 2005 年通过了第一部《可再生能源利用法》。在这个积极政策的引导下，截至 2008 年年底，我国风电发电量 128 亿度，比上年增加 126.79%。风力发电已经成为能源革命中的主要力量。我国也已经成为全球最大的光伏产业基地，去年太阳能发电量达到 1.1GW，占全球太阳能发电总量的 27.5%。此外，我国还提出了到 2010 年实现单位国内生产总值能源消耗比 2005 年降低 20% 左右，到 2010 年努力实现森林覆盖率达到 20%，2020 年可再生能源在能源结构中的比例争取达到 16% 等一系列目标。

——资料来源：哥本哈根世界气候大会，http://baike.baidu.com.

第四节　计划生育

一、计划生育基本国策的提出和内容

20 世纪 60 年代，我国进入了新中国成立后第二次人口出生高峰。1962~1972 年，我国年平均出生人口 2669 万，累计出生人口 3 亿。1969 年我国人口突破了 8 亿。从 20 世纪 60 年代开始人口与经济、社会、资源、环境之间的矛盾逐渐显露出来。鉴于这种情况，我国政府曾号召计划生育。但是由于对人口问题的严重性认识仍不够深刻，政府没有制定明确的人口政策，因此计划生育没有能够在全国有效地推行。从 20 世纪 70 年代初开始，我国政府越来越深刻地认识到人口增长过快对经济、社会发展不利，决定在全国城乡大力推行计划生育，并将人口发展计划纳入国民经济与社会发展规划，计划生育工作进入了一个新的发展阶段。

20 世纪 70 年代末，我国改革开放的总设计师邓小平同志在总结新中国成立以来社会主义建设经验教训的基础上，深刻分析了我国的基本国情，指出要使我国实现四个现代化，必须考虑我国国家大、底子薄、人口多、耕地少的特点，揭示了人口与经济、社会、资源、环境必须协调发展的客观要求。根据邓小平同志的这一思想，我国政府把实行计划生育，控制人口数量，提高人口素质确定为一项基本国策，并在《中华人民共和国宪法》中作了明确规定，确立了计划生育工作在我国经济和社会发展全局中的重要地位。

2001 年 12 月 29 日，第九届全国人大常委会通过了《中华人民共和国人口与计划生育法》（以下简称《人口与计划生育法》）。同日，国家主席江泽民发布第 63 号主席令予以公布，于 2002 年 9 月 1 日起施行。

二、我国为什么要实行计划生育

（1）计划生育是我国长期坚持的基本国策，稳定现行生育政策是党中央、国务院的重大决策。我国宪法规定："国家推行计划生育，使人口的增长同经济和社会发展计划相适应。"2001 年 12 月 29 日颁布的《人口与计划生育法》进一步明确，"实行计划生育是国家的基本国策"，"国家稳定现行生育政策"。2006 年 12 月 17 日公布的《中共中央国务院关于全面加强人口和计划生育工作统筹解决人口问题的决定》再次强调，"必须坚持计划生育基本国策和稳定现行生育政策不动摇"。目前，我国虽然已经进入低生育水平国家的行列，但由于人口基数大，人口低增长率与高增长量将长期并存。未来十几年，我国人口总量仍将保持持续增长的态势，预计每年净增人口在 800~1000 万人之间，总人口到 21 世纪 30 年代中期将达到峰值 15 亿人左右。我国人口多、底子薄、人均资源相对不足的基本国情没有根本改变。人口问题是社会主义初级阶段长期面临的重大问题。任何认识上的偏差、工作的失误和外部环境的不利影响都可能造成生育水平的反弹，影响社会主义和谐社会的构建和全面建设小康社会的进程。中共中央决定，必须坚持计划生育基本国策和稳定现行生育政策不动摇。这是在综合考虑国家长远利益与群众实际需求，总结 30 多年计划生育成功实践基础上作出的科学决策。

（2）我国计划生育政策在总体稳定基础上不断完善，得到广大人民群众的理解和支持。近年来，我国在稳定现行生育政策的基础上，积极转变工作思路，改进工作方式，注重依法行政、思想政治教育与利益导向相结合，综合运用法律、行政、教育、经济等手段，建立健全依法管理、村（居）民自治、优质服务、政策推动、综合治理的长效工作机制。国家相继实施了农村计划生育家庭奖励扶助制度、西部地区"少生快富"工程，帮助实行计划生育的家庭解决养老的困难，发展生产、改善生活，受到社会各界的广泛赞誉和人民群众的欢迎和支持。需要说明的是，我国现行生育政策不是全国"一刀切"，更不是所谓的"一胎化"政策。生育政策在地区之间、城乡之间、汉族和少数民族之间都有所区别，即：农村宽于城市，西部宽于东部和中部，少数民族宽于汉族。我国的生育政策也不是一成不变的。"九五"、"十五"期间，多数省份的生育政策在总体稳定的基础上作了适度微调，一些省份在生育间隔、再婚生育、独生子女结婚生育等方面明确了政策。各地政策在整体稳定的基础上不断完善。实践证明，我国现行生育政策符合我国基本国情，符合人口发展规律，符合广大人民群众的根本利益，有利于我国经济社会发展和现代化建设。

（3）稳定现行的生育政策是在国家人口发展战略研究基础上的科学决策。为落实2004年中共中央人口资源环境工作座谈会关于加强人口发展战略研究的重要指示精神，在国务院的领导下，国家人口计生委集中了300多名专家学者，成立了国家人口发展战略研究课题组，经过两年广泛、深入的调研和专题研究论证，形成了国家人口发展战略研究报告。国家人口战略研究的结果认为，未来30年是确保低生育水平稳定、实现人口由缓慢增长到零增长的关键时期，"十一五"时期，收紧或放开生育政策都不可取。这是因为：由于20世纪80~90年代第三次出生人口高峰的影响，2005~2020年，20~29岁生育旺盛期的妇女数量将形成一个小高峰，导致出生人口数量出现一个小高峰。同时，自实行计划生育以来全国已累计有近1亿独生子女。进入21世纪，这部分人陆续进入生育年龄，将使生育水平有所提高。上述两种因素共同作用，将使出生率和出生人口数量有明显增加。近期放开生育政策还会引起"补偿性生育"和"抢生"。目前收紧生育政策更不利于缓解人口结构性矛盾，将给新时期人口和计划生育工作带来更大困难。因此，"十一五"时期应该保持生育政策的稳定性。

（4）我国低生育水平面临着反弹的现实风险。当前，一些地区的人口生育水平已经不同程度地出现反弹。局部地区超生现象严重。其主要原因，一是部分群众的生育意愿与生育政策之间仍然存在较大差距。"放开二胎"的传闻，加大了计划生育的难度，引起基层干部和群众的误解。二是政策内出生人口明显增加。受年龄结构的影响，我国目前正经历一个人口出生小高峰。同时，在部分地区，夫妻双方或一方是独生子女可以生育两个孩子的政策会使政策内的总生育率有所提高。三是部分党政领导和相关部门同志对低生育水平盲目乐观，对人口和计划生育工作的重视程度下降，出现投入严重不足、机构队伍不稳定等问题，导致一些地区工作滑坡。四是计划生育利益导向政策的力度不够，现有的计划生育家庭的奖励标准偏低、各项优先优惠政策落实不到位。五是目前计划生育管理服务机构和人员素质不能完全适应新形势新任务的要求，不能完全满足群众计划生育与生殖健康服务需求。正是由于上述情况，今后一个时期必须进一步稳定来之不易的低生育水平，并在此基础上研究统筹解决人口问题的政策措施，促进人口与经济、社会、资源、环境的协调和可持续发展。

案 例

我国人口和计划生育事业的伟大成就

改革开放 30 多年来，我国人口和计划生育事业取得了举世瞩目的伟大成就，实现了人口再生产类型由高出生、低死亡、高增长向低出生、低死亡、低增长的历史性转变，妇女总的生育率从实行计划生育前的 5.8 下降到目前的 1.8 左右。这一伟大成就，使我国 13 亿人口日和世界 60 亿人口日的到来分别推迟了 4 年，为经济快速增长创造了重要条件，使人口对资源、环境的压力得到有效缓解，人口的生存和发展状况明显改善，为世界人口发展作出了重要贡献。我国探索的计划生育与扶贫开发相结合的新路子，使绝对贫困人口从改革开放前的 2.5 亿减少到 1500 万，在国际社会树立了负责任人口大国的良好形象。

——资料来源：中国改革开放创造了世界人口发展奇迹，
http://news.163.com/08/1101/19/4PMG1O0T000120GU.html.

案 例 分 析

1. 讨论中国实行计划生育国策的意义。
2. 人口与经济、社会、资源、环境发展的关系如何？

复习与思考

一、名词解释

"一国两制" 对外开放 环境保护 计划生育

二、填空题

1. 我国实行对外开放，绝不是短期的权宜之计，而是_____的基本国策。

2. 2001 年 12 月我国正式加入_____，标志着我国对外开放进入一个新阶段。

3. "一个国家，两种制度"简称为_____。

4. 我国目前正处于社会主义的初级阶段，除了主要依靠本国的力量外，重要的一环是大力发展_____。

5. 中国长期停滞和落后状态的一个重要原因是_____。

6. 党的十七大提出，拓展对外开放广度和深度，提高_____经济水平。

7. _____年召开的全国第二次环境保护会议将环境保护确定为基本国策。

8. _____年 12 月 20 日，澳门顺利地回归祖国。

9. 维护生态平衡，保护环境是关系到人类生存、社会发展的 _____问题。

10. 我国虽然已经进入低生育水平国家的行列，但_____长期并存。

三、选择题（请选择一个正确答案，填在相应的位置上）

1. 我国实行对外开放，绝不是短期的权宜之计，而是长期的（ ）。

A. 基本国策 B. 大政方针 C. 短期政策 D. 基本原则

2. 我国目前正处于社会主义的初级阶段，除了主要依靠本国的力量外，重要的一环是大力发展（ ）。

A. 对外开放 B. 对外经济关系 C. 生产力 D. 改革

3. 我们要（ ），提高对外贸易效益。

A. 优化商品结构 B. 转变外贸增长方式

C. 扩大具有自主知识产权 D. 完善贸易政策

4.（　）12月我国正式加入世界贸易组织，标志着我国对外开放进入一个新阶段。

A. 2001 年　　　　B. 2002 年　　　　C. 2010 年　　　　D. 2000 年

5.“一国两制”是对（　）学说的具体运用和发展。

A.马克思主义　B.马克思主义国家　C.辩证唯物主义　D.历史唯物主义

6.（　）回归祖国，标志着“一国两制”由科学构想变成现实。

A.澳门　　　　B.香港　　　　C.香港和澳门　　D.台湾

7.“一国两制”是（　）的创造性运用和发展，为解决国际争端提供了范例。

A.对外开放　　B.和平共处原则　C.改革　　　　D.四项基本原则

8.维护生态平衡，保护环境是关系到人类生存、社会发展的（　）问题。

A.一般性　　　B.根本性　　　C.重要性　　　D.国际性

9.（　）12月26日第七届全国人民代表大会常务委员会第十一次会议通过了《中华人民共和国环境保护法》。

A. 1988 年　　　B. 1989 年　　　C. 1999 年　　　D. 2000 年

10.（　）12月29日，第九届全国人大常委会通过了《中华人民共和国人口与计划生育法》。

A. 1999 年　　　B. 2001 年　　　C. 2003 年　　　D. 2008 年

四、判断题

1.我们要充分利用国外的资金、技术、科学管理经验和灵敏的信息网络，利用生产国际化进一步发展的有利时机和较好的国际环境，以加速我国社会主义现代化建设的发展。（　）

2.中国的对外开放政策，就是对当代世界经济、科技发展和国际形势发展科学观察和概括的结果。（　）

3.我国的对外开放不论对资本主义国家还是社会主义国家，对发达国家还是发展中国家，都实行对外开放；不仅在经济建设方面，而且在文化建设方面都坚持对外开放。（　）

4.“一国两制”是长期不变的基本国策。这是以宪法和法律作保障，绝不会因领导人的更迭和注意力的转移而改变。（　）

5.“一国两制”是四项基本原则的创造性运用和发展，为解决国际争端提供了

范例。（　　）

6.《人口与计划生育法》进一步明确，"国家稳定现行生育政策"。（　　）

7.所谓一个中国原则，是指世界上只有一个中国，我国的主权和领土完整不容分割。（　　）

8.人口因素是人类生存的基本条件，是发展生产、繁荣经济的物质源泉。（　　）

9.1989年12月26日第九届全国人民代表大会常务委员会第十一次会议通过了《环境保护法》。（　　）

10.《中国21世纪议程——中国21世纪人口、环境与发展白皮书》，从人口、环境与发展的具体国情出发，提出了我国可持续发展的总体战略、对策以及行动方案。（　　）

五、简答题

1.什么是全方位、多层次、宽领域的对外开放？

2.实现祖国大陆与台湾统一必须坚持的原则、方针和政策是什么？

3."一国两制"的基本内容是什么？"一国两制"构想有什么伟大意义？

4.生态环境建设的指导思想、原则和总体目标是什么？

5.我国为什么要实行计划生育？

6.为什么说我国低生育水平面临着反弹的现实风险？

六、案例分析

使用一次性木筷的危害

中国市场各类木质筷子消耗量十分巨大，其中每年消耗一次性木筷子450亿双（约消耗木材166万立方米）。每加工5000双木质一次性筷子要消耗一棵生长30年的杨树，全国每天生产一次性木质筷子要消耗森林100多亩，一年下来总计3.6万亩。越来越多的"一次性用品"给人们的生活带来方便。然而，从环保的角度看，在这方便、快捷的背后是大量资源的浪费与垃圾的堆积，带来了无穷的后患。据调查，目前国内有上千家企业生产木质筷子，年消耗木资源近500万立方米。全国林木年采伐量约4758万立方米，这些筷子就占了10.5%。生产筷子的过程中，从原木到木块再到成品，木材的有效利用率仅为60%。

正规的一次性筷子所用的原料都是质地比较好的木材，不需要特殊加工。但是现在很多小作坊为了降低成本，使用的都是劣质木材。劣质木筷并不干净，只是给人一种卫生的错觉。劣质木筷隐藏三大危害：一损害呼吸功能。一次性筷子制作过程中须经过硫黄熏蒸，所以在使用过程中遇热会释放二氧化硫，侵蚀呼吸道黏膜。二损害消化功能。一次性筷子在制作过程中用过氧化氢漂白，过氧化氢具有强烈的腐蚀性，会对口腔、食道甚至胃肠造成腐蚀；打磨过程中使用滑石粉，清除不干净，在人体内慢慢累积，会使人患上胆结石。三病菌感染。经过消毒的一次性筷子保质期最长为 4 个月，一旦过了保质期很可能带上黄色葡萄球菌、大肠杆菌及肝炎病菌等。

根据以上案例，回答如下问题：

1. 调查走访周围饭店，了解一次性木筷的使用情况。

2. 讨论在日常生活与工作中如何减少资源能源的消耗，从而减低碳，特别是二氧化碳的排放量，减少对大气的污染，减缓生态恶化，保护环境？

七、实践与训练

调查 10 位旅游者，了解他们在旅游过程中环境保护意识情况。学生自愿组成小组，每组 6~8 人。组织一次课堂交流与讨论，时间为 1 节课。

讨论：在旅游过程中旅游者有无环境保护意识？如何增强旅游者的环境保护意识？

📖 推荐阅读

1. 刘应杰. 中国的发展战略和基本国策读本［M］. 北京：中共中央党校出版社，2008.

2. 许耀桐. 中国基本国情与发展战略［M］. 北京：人民出版社，2001.

3. http://www.gov.cn/.

4. http://zhidao.baidu.com/.

第三章 外交政策与旅游文明公约

　　中国始终不渝地奉行互利共赢的开放战略，坚持在和平共处五项原则的基础上同所有国家发展关系，同国际社会一道致力于人类和平发展的崇高事业，推动国际秩序向更加公正合理的方向发展。我国旅游业迅速发展，出门旅游的公民越来越多，一些公民在旅游活动中表现出来的"不讲卫生、不懂礼仪、不守秩序、喧哗吵闹"等不文明行为，损害了中国"礼仪之邦"的形象。提升中国公民旅游文明素质，塑造中国公民良好国际形象已经成为迫切的需要。《中国公民出境旅游文明行为指南》和《中国公民国内旅游文明行为公约》，从制度层面上对公民旅游行为作出约束。

　　在国际交往中我国奉行互相尊重主权和领土完整、互不侵犯、互不干涉内政、平等互利、和平共处五项基本原则。坚持独立自主的外交政策，以和平与发展为我国外交的首要目标。公民旅游特别是公民出境旅游是中国公民国际交往的一个组成部分。公民旅游行为的文明与否关系国家形象，国家制订了《提升中国公民旅游文明素质行动计划》，倡导文明旅游。中共中央文明办、国家旅游局于 2006 年 10 月 2 日共同发布了《中国公民出境旅游文明行为指南》和《中国公民国内旅游文明行为公约》。

学 习 目 标　　　　　　　　　　　　　　　　　》

知识目标

1 了解我国外交政策的首要目标，明确我国外交的根本原则，掌握我国外交的五项基本原则。

2 了解《提升中国公民旅游文明素质行动计划》提出的背景，明确《提升中国公民旅游文明素质行动计划》的重要意义。

3 掌握《中国公民出境旅游文明行为指南》和《中国公民国内旅游文明行为公约》的基本内容。

能力目标

1 了解对外政策，把握在旅游服务时对外交往的尺度。

2 明确文明旅游的基本内容，掌握文明旅游的精神内涵，做文明旅游的践行者，做文明旅游的推动者、监督者。

文明旅游温馨提示用语

　　由中共中央文明办和国家旅游局共同组织的"征集文明旅游温馨提示用语"活动，于 2007 年 9 月 27 日在中国旅游网、中国文明网和人民网三家网站向社会发布公告后，社会各界人士积极参与。截至 2007 年 10 月 15 日，共收到信件、邮件 528 封，文明旅游温馨提示用语 1765 条。经过初评、复评，选出了 50 条文明旅游温馨提示用语。其中，用于机场、海关、口岸等出境游温馨提示用语有：

- 从踏出国门的那一刻起，您的名字就叫"中国人"。
- 文明礼仪从小节做起，出境旅游显大家风范。
- 人人都是中国形象，处处都有文明考场。
- 文明游天下，温馨你我他。
- 中华文明五千年，礼仪展现一瞬间。
- 礼貌体现人格魅力，文明展示中华风采！
- 出国旅游，文明相伴。
- 用文明书写中国人的形象。
- 带回国外美好印象，留下国人文明形象。
- 勿忘礼仪之邦，牢记中国形象。

　　——资料来源：中共中央文明办和国家旅游局发布"文明旅游温馨提示用语"，
　　　　　　　　http://news.163.com/08/0401/21/48FOFKD1000120GU.html.

案 例 分 析

　　中共中央文明办和国家旅游局共同组织的"征集文明旅游温馨提示用语"活动的意义何在？

　　中国奉行独立自主的和平外交政策，其宗旨是维护世界和平，促进共同发展。中国始终不渝地奉行互利共赢的开放战略，坚持在和平共处五项原则的基础上同所有国家发展关系，同国际社会一道致力于人类和平发展的崇高事业，推动国际秩序向更加公正合理的方向发展。

　　我国旅游业迅速发展，出门旅游的公民越来越多，一些公民在旅游活动中表现出来的"不讲卫生、不懂礼仪、不守秩序、喧哗吵闹"等不文明行为，损害了中国"礼仪之邦"的形象。提升中国公民旅游文明素质，塑造中国公民良好国际形象已经成为迫切的需要。《中国公民出境旅游文明行为指南》和《中国公民国内旅游文明行为公约》，从制度层面上对公民旅游行为作出了约束。

第一节　坚持独立自主的和平外交政策

一、和平与发展是中国对外政策的首要目标

　　中国把和平与发展作为对外政策的首要目标。和平与发展既是当代世界主题的要求，也是由我国的国家性质和基本国情决定的。

　　为促进世界和平与发展，中国一贯反对军备竞赛，主张按照公正、合理、全面、均衡的原则实行有效的裁军，并以实际行动率先垂范；中国一贯主张全面禁止和彻底销毁一切核武器，积极呼吁有关国家放弃核威慑政策；中国还主张全面禁止和彻底销毁化学武器，在进行核裁军的同时大幅度裁减常规军备。20 世纪 80 年代中国率先裁军 100 万之后，20 世纪 90 年代又裁军 50 万。中国在国外没有任何驻军，也没有任何军事基地。1992 年中国正式加入《不扩散核试验条约》，1993 年签署了《关于禁止化学武器公约》，1996 年 9 月签署了《全面禁止核试验条约》等，并严格履行已签条约的各项义务。中国在军控和促进核裁军进程中采取的积极、务实态度和行动，受到广大无核国家以及所有主持正义国家的赞赏。

　　为促进世界的和平与发展，中国长期坚持平等互利的原则，同世界各国和地区广泛开展了贸易往来、经济技术合作和科学文化交流，促进世界经济不断发展。在亚洲金融危机发生后，中国以认真负责的态度，坚持人民币不贬值，为亚洲和世界的和平与发展做出了特殊贡献。

二、独立自主是中国外交政策的根本原则

中国坚持独立自主原则，是从中国人民和世界人民的根本利益出发，根据事物本身的是非曲直，独立自主地决定自己的态度和对策。20世纪80年代以来，为维护世界和平，实现我国社会主义建设的宏伟战略目标，我们更加强调坚持独立自主，并赋予独立自主新的内容：真正的不结盟。即不依附于任何大国或国家集团，不屈服于任何大国的压力，不同任何大国或国家集团结盟，不搞军事集团，不参加军备竞赛，不进行军事扩张。

我国珍惜自己的独立自主，也充分尊重别国的独立自主。中国一贯坚持原则，主持正义，主张国家不论大小、贫富、强弱，都有自己的主权，都应受到尊重，相互平等对待。中国反对以大欺小、以富压贫、以强凌弱的强权政治；反对以社会制度、意识形态、价值观念的不同作为借口干涉别国内政，无视别国主权，侵略、欺负和颠覆别的国家。中国不把自己的社会制度和意识形态强加于人，也决不允许别国把它们的社会制度和意识形态强加于我们。中国在国外不建立军事基地，不驻军，不干涉别国内政，永远不做超级大国，永远不称霸。中国主张和平谈判解决国际争端，反对诉诸武力或以武力相威胁。中国坚持睦邻友好，坚持改善和发展同发达国家的关系，坚持加强同第三世界国家的团结与合作，尊重世界的多样性。中国主张各国的事情要由各国人民自己做主，国际上的事情要由大家商量解决。

独立自主原则不仅适用于国家间的关系，而且也适用于政党间的关系，它是中国共产党发展与其他各国政党相互关系的准则。中国共产党在十二大上正式制定了处理党际关系的原则，即坚持在马克思主义的基础上，按照独立自主、完全平等、互相尊重、互不干涉内部事务的原则，发展同各国共产党和其他工人阶级政党的关系。这是对马克思主义国际主义思想的运用和发展。党的十五大又发展了这一思想，明确宣布在坚持党际关系四项原则的基础上，"同一切愿与我党交往的各国政党发展新型的党际交流和合作关系，促进国家关系的发展"。

实践证明，我国坚持奉行的独立自主外交原则，既完全不同于狭隘的民族主义，也根本不同于大国沙文主义，是完全符合中国人民和世界人民利益的。

三、和平共处五项原则是中国处理同一切国家关系的基本原则

和平共处五项原则，即互相尊重主权和领土完整，互不侵犯，互不干涉内政，平等互利，和平共处。和平共处五项原则作为我国处理国际关系的基本准则，写进了《中华人民共和国宪法》，并已成为世界上公认的处理国际关系的原则。

和平共处五项原则的主要内容和本质是：反对侵略和扩张，维护国家的独立和主权。五项原则是互相联系、不可分割的整体。其中，"互相尊重主权和领土完整"，是五项原则中的核心和主要原则。主权独立和领土完整，是所有国家生存和发展的必要前提，也是国家间和平共处的基础和必备条件。"互不侵犯"，就是禁止侵略，禁止用战争手段作为解决国际争端的手段，它是对"互相尊重主权和领土完整"原则的保证和补充。"互不干涉内政"，它要求各国都要相互尊重各国人民自由选择国家制度、内外政策和生活方式的权利，任何一个国家都不能将本国的利益和意志强加于别的国家。"平等互利"就是要求各国在平等基础上充分发展各国之间的经济、政治和文化关系。国家之间只能在平等的原则下才能谈得上互利，互利本身就是平等的表现。只有真正做到了上述几项原则，国家之间才能实现和平共处，因此说，"和平共处"是实现前四项原则的必然归宿。

和平共处五项原则的基本点是：国家不分大小、强弱和富贫，都应一律平等、互相尊重、和睦相处、友好合作；各国走什么样的道路，选择什么样的社会制度，都应由各国人民自己决定，任何外国势力都无权干涉。

由于和平共处五项原则有上述特点和优点，它超越了意识形态和社会制度，符合联合国宪章的宗旨和原则，反映了和平与发展的时代潮流，所以最经得住考验，具有强大的生命力。

四、加强同第三世界国家的团结与合作是中国外交的一贯政策

第三世界登上国际舞台后发挥了越来越重要的作用，成为维护世界和平、反对霸权主义、促进世界发展的重要力量。社会主义中国属于第三世界。中国同大

多数第三世界国家有过共同的历史遭遇和苦难经历，都长期遭受帝国主义的奴役和掠夺。为了摆脱殖民统治，争取国家的独立和解放，都进行过长期的斗争，现在又面临发展民族经济、提高人民生活水平的共同历史任务。我们都需要长期的国际和平环境，都在为反对强权政治和霸权主义，建立国际经济政治新秩序而斗争。处在发展中的第三世界国家，真正的优势和希望在于团结，团结是第三世界的力量源泉。不断加强与第三世界国家的团结与合作，不仅符合中国人民和第三世界人民的利益，而且符合全世界人民的共同利益。所以中国始终把同广大发展中国家在各个方面相互支持、密切配合、共同维护正当权益看作自己神圣的国际义务。

和平共处五项原则让中国走向世界

　　苏联是第一个宣布与新中国建立外交关系的国家，时间是在 1949 年 10 月 2 日，也就是新中国成立的第二天。1991 年 12 月苏联解体后，俄罗斯延续了苏联同中国的外交关系。从 1992 年相互视为友好国家到 1994 年确立建设性伙伴关系，从 1996 年建立战略协作伙伴关系到 2001 年签署睦邻友好合作条约，中俄关系一直沿着持续、稳定、日渐成熟的轨道不断向前发展。

　　新中国第一任外交部长的中国政府总理周恩来在 1955 年的万隆会议上，提出中国倡导互相尊重主权和领土完整、互不侵犯、互不干涉内政、平等互利、和平共处的五项原则。从此，和平共处五项原则开始被更多的国家所了解，如今它已深入人心，成为公认的国际关系基本准则。

　　历经国际风云变幻，中国始终是和平共处五项原则的坚定奉行者，这也是中国拥有越来越多的朋友、特别是发展中国家朋友的重要原因。新中国成立之初，受到西方大国的孤立，那时与中国建交的国家才十几个，现在跟中国建交的国家达到 171 个。

　　　　　　　　　　　　——资料来源：走向世界——新中国 60 年外交成就，
　　　　　　　　　　　　http://gb.cri.cn/30164/2009/05/27/162s2521618.htm.

第二节　旅游文明公约

一、提升中国公民旅游文明素质行动计划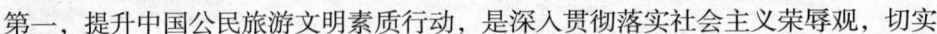

　　2006 年 8 月，中共中央文明办、国家旅游局经过认真调研，在充分听取有关部门和社会各界意见和建议的基础上，制订了《提升中国公民旅游文明素质行动计划》，中共中央文明委批准转发了这一行动计划。

　　中共中央文明委发出通知，部署在全国实施"提升中国公民旅游文明素质行动"。通知指出，改革开放以来，我国旅游业迅速发展，公民的旅游文明素质和道德水平不断提高。但从整体上看，我国公民的文明素质与快速发展的旅游业还不相适应，与中国的国际地位不相称。一些公民在旅游活动中表现出来的"不修边幅、不讲卫生、不懂礼仪、不守秩序、不遵法规、不爱护环境和公共设施、喧哗吵闹"等不文明行为损害了中国"礼仪之邦"的形象，引起了海内外舆论的关注和批评，群众反应强烈。提升中国公民旅游文明素质，既是践行社会主义荣辱观的重要举措，也是增强中国软实力、塑造中国公民良好国际形象的迫切需要。按照中共中央文明委统一安排，"提升中国公民旅游文明素质行动"由中共中央文明办、国家旅游局会同外事、公安、商务、建设、铁道、民航、交通等部门共同组织实施。

　　这项活动按照科学发展观的要求，坚持以人为本、教育先行、注重养成，征集制定发布公民文明旅游行为规范，加强文明旅游宣传教育；广泛开展多种形式的文明旅游实践活动，引导人们以实际行动树立中国公民的良好形象；加强公民文明旅游综合管理，建立长效机制。经过长期努力，集中纠正我国公民旅游中的各种不文明行为，使我国公民旅游文明素质显著提高。

二、提升中国公民旅游文明素质行动的意义

　　第一，提升中国公民旅游文明素质行动，是深入贯彻落实社会主义荣辱观，切实

加强思想道德建设的重要举措。实施"提升中国公民旅游文明素质行动计划",就是要结合实际,采取措施,集中整治公民旅游中有损国格、有违法纪、有悖公德、有碍观瞻的不文明行为,着力解决群众反映强烈的突出问题。就是要发挥旅游景区景点的教育功能和旅游活动引导传播文明的功能,把树立社会主义荣辱观的要求体现到公民旅游文明素质教育之中,贯穿于旅游活动的全过程。以利于更好地引导人们知荣辱、明是非、懂礼仪、重修养,在实践中培养公民文明言行,展示中国公民的文明风采。

第二,提升中国公民旅游文明素质行动,是提高公民文明素质和现代文明程度,形成良好社会风尚的有效途径。公民是社会的细胞,公民的综合素质最终决定社会的文明程度。实施"提升中国公民旅游文明素质行动计划",注重把公民文明素质教育的关注点和落脚点放在与人们生活密切相关的日常行为上,适应公众求知求乐、愉悦身心的心理需求,结合旅游景区名胜古迹、人文地理、风土人情、自然风貌和旅游活动轻松和谐的氛围,开展生动活泼的教育引导,树立荣辱观念,传播先进文化,弘扬社会正气,倡导文明风尚。这都有利于人们在出行、游览和休闲娱乐中接受美的熏陶和文明的导引,在一言一行中培养和体现文明素养。

第三,提升中国公民旅游文明素质行动,是维护国家形象,增强国家"软实力"的迫切需要。一个国家的综合国力,不仅体现在经济、科技等"硬实力"上,同时也表现在文化、社会风尚和国民素质等"软实力"上。大力实施"提升中国公民旅游文明素质行动计划",集中治理旅游行为陋习,倡导和践行文明,必将有效地激发公民的集体荣誉感、民族自豪感和爱国热情,展示中国"礼仪之邦"的良好风范,维护国家的荣誉和尊严,进一步增强我们国家的"软实力"。

总之,提升中国公民旅游的文明素质,塑造中国良好的国民形象,不仅十分必要,而且非常紧迫。

三、旅游文明公约的内容

旅游文明素质是一个国家和地区公民整体文明素质和社会整体文明程度的反映和体现。随着中国旅游业的迅速发展和人民生活水平的逐步改善,中国公民出国(境)旅游的规模将越来越大,出游的国家也会遍布世界各地。提升公民旅游文明素质是旅游行业学习、践行社会主义荣辱观的重要举措,也是当前在全行业开展诚信旅游体系建设的重要内容。

中共中央文明办、国家旅游局 2006 年 10 月 2 日共同发布了《中国公民出境旅游文明行为指南》和《中国公民国内旅游文明行为公约》，从制度层面上对公民旅游行为作出约束。中共中央文明办、国家旅游局于 10 月 3 日开始部署落实工作。

（一）《中国公民国内旅游文明行为公约》的主要内容

（1）维护环境卫生。不随地吐痰和口香糖，不乱扔废弃物，不在禁烟场所吸烟。

（2）遵守公共秩序。不喧哗吵闹，排队遵守秩序，不并行挡道，不在公众场所高声交谈。

（3）保护生态环境。不踩踏绿地，不摘折花木和果实，不追捉、投打、乱喂动物。

（4）保护文物古迹。不在文物古迹上涂刻，不攀爬触摸文物，拍照摄像遵守规定。

（5）爱惜公共设施。不污损客房用品，不损坏公用设施，不贪占小便宜，节约用水用电，用餐不浪费。

（6）尊重别人权利。不强行和外宾合影，不对着别人打喷嚏，不长期占用公共设施，尊重服务人员的劳动，尊重各民族宗教习俗。

（7）讲究以礼待人。衣着整洁得体，不在公共场所袒胸赤膊；礼让老幼病残，礼让女士；不讲粗话。

（8）提倡健康娱乐。抵制封建迷信活动，拒绝黄、赌、毒。

（二）《中国公民出境旅游文明行为指南》的主要内容

中国公民，出境旅游，注重礼仪，保持尊严。讲究卫生，爱护环境；衣着得体，请勿喧哗。尊老爱幼，助人为乐；女士优先，礼貌谦让。出行办事，遵守时间；排队有序，不越黄线。文明住宿，不损用品；安静用餐，请勿浪费。健康娱乐，有益身心；赌博色情，坚决拒绝。参观游览，遵守规定；习俗禁忌，切勿冒犯。遇有疑难，咨询领馆；文明出行，一路平安。

中国公民旅游不文明行为表现

2006 年 8 月 17~31 日，中共中央文明办、国家旅游局向社会公开征集"中国公民旅游不文明行为表现"和"提升中国公民旅游文明素质建议"。之后国家旅游局在其官方网站公布了公众反映比较普遍的国内国外旅游不文明行为。

中国公民国内旅游常见不文明行为

1. 随处抛丢垃圾、废弃物，随地吐痰、擤鼻涕、吐口香糖，污染公共环境。

2. 在非吸烟区吸烟，打喷嚏不掩口鼻，危害他人健康。

3. 坐公交车、乘电梯、购物、买票、参观、就餐时争抢拥挤、插队加塞，不谦让老幼病残孕。

4. 在公共交通工具、宾馆饭店、剧场影院等公共场所高声接打电话、猜拳行令、喧哗吵闹。

5. 在景观文物、服务设施上乱刻乱划，踩踏禁行绿地，攀爬摘折花木。

6. 不听劝阻喂食、投打动物，危害动物安全。

7. 在他人面前打赤膊、袒胸敞怀，在房间外穿睡衣活动，穿着不合时宜。

8. 讲黄色段子，宣扬封建迷信，传播胡编乱造的政治笑话，热衷低级趣味。

9. 强拉外宾合影，违反规定拍照、录像。

10. 吃自助餐时多拿多占，离开宾馆饭店时带走非赠品，贪占小便宜。

中国公民出国（境）旅游常见不文明行为

1. 随处抛丢垃圾、废弃物，随地吐痰、擤鼻涕、吐口香糖，上厕所不冲水，不讲卫生留脏迹。

2. 无视禁烟标志想吸就吸，污染公共空间，危害他人健康。

3. 乘坐公共交通工具时争抢拥挤，购物、参观时插队加塞，排队等候时跨越黄线。

4. 在车船、飞机、餐厅、宾馆、景点等公共场所高声接打电话、呼朋唤友、猜拳行令、扎堆吵闹。

5. 在教堂、寺庙等宗教场所嬉戏、玩笑，不尊重当地居民风俗。

6. 大庭广众之下脱去鞋袜、赤膊袒胸，把裤腿卷到膝盖以上、跷"二郎腿"，酒足饭饱后毫不掩饰地剔牙，卧室以外穿睡衣或衣冠不整，有碍观瞻。

7. 说话脏字连篇，举止粗鲁专横，遇到纠纷或不顺心的事大发脾气，恶语相向，缺乏基本社交修养。

8. 在不打折扣的店铺讨价还价，强行拉外国人拍照、合影。

9. 涉足色情场所、参加赌博活动。

10. 不消费却长时间占据消费区域，吃自助餐时多拿浪费，离开宾馆饭店时带走非赠品，享受服务后不付小费，贪占小便宜。

——资料来源：国家旅游局，http://news.sina.com.cn/c/

2006－09－22/151511079607.shtml.

复习与思考

一、名词解释

和平共处五项基本原则

二、填空题

1. 中国处理同一切国家关系的基本原则是_____。

2. 一个国家的综合国力，不仅体现在经济、科技等"硬实力"上，同时也表现在文化、国民素质等_____上。

3. 提升中国公民旅游文明素质行动，是维护_____，增强国家"软实力"的迫切需要。

4. 提升中国公民旅游文明素质，是塑造中国公民良好_____形象的迫切需要。

5. 提升中国公民旅游文明素质行动，是提高公民文明素质和现代文明程度，形成良好_____的唯一途径。

6. "维护环境卫生，不随地吐痰和口香糖，不乱扔废弃物，不在禁烟场所吸烟"是 ____的主要内容之一。

7. 和平共处五项原则是中国处理同一切国家关系的_____。

8. _____是中国外交政策的根本原则。

9. 中共中央文明办、国家旅游局 2006 年 10 月 2 日共同发布了针对公民出境旅游的_____行为指南。

10. 加强同_____国家的团结与合作是中国外交的一贯政策。

三、选择题（请选择一个正确答案，填在相应的位置上）

1. 我国对外政策的首要目标是（　　）。

A. 加强同第三世界的团结合作　　　　B. 在国际事务中有所作为

C. 和平与发展　　　　　　　　　　　D. 维护国家的主权和安全利益

2. （　　）是中国处理同一切国家关系的基本原则。

A. 加强同第三世界的团结合作　　　　B. 和平共处五项原则

C.反对霸权主义，维护世界和平　　D.维护国家的主权和安全利益

3.我国对外政策的根本原则是（　　）。

A.把国家的主权和安全利益放在首位

B.加强同第三世界的团结合作

C.独立自主

D.坚持和平共处五项原则

4.当今世界的主题是（　　）。

A.经济全球化　　　B.和平与发展　　　C.南南合作　　　D.联合图强

5.（　　），是五项原则中的核心和主要原则。

A.反对霸权主义　　　　　　　　　B.反对强权政治

C.维护世界和平　　　　　　　　　D.互相尊重主权和领土完整

6.（　　）是中国外交的一贯政策。

A.维护世界和平，促进共同发展　　B.加强同第三世界国家的团结与合作

C.反对霸权主义，维护世界和平　　D.国家的主权和安全利益

7.（　　）8月，中共中央文明办、国家旅游局经过认真调研，在充分听取有关部门和社会各界意见和建议的基础上，制订了《提升中国公民旅游文明素质行动计划》。

A.2004年　　　　B.2005年　　　　C.2006年　　　　D.2007年

8.中共中央文明办、国家旅游局于2006年10月2日共同发布了针对公民出境旅游的（　　）。

A.《中国公民出境旅游文明行为指南》

B.《中国公民国内旅游文明行为公约》

C.《中国公民国内旅游文明行为指南》

D.《中国公民出境旅游文明行为公约》

E.《中国公民旅游文明行为指南》

9.（　　）是提高公民文明素质和现代文明程度，形成良好社会风尚的有效途径。

A.中国公民旅游文明素质　　　　　B.中国公民出境旅游文明指南

C.提升中国公民旅游文明素质行动　D.中国公民国内旅游文明公约

10.《中国公民出境旅游文明行为指南》和《中国公民国内旅游文明行为公约》是（　　）发布的。

A. 中共中央文明办　　　　　　B. 国家旅游局

C. 中共中央文明办、国家旅游局共同　D. 中共中央文明委

四、判断题

1. 中国把和平与发展作为对外政策的首要任务。（　　）

2. 中国坚持独立自主原则，是从中国人民和世界人民的根本利益出发，根据事物本身的是非曲直，独立自主地决定自己的态度和对策。（　　）

3. 中国不把自己的社会制度和意识形态强加于人，也决不允许别国把它们的社会制度和意识形态强加于我们。（　　）

4. 独立自主原则也是中国共产党发展与其他各国政党相互关系的准则。（　　）

5. "互相尊重主权和领土完整"是五项原则中的核心和主要原则。（　　）

6. "和平共处"就是要求各国在平等基础上充分发展各国之间的经济、政治和文化关系。（　　）

7. 提升中国公民旅游文明素质，既是践行社会主义荣辱观的重要举措，也是增强中国"软实力"，塑造中国公民良好国际形象的迫切需要。（　　）

8. 提升中国公民旅游文明素质行动，是提高公民文明素质和现代文明程度，形成良好社会风尚的唯一途径。（　　）

9.《中国公民出境旅游文明行为指南》和《中国公民国内旅游文明行为公约》，是中共中央文明办、国家旅游局共同发布的。（　　）

10. "维护环境卫生。不随地吐痰和口香糖，不乱扔废弃物，不在禁烟场所吸烟"是《中国公民出境旅游文明行为指南》的主要内容之一。（　　）

五、简答题

1. 中国处理同一切国家关系的基本原则是什么？

2. 中国对外政策的首要目标是什么？

3. 和平共处五项原则的主要内容和本质是什么？

4. 和平共五项原则中的核心和主要原则是什么？

5.《中国公民国内旅游文明行为公约》内容有哪些？

6.《中国公民出境旅游文明行为指南》具体内容是什么？

六、案例分析

自助餐狂灌饮料的中国游客

前些年我带团到澳大利亚，看到一位团友在酒店吃完自助早餐后，拿出随身携带的大号雀巢咖啡杯子，旁若无人地去灌牛奶。当别人提醒他时，他笑笑说，这里的牛奶好喝，带着可以路上喝。结果，因为天气热，到了下午，大半瓶牛奶只好全倒掉了。有一次在泰国也遇到类似情况，一个国内的旅游团，其中有一位老太太在用带来的茶杯去灌橙汁时，服务员看见了，冲她说"NO"。她没有理会，继续灌，服务员上前伸手想关掉开关，却被老太太一把推开，险些跌倒。直到领队出面制止，老太太这才走开。

——资料来源：http://www.veryeast.cn/cms/Html/travel/100/

2007-1/11/071112319497552.htm.

根据上述案例，回答如下问题：

分析实施"提升中国公民旅游文明素质行动"的意义。

七、实践与训练

撰写一篇小论文，标题为"游客不文明旅游行为原因探究"，字数在 2000 字左右。

📖 推荐阅读

1. 中华人民共和国外交部政策规划司. 中国外交（2012 年版）[M]. 北京：世界知识出版社，2012.

2. 中国国际问题研究所. 国际形势和中国外交蓝皮书（2012）[M]. 北京：世界知识出版社，2012.

3. http://gb.cri.cn/.

4. http://news.sina.com.cn/.

5. http://www.china.com.cn/.

第四章

宪法法律制度

  《中华人民共和国宪法》（简称《宪法》）是我国的根本大法，是治国安邦的总章程，是保持国家统一、民族团结、经济发展、社会进步和长治久安的法律基础，是中国共产党执政兴国、团结带领全国各族人民建设中国特色社会主义的法律保证。它规定了国家基本社会制度包括国体、政体、经济制度等，同时也规定了公民的基本权利和义务。

  依法治国，就是广大人民群众在党的领导下，依照《宪法》和法律规定，通过各种途径和形式管理国家事务，管理经济文化事业，管理社会事务，保证国家各项工作都依法进行，逐步实现社会主义民主的制度化、法制化，使这种制度和法律不因领导人的改变而改变，不因领导人看法和注意力的改变而改变。依法治国是发展社会主义市场经济的客观需要，依法治国是建设社会主义民主政治的基本保证，依法治国是社会文明进步的重要标志，依法治国是维护社会稳定、国家长治久安的重要保障。

学习目标

知识目标

1. 了解《宪法》的含义和特点。
2. 明确我国的基本制度。
3. 掌握公民的基本权利和基本义务。
4. 了解依法治国含义、基本内容。
5. 掌握依法治国的意义。

能力目标

1. 理解以宪治国是依法治国的核心。
2. 培养理论联系实际、依法办事的能力。

基层代表大幅增加，"两会"洋溢清新朴素之风

据中央人民广播电台"中国之声"报道，参加十一届全国人大一次会议的京外代表开始陆续抵京，向大会报到。代表结构进一步优化，代表构成更加广泛成为本届大会的亮点。

随着河南代表团乘坐的列车驶入北京西站，出席十一届全国人大一次会议的外地代表开始陆续抵京。作为全国的粮食大省，河南代表团有21名农民代表，占代表总数的13.7%。来自河南商丘的农民代表乔彬10年前就带领当地农民建起了大型农产品批发市场，成为致富带头人。当选为人大代表，他最关心的也是农民的切身利益问题。道路出行问题，再加上失地农民的问题，这些都是直接牵连着农民切身利益的问题。农民最盼望这一点能解决。

黑龙江代表团有8名来自东北老工业基地的代表，而上一届只有2名。第一次参加两会的李新民代表，带来了一线石油工人的心声：一定要把工人的呼声和愿望带到大会上来，为大庆油田建设百年油田和中石油建设具有国际竞争能力的综合能源公司贡献力量。

在基层代表最多的山东代表团，"新时期产业工人杰出代表"的许振超最关心的问题还是企业创新。他说："现在的工人的概念，一样拿鼠标，穿着白大褂，工人也能玩高科技啊！而且很多一线工人创造出很多让人想象不到的技术奇迹。"

2008年"两会"省级政府部门领导干部代表比上届减少了三分之一，而一线工人代表比上届增加了一倍多，基层农民代表也比上届增加了70%以上。这些植根于基层一线的代表将给最高国家权力机关带来清新、朴素的民意之风。

三位农民工代表成为今年两会的新闻人物。来自重庆建工集团第一市政工程公司、45岁的农民工代表康厚明说："我能把农民工所需要的，他们所想的，向党和政府沟通，提出好的建议，非常高兴！这是我们社会的发展，也是政府对农民工的关怀的体现。"

来自上海的农民工代表朱雪芹说："作为我们农民工能当选为全国人大代表是想也没想过的。感到非常荣幸也感到责任重大。因为我代表我们上海400多万农民工，把基层农民工的心声带到'两会'。"

作为我国第一批农民工代表，康厚明等三位农民工将代表1.5亿农民工群众步入最高国家权力机关，履行管理国家和社会事务的权力。

在2987名全国人大代表中，少数民族代表有411名，占代表总数的13.76%，每个少数民族都至少拥有1名本民族的代表。少数民族最多的云南省，这次出席"两会"的人大代表有48名，占代表总数的半数以上。身着五彩艳丽服饰的马自英代表说："我是来自基

层的少数民族代表。我这次带来的建议是加大对农村卫生所医务人员的培训。"

上海复旦大学党委书记秦绍德也是第一次当选全国人大代表。他告诉记者，作为高校代表，他最关注的是中国高等教育的发展和人才培养问题。

——资料来源：中国广播网，2008 年 03 月 03 日.

案 例 分 析

1. 人民代表大会制及其作用是什么？

2. 结合案例谈谈如何理解"坚持和完善人民代表大会制度"？

《宪法》是我国的根本大法，在我国整个法律体系中，《宪法》与普通法一样，具有法的一般特征。但是《宪法》又以其自身的法律特征，表明《宪法》居于根本大法的地位，起着根本大法的作用，从而区别于其他普通法律。

依法治国是党领导人民治理国家的基本方略。要推进依法治国的进程，建设社会主义的法治国家，必须大力加强社会主义法制建设，做到有法可依、有法必依、执法必严、违法必究。

第一节　《宪法》概述

一、《宪法》的概念及主要特征

（一）《宪法》的概念

我国《宪法》是反映各种政治力量实际对比关系、确认革命胜利成果和现实的民主政治、规定国家根本制度和根本任务、具有最高法律效力的国家根本法。

（二）《宪法》的主要特征

《宪法》是国家根本法，这说明了其在国家整个法律体系中所处的地位。《宪法》与普通法一样，具有法的一般特征。但是《宪法》又以其自身的法律特征，表明居于根本法的地位，起着根本法的作用，从而区别于其他普通法律。《宪法》的主要特征是：

（1）在内容上，《宪法》规定着一个国家有关社会制度和国家制度的一些最根本、最重大的问题。与《宪法》相比较，普通法律的内容只涉及国家生活或社会生活某一特定方面的问题，相对于整体而言只是局部性的社会现象和法律关系。例如，刑法规定定罪量刑方面的内容；民法规定公民或法人的财产关系和人身关系方面的内容；诉讼法规定诉讼程序方面的内容等。这些内容虽然也很重要，但毕竟只限于某一方面的局部性问题。唯独《宪法》从根本原则和根本制度上规范着整个国家的活动。例如，国家性质、政治制度、国家结构形式、社会经济文化制度、公民的基本权利和义务，以及国家机构的组织系统、职责权限、工作原则和制度等各项内容都要由《宪法》做出规定。

（2）在法律效力上，《宪法》具有最高的法律效力。我国现行《宪法》在其序言的最后一段庄严宣告："本《宪法》以法律的形式确认了中国各族人民奋斗的成果，规定了国家的根本制度和根本任务，是国家的根本法，具有最高法律效力。"这就是说，《宪法》的法律效力高于其他普通法律。

（3）在制定和修改程序上，《宪法》较普通法律更为严格。我国《宪法》第六十四条规定："宪法的修改，由全国人民代表大会常务委员会或者五分之一以上的全国人民代表大会代表提议，并由全国人民代表大会以全体代表的三分之二以上的多数通过。"又规定："法律和其他议案由全国人民代表大会的全体代表的过半数通过。"这表明，关于向全国人大提出修改《宪法》议案提案权，只能由全国人大常委会或者五分之一以上的全国人大代表行使，其他任何组织和个人都不享有修宪提案权；而《宪法》的通过只能由全国人大来进行表决，且必须得到全体代表的三分之二以上多数票时才获得通过。

二、我国《宪法》的历史发展

从中华人民共和国成立至今，《中国人民政治协商会议共同纲领》是中华人民共和国成立初期的临时宪法；1954 年制定的第一部《中华人民共和国宪法》，是一部比较完善的《宪法》；1975 年和 1978 年的两部《宪法》限于当时的历史条件都很不完善；1982 年制定并经过 4 次修改的现行《宪法》是中华人民共和国成立以来最完善的一部《宪法》。

1982 年 12 月 4 日，由全国人大五届五次会议正式通过了新的《中华人民共和国宪法》，并由大会主席团于当日公布施行。

现行《宪法》包括《序言》在内共 4 章，138 条。它以 1954 年《宪法》为基础，规定了国家的性质、政体、统一多民族的国家结构形式和社会主义经济制度，建设社会主义精神文明，赋予公民广泛而真实的权利、自由和必要的义务等，从而成为新时期一部具有中国特色的社会主义《宪法》。它既总结了历史经验，又考虑到现实情况，还照顾到将来的发展。

1982 年的《宪法》是中华人民共和国成立以来最完善的一部《宪法》，并不等于说这部《宪法》将永远不会修改。这部《宪法》颁布以后，全国人大于 1988 年、1993 年、1999 年和 2004 年 4 次通过《宪法》修正案，共修正了 31 条，对有关内容做出了适时的修改。

第二节　《宪法》的基本内容

一、我国的基本制度

（一）人民民主专政制度

现行《宪法》第 1 条规定："中华人民共和国是工人阶级领导的、以工农联盟为基础的人民民主专政的社会主义国家。"《宪法》明确规定我国的性质是人民民主专政。

（二）人民代表大会制度

人民代表大会制度是指我国各族人民在党的领导下，根据民主集中制原则，选举产生全国人大和地方各级人大，并以人大为基础，建立全部国家机构，以实现人民当家做主的制度。人民代表大会制度是我国人民革命政权建设的经验总结，是马克思主义国家学说和我国国情相结合的产物。

人民代表大会制度是我国的政权组织形式，由人民代表大会制度所包含的政治内容所决定。

（1）人民代表大会制度不仅表明了我国国家权力的归属，即一切权力属于人民，是一种共和制政体，而且是为了实现一切权力属于人民的原则而建立起来的政治制度。

（2）人民代表大会制度明确了国家权力在人民代表大会与同级其他国家机关间的配置原则。一方面，人民代表大会统一行使属于人民的国家权力；另一方面，人民代表大会产生同级其他国家机关，行使人民代表大会通过《宪法》和法律赋予的特定范围内的职权。我国《宪法》和组织法比较全面、具体地列举了各种国家机关的职权。

（3）在这种权力配置的基础上，形成了以人民代表大会为核心的国家机关关系体系，特别是权力机关与同级其他国家机关之间关系的准则，即权力机关产生同级其他国家机关，他们向权力机关报告工作，并接受权力机关的监督。

（三）国家结构形式

国家结构形式是指特定国家的统治阶级根据一定原则采取的调整国家整体与部分、中央与地方相互关系的形式。现代国家的国家结构形式主要有单一制和联邦制两大类。

我国《宪法》明确规定，中华人民共和国是全国各族人民共同缔造的统一的多民族国家。这一规定表明，单一制是我国的国家结构形式。

（四）民族区域自治制度和特别行政区制度

1. 我国的民族区域自治制度

民族区域自治制度是我国在单一制国家结构形式下解决民族问题，实行民族平等，促进少数民族政治、经济、文化发展，实现各民族共同繁荣的一项有中国特色的政治制度。它是指按照《宪法》和民族区域自治法的规定，在国家统一领导下，在少数民族聚居的地方，设立民族自治机关，行使自治权，自主地管理本民族地方性事务，以实现少数民族人民当家做主的一项制度。

2. 我国的特别行政区制度

特别行政区是指根据我国《宪法》和有关特别行政区基本法的规定，在我国领土范围内设立的、具有特殊法律地位，实行特别的政治、经济和社会制度的地方。特别行政区"特殊的法律地位"主要表现为：

（1）特别行政区作为国家一个不可分割的地方行政区域，直辖于中央人民政府。

（2）特别行政区作为一个具有相对独立性的政治主体，享有高度自治权。

（3）特别行政区所实行的各种制度，由全国人民代表大会以专门制定的基本法律确定，这种基本法律具有特别法的性质。所谓"实行特别的政治、经济和社会制度"，主要是针对中华人民共和国现行的各种制度而言的。中国政府在中英、中葡联合声明中郑重承诺：香港、澳门"现行社会、经济制度不变；生活方式不变"。

（五）我国的经济制度

1999年第九届全国人大二次会议通过的《宪法》修正案确定："国家在社会主义初级阶段，坚持公有制为主体、多种所有制经济共同发展的基本经济制度。"

（1）社会主义公有制是我国经济制度的基础。我国《宪法》第六条规定："中华人民共和国的社会主义经济制度的基础是生产资料的社会主义公有制，即全民所有制和劳动群众集体所有制。"生产资料公有制决定了我国社会主义经济制度的本质特征，是保证工人阶级实现对国家的领导和加强工农联盟的基础。

（2）非公有制经济。1999年第九届全国人大二次会议通过的《宪法》修正案确定：在法律规定范围内的个体经济、私营经济等非公有制经济，是社会主义市场经济的重要组成部分。这一规定肯定了个体经济、私营经济的地位和作用，有利于生产力的进一步发展和社会主义现代化建设。

（3）以按劳分配为主体的分配制度。第九届全国人大二次会议通过的《宪法》修正案明确规定：国家在社会主义初级阶段，坚持按劳分配为主体、多种分配方式并存的分配制度。这一分配制度有利于国家在提倡共同富裕的目标下，允许一部分人通过诚实劳动和合法经营先富起来，也有利于在防止贫富悬殊的前提下，既使劳动者的劳动收入存在合理的差距，又能坚持社会主义共同富裕的方向。

二、我国公民的基本权利

公民是指具有一个国家的国籍，并根据该国《宪法》和法律的规定，享受权利和承担义务的自然人。我国《宪法》规定，凡是具有中华人民共和国国籍的人都是中华人民共和国公民。我国公民享有以下几种基本权利：

（一）平等权

我国《宪法》规定，中华人民共和国公民在法律面前一律平等。这就是说，任何公民都平等地享有《宪法》和法律规定的权利，平等地履行《宪法》和法律规定的义务；国家机关在适用法律上对所有公民一律平等，任何人都不得有超越法律的特权。

（二）政治权利和自由

政治权利和自由是指公民依法享有的参加国家政治生活方面的权利和自由。具体包括两个方面：

（1）选举权和被选举权。它是我国人民参加国家管理，实现当家做主的基本手段，也是人民行使国家权利的基本形式，因而体现了人民管理国家的主人翁地位。我国《宪法》和《选举法》规定，除依法被剥夺政治权利的人以外，凡年满18周岁的公民，不分民族、种族、性别、职业、家庭出身、宗教信仰、教育程度、财产状况、居住期限，都享有选举权和被选举权。

（2）政治自由。我国《宪法》规定，公民有言论、出版、结社、集会、游行、示威的自由。这是公民表达个人见解和意愿，参与正常社会活动和国家管理的一项基本权利。但公民必须依法行使这些政治自由，并不得损害国家的、社会的、集体的利益和其他公民合法的权利和自由。

（三）宗教信仰自由

我国《宪法》规定，公民有宗教信仰自由。宗教信仰自由是指公民既有信仰宗教的自由，也有不信仰宗教的自由；有信仰这种宗教的自由，也有信仰那种宗教的自由；在同一宗教里，有自由选择教派的自由；有过去不信教而现在信教的自由，也有过去信教而现在不信教的自由。宗教信仰自由，对一个国家政治体制的发展起着十分重要的作用，是公民的一项基本权利，也是国家长期坚持的基本政策。为此，我国《宪法》规定：任何国家机关、社会团体不得强制公民信仰宗教或者不信仰宗教，不得歧视信仰宗教的公民和不信仰宗教的公民。国家保护正常的宗教活动，任何人不得利用宗教进行破坏社会秩序、损害公民身体健康、妨碍国家教育制度的活动。宗教团体和宗教事务，不受外国势力的支配。

（四）人身自由

人身自由是公民参加社会活动，实现其他权利的基础，是公民最重要的基本权利之一。

人身自由，也称"身体自由"，是公民的基本权利之一。它是指公民人身（包括肉体和精神）由自己支配和控制，非经法定程序不受逮捕、拘禁、搜查和侵害的权利。它是公民享受其他一切自由的基础和前提，也是公民生存的起码权利。人身自由的内容包括：

（1）人身自由不受侵犯：指公民享有人身不受任何非法搜查、拘禁、逮捕、剥夺、限制的权利。

（2）人格尊严不受侵犯：指与人身有密切联系的名誉、姓名、肖像等不容侵犯的权利，具体体现为人格权，如姓名权、肖像权、名誉权、荣誉权、隐私权等。禁止侮辱、诽谤和诬告陷害。

（3）公民住宅不受侵犯：指住宅安全权，指公民居住、生活的场所不受非法侵入和搜查。

（4）通信自由：指公民通过书信、电话、电信及其他通信手段，根据自己的意愿进行通信，不受他人干涉的自由。具体指通信秘密受法律保护，属私生活秘密与表现行为的自由。包括他人不得扣押、隐匿、毁弃公民的通信，他人不得私阅或窃听公民通信、通话的内容。

（五）社会经济权利

社会经济权利是指公民享有的经济生活和物质利益方面的权利，是公民实现其他权利的物质基础。包括以下几个方面：

（1）财产权。它是指公民个人通过劳动或其他合法方式取得财产后享有的占有、使用、处分财产的权利，包括合法收入、储蓄、房屋以及其他合法财产的所有权。《宪法》规定：国家保护公民个人合法财产所有权和私有财产继承权。私有财产的继承权是合法财产所有权的延伸。《宪法》的这一规定，有利于保障公民合法的经济权益，维护社会的安定。

（2）劳动权。《宪法》规定：中华人民共和国公民有劳动的权利和义务。公民的劳动权是指有劳动能力的公民有获得工作并取得相应报酬的权利。

（3）休息权。《宪法》规定：中华人民共和国劳动者有休息的权利。休息权是指劳动者为保护身体健康和提高劳动效率，根据国家有关法律和制度而享有的休息和休养的权利。

（4）物质帮助权。《宪法》规定：中华人民共和国公民在年老、疾病或丧失劳动能力的情况下，有从国家和社会获得物质帮助的权利。国家通过建立待业保险、养老保险、社会救济、公费医疗等社会保障制度，以保障公民享有和行使这一权利。

（六）文化教育权利

公民的文化教育权包括受教育权与进行科学研究、文学艺术创作和其他文化活动的自由。《宪法》规定：中华人民共和国公民有受教育的权利和义务。这一规定是指公民有在国家和社会提供的各类学校和机构中学习科学文化知识的权利，在一定条件下依法接受各种形式的教育的义务。同时，《宪法》还规定：公民有进行科学研究、文学艺术创作和其他文化活动的自由。国家对从事教育、科学、技术、文学、艺术和其他文化事业的公民的有益于人民的创造性工作，给予鼓励和帮助。

（七）监督权和取得赔偿权

我国《宪法》规定，公民对任何国家机关和国家机关工作人员，有提出批评和建议的权利；对任何国家机关和国家工作人员的违法失职行为，有向有关国家机关提出申诉、控告或者检举的权利，但不得捏造或者歪曲事实进行诬告陷害。为了保障公民监督权的行使，《宪法》还规定，对于公民的申诉、控告或者检举，有关国家机关必须查清事实，负责处理，任何人不得压制和打击报复。对诬告陷害别人或者打击报复构成犯罪的，要依法追究刑事责任。由于国家机关和工作人员侵犯公民权利而受到损失的人，有依法取得赔偿的权利。

（八）特定人的权利

特定人的权利，是指法律规定应受到特别保护的群体享有的权利。具体是指：

（1）妇女、婚姻、家庭、母亲、儿童和老人受国家保护。《宪法》规定：我国妇女在政治、经济、文化、社会和家庭生活等方面，都享有同男子平等的权利。国家保护婚姻、家庭、母亲、儿童和老人。

（2）保障离退休人员和烈军属的权利。《宪法》规定，国家依照法律规定，实行企业事业组织的职工和国家机关工作人员的离退休制度。离退休人员的生活受到国家和社会的保障。国家和社会保障残废军人的生活，抚恤烈士家属，优待军人家属。

（3）保护华侨、归侨和侨眷的正当权益。《宪法》规定，国家保护华侨的正当的权利和利益，保护归侨和侨眷合法的权利和利益。

三、我国公民的基本义务

公民的基本义务是国家和社会对公民最重要、最基本的要求。我国公民的基本义务主要有以下几个方面：

（一）维护国家统一和各民族团结

我国《宪法》规定：公民有维护国家统一和全国各民族团结的义务。为保证各民族之间的平等与团结，我们必须坚持民族区域自治政策，既要反对大汉族主义，又要反对地方民族主义。《宪法》还规定：禁止对任何民族歧视和压迫；禁止破坏民族团结和制造民族分裂的行为。

（二）遵守《宪法》和法律，保守国家秘密，爱护公共财产，遵守劳动纪律，遵守公共秩序，尊重社会公德

我国的《宪法》和法律是全国各族人民意志和利益的集中体现，是保护人民、打击敌人、促进社会主义现代化建设顺利发展的重要工具。因此，维护《宪法》和法律的尊严是每个公民对国家和社会应尽的神圣职责。国家秘密关系到国家的安全

和利益，因而严守国家秘密是关系到国家安危的大事。公共财产是巩固国家政权、使国家日益繁荣富强的物质基础，因而所有公民都必须爱惜和维护国家和集体的财产。公民遵守劳动纪律，对于保证社会化大生产的正常进行，提高劳动效率，保护劳动者的安全生产具有重要意义。公共秩序和社会公德也是保证人民正常生活和工作，谋求社会正常运行的重要条件，因此遵守公共秩序和尊重社会公德是公民的基本义务。

（三）维护祖国的安全、荣誉和利益

维护祖国的安全、荣誉和利益是爱国主义的具体表现，也是全国人民的共同意志和愿望。因此，任何公民都不得为了一己之私利或小集团的利益而危害国家的安全、荣誉和利益。

（四）保卫祖国、依法服兵役和参加民兵组织

国家的主权独立、领土完整是我国现代化建设和其他事业能够顺利进行的关键，它不仅关系着祖国的前途和命运，并且关系到人民生活的安定和幸福。因此，保卫祖国、依法服兵役和参加民兵组织是每一个中华儿女的崇高职责。

（五）依法纳税

税收是国家筹措资金的重要方式和国民收入的重要来源。公民履行纳税义务在性质上属于公民对国家社会主义现代化建设的支援。为了保证公民纳税义务的履行，国家颁布了一系列的税收法律、法规。因此，每个公民都应自觉遵守和执行各种税收法律、法规，对偷税、漏税行为，国家将依法追究其法律责任。

> **案 例**
>
> #### 山东齐玉苓案件——宪法司法化第一案
>
> 齐玉苓 1990 年从山东滕州八中毕业。在当年的中专考试中，她被济宁商校录取。但她的录取通知书却被同届毕业生陈晓琪半路截走。
>
> 陈晓琪从滕州八中领取该录取通知书后即以"齐玉苓"的名义入济宁商校就读。1993

年，陈晓琪毕业时，其父陈克政伪造体格检查表和学期评语表，与原档案中两表调换。目前，陈晓琪在工作单位的人事档案和工资单上的名字仍是"齐玉苓"。

　　齐玉苓怎么也不会想到，自己竟然被人冒名顶替上学直至参加工作长达11年。一边是自己下岗后清苦的劳作，另一边却是冒名者现今银行职员的舒适生活，生存状态的如此反差落到谁头上都难以接受。1999年，得知真相的齐玉苓提起诉讼。

　　——资料来源：http://news.9ask.cn/zgzt/quanguofazhiri/200912/275457.html.

1. 案例中齐玉苓应该以什么理由诉讼？
2. 公民具有哪些基本权利？

第三节　依法治国，建设社会主义法治国家

一、建设法治国家任务的提出

　　依法治国是邓小平建设有中国特色社会主义理论的重要组成部分。邓小平同志一贯强调民主和法制是相互关联不可分割的：民主是本质，是基础，没有民主就没有社会主义，就没有社会主义的现代化；法制是保障，必须使社会主义民主制度化、法制化，使这种制度和法律不因领导人的改变而改变，不因领导人的看法和注意力的改变而改变。可见，法治的概念，是民主和法制相结合，法治与人治相对立。党的十五大根据邓小平同志的民主法制思想，提出了建设有中国特色社会主义政治的基本目标："在中国共产党领导下，在人民当家做主的基础上，依法治国，发展社会主义民主政治。"同时又提出"依法治国，建设社会主义法治国家"的治国方略，这标志着我国社会主义民主法制建设进入了一个更加注重法律实施，真正实现依法治国的新阶段。

二、依法治国的主要内容

依法治国的科学含义是什么？江泽民同志指出："依法治国，就是广大人民群众在党的领导下，依照《中华人民共和国宪法》和法律规定，通过各种途径和形式管理国家事务，管理经济文化事业，管理社会事务，保证国家各项工作都依法进行，逐步实现社会主义民主的制度化、法制化，使这种制度和法律不因领导人的改变而改变，不因领导人看法和注意力的改变而改变。"这个论断明确揭示了依法治国的内涵：

（1）依法治国的主体，是党领导下的人民群众，也就是党领导人民实行依法治国。

（2）依法治国的客体是国家事务、经济文化事业和社会事务。依法治国就是要保证对所有这些事业、事务的管理工作都要依法进行。

（3）依法治国所依的法，最重要的是《中华人民共和国宪法》和法律。我国《宪法》和法律体现了党的主张和人民利益、人民意志的统一。由此可见，我们的依法治国既同过去那种重人治不重法治的状况相区别，也同西方资本主义国家的法治划清了界限。

三、依法治国，建设社会主义法治国家的意义

（1）依法治国是发展社会主义市场经济的客观需要。社会主义市场经济的本质是法治经济。市场主体的活动，市场秩序的维系，国家对市场的宏观调控，以公有制经济为主体、多种经济成分共同发展的基本经济制度的巩固完善，按劳分配为主体的多种分配方式的有效运作，市场对资源配置基础性作用的发挥，都需要法律的规范、引导、制约和保障。在国际经济交往中，也需要按国与国之间约定的规则和国际惯例办事。这些都是市场经济的内在要求。只有严格遵守和执行法律、法规，才能使市场经济得以正常运转、健康发展。

（2）依法治国是建设社会主义民主政治的基本保证。民主同法治紧密相连。民主政治的建设不能离开法治，无论是坚持和完善人民民主专政的国体，坚持和完善人民代表大会制度的政体，还是保障人民的主人翁地位，保证公民享有广泛的权利与自由，尊重和保障人权，都离不开社会主义法治。任何违反法律的所谓

民主，都会对社会秩序和他人民主权利造成损害，必然危害我国社会主义民主政治的建设。

（3）依法治国是社会文明进步的重要标志。建设社会主义精神文明，发展社会主义文化，必须有法律制度的保障。崇高的思想道德的树立，先进科学技术的发展，全民教育的振兴，文学艺术的繁荣，文化市场的治理，都需要政府依照法律给予支持和保护。而法律和制度的建设，人民学法守法程度如何，又取决于人们的思想道德和文化素质。因此，把法制建设和精神文明建设结合在一起，有助于社会的文明进步。

（4）依法治国是维护社会稳定、国家长治久安的重要保障。社会稳定，安定团结，是我们各项事业顺利发展的前提。稳定压倒一切。要保持稳定，就必须保证人民充分享有民主权利，各种破坏、犯罪活动能受到有力打击和有效控制，各种人民内部矛盾能得到正确处理，最根本、最靠得住的办法就是实行依法治国。

依法治国取得的伟大成就

民主法治的点滴进步都在深刻地影响着人们的生活。中国法治建设驶入了快车道，社会主义民主制度进一步完善。社会主义民主政治的制度化、规范化、程序化加快推进，民主形式不断丰富，基层民主进一步发展。人民代表大会制度、中国共产党领导的多党合作和政治协商制度、民族区域自治制度继续得到坚持和完善。2007 年 7 月开始的县乡两级人大同步换届选举，涉及 9 亿选民，极大地激发了公民有序参与政治的热情，充分保障了人民行使当家做主的权利。

"国家尊重和保障人权"，正式写入《宪法》。权利，从来没有像今天这样被高度尊崇。2004 年 3 月 14 日人权入宪，标志着"人权"这个政治概念被提升为法定权利，《宪法》成为人权的最高"保护者"。国家平等保护各类市场经济主体，私有财产神圣不可侵犯。

立法更加科学、民主，中国特色社会主义法律体系基本形成。法制是法治的保证，法律是法制的前提。2000 年通过的《中华人民共和国立法法》使我国的立法步入了规范之路。2006 年 8 月 27 日，20 年磨一剑的《监督法》获得高票通过，标志着监督体系日益完善。据统计，截至 2009 年 8 月底，全国人大及其常委会共制定现行有效的法律 229 件。基本形成中国特色社会主义法律体系的目标将如期实现。

依法行政迈出坚实步伐。2004年3月22日，国务院发布《全面推进依法行政实施纲要》，全面推进依法行政，10年建设法治政府的目标引起世人瞩目。2004年7月1日，行政许可法实施，促使政府从权本位转换到责本位。2007年1月，国务院通过政府信息公开条例，"以公开为原则，不公开为例外"。随着行政程序、行政审批、行政监督、政务公开等方面的改革，行政执法变得越来越"规矩"，依法行政迈出坚实步伐。仅仅几年，国务院各部门、31个省份取消和调整了半数以上的审批项目；全国30个省级政府向社会公布"权力清单"；全国超过70％的市县政府建立了政府决策公开听取公众意见制度。

司法体制和工作机制改革稳步推进，朝着公平正义的方向不断深化。司法审判制度、检察制度不断深化改革，确保国家法律的统一实施；通过《刑事诉讼法》的修改，改变了公诉案件起诉中的案卷移送方式，扩大了律师参与刑事诉讼的范围；通过《法官法》、《检察官法》的制定和修改，建立了法官制度和检察官制度等；建立统一的司法考试制度，为实行依法治国源源不断地输送着合格的法律人才。据统计，该制度实施5年来，3.5万余人获得资格；法律援助事业从无到有。

深入开展法制宣传教育，法治观念深入人心。从中央到地方，树立社会主义法治理念正成为全社会的共识。由党政力量自上而下推动持续了20多年的全民大普法，使人们对法律的需求由单纯接受转变为积极运用，参与社会法治实践。据统计，仅"四五"普法期间，接受普法教育的对象就有8.5亿人。

依法治国取得的伟大成就，鼓舞人心。展望未来，依法治国任重道远。

——资料来源：《展望：依法治国任重道远——法治影响生活的点点滴滴》

http://news.qq.com/a/20071015/000885.htm.

 # 复习与思考

一、名词解释

宪法　依法治国　基本权利　人身自由

二、填空题

1.国家保护、鼓励、指导和帮助发展的经济形式是_____。

2.国家对个体、私营等非公有制经济实行_____。

3. 依法治国的主体，是党领导下的_____，也就是党领导人民实行依法治国。

4. 公民的_____是国家和社会对公民最重要、最基本的要求。

5. 我国现行宪法规定劳动是公民的_____。

6. 最高人民法院是国家的_____。

7. 我国人民代表大会制度的核心内容和实质是_____。

8. 中华人民共和国的一切权力属于_____。

9. 宪法所规定的内容是_____。

10. 我国第一部社会主义类型宪法是_____。

三、选择题（请选择一个正确答案，填在相应的位置上）

1. 宪法以法律的形式确认了中国各族人民奋斗的成果，规定了国家的根本制度和根本任务，是国家的根本大法，具有（　　）。

　　A. 最高的法律效力　　　　　　　　　　　B. 法律效力

　　C. 与普通法同等的法律效力　　　　　　　D. 一般的法律效力

2. "中华人民共和国是工人阶级领导的、以工农联盟为基础的人民民主专政的社会主义国家。"这是宪法对我国（　　）的规定。

　　A. 国体　　　B. 政体　　　C. 国家结构形式　　　D. 国家权力机关

3. 中华人民共和国的根本制度是（　　）。

　　A. 社会主义制度　　　　　　　　　　　　B. 人民代表大会制度

　　C. 民族区域自治制度　　　　　　　　　　D. 多党合作制

4. 中华人民共和国的一切权力属于人民，人民行使国家权力的机关是（　　）。

　　A. 中国人民政治协商会议　　　　　　　　B. 各级人民政府

　　C. 全国人民代表大会和地方各级人民代表大会　　D. 中央军事委员会

5. 我国的国家行政机关、审判机关、检察机关都由（　　）产生，对它负责，受它监督。

　　A. 人民代表大会常务委员会　　　　　　　B. 人民代表大会

　　C. 人民代表大会专门委员会　　　　　　　D. 人民政府

6. 我国各少数民族聚居的地方实行（　　），设立自治机关，行使自治权。

　　A. 地方自治　　　B. 区域自治　　　C. 社会自治　　　D. 一国两制

7. 我国在社会主义初级阶段，坚持（　　）基本经济制度。

A. 全民所有和集体所有的　　　　　　　　　B. 全民所有的

C. 公有制为主体，多种所有制经济共同发展的　D. 市场经济

8. 特别行政区是指根据我国（　　）和有关特别行政区基本法的规定，在我国领土范围内设立的、具有特殊法律地位，实行特别的政治、经济和社会制度的地方。

A.《宪法》　　　　　　　　　　　B. 全国人民代表大会以法律

C. 特别行政区自行立法　　　　　　D. 全国人民代表大会常务委员会以法律

9. 全国人民代表大会是最高国家权力机关。它的常设机关是（　　）。

A. 全国人民代表大会常务委员会　　B. 全国人民代表大会专门委员会

C. 全国人民代表大会主席团　　　　D. 国务院

10. 各级国家行政机关是同级国家权力机关的（　　）。

A. 执行机关　　B. 常设机关　　C. 办事机关　　D. 立法机关

11. 宪法的制定和修改程序（　　）。

A. 不同于其他法律　　　　　　　B. 和其他法律相同

C. 比其他法律宽松　　　　　　　D. 比其他法律容易

12. 依法治国的核心是（　　）。

A. 依宪治国　　　　　　　　　　B. 保障基本人权

C. 社会主义民主法制　　　　　　D. 社会主义制度

13. 中国共产党领导人民治理国家的基本方略和国家长治久安的重要保障是（　　）。

A. 坚持四项基本原则　　　　　　B. 依法治国

C. 全国人民代表大会制　　　　　D.“三个代表”思想

14. 行使国家立法权的是（　　）。

A. 人民代表大会常务委员会　　　B. 人民代表大会

C. 中央军事委员会　　　　　　　D. 人民政府

15. 在我国，享有选举权和被选举权的是（　　）。

A. 全体公民　　　　　　　　　　B. 享有政治权利的公民

C. 年满18周岁的公民　　　　　　D. 年满18周岁的享有政治权利的公民

四、判断题

1. 人民代表大会制是我国根本的政治体制。人民民主专政是我国的国体。（　）

2. 我国的国家结构形式是统一的多民族国家。（　）

3. 劳动集体所有制经济是国有经济的有力助手和补充。（　）

4. 根据我国宪法规定，公民依法行使政治自由，并不得损害国家的、社会的、集体的利益。（　）

5. 1954 年制定的第一部《中华人民共和国宪法》，是一部比较完善的《宪法》。（　）

6. 任何单位或者个人都不得侵入、搜查、查封公民的住宅。（　）

7. 受教育权既是公民的权利，也是公民的义务。（　）

8. 休息权既是公民的权利，也是公民的义务。（　）

9. 依法治国就是依宪治国。（　）

10. 公民在年老、疾病或者丧失劳动能力的情况下，有从国家获得物质帮助的权利。（　）

11. 我国《宪法》规定，凡是具有中华人民共和国国籍的人都是中华人民共和国公民。（　）

12. 根据《宪法》，任何国家机关、社会团体和个人不得强制公民信仰或不信仰宗教，不得歧视信仰和不信仰宗教的公民。（　）

13. 华侨是居住在外国的中国公民，国家保护华侨的正当的权利和利益。（　）

14. 1982 年《宪法》是新中国第一部社会主义类型的《宪法》。（　）

15. 《宪法》的修改应由到会人大代表的 2/3 以上多数通过。（　）

五、简答题

1. 什么是《宪法》？它有哪些法律特征？

2. 我国的国家性质和政权组织形式各是什么？

3. 我国公民的基本权利和义务是什么？

4. 社会经济权利包括哪几个方面？

5. 依法治国的内涵是什么？

6. 依法治国、建设社会主义法治国家的意义是什么？

六、案例分析题

征兵令不是儿戏

施某，男，20岁，上海市南汇县书院乡村民。施某为1992年冬季征兵的应征公民，在乡、村干部动员其报名应征时，态度不端正，不愿履行兵役义务。后经乡村干部耐心做工作后，勉强参加了应征体检，施某身体合格。经乡、县政治审查，施某合格。施某本应服从征兵命令，参加解放军。但施某无视征兵命令，于同年11月外出无踪影，逃避了征役。为此，南汇县政府征兵办公室根据有关法规，于1993年2月25日作出"给予一次性罚款1500元"，"劳动部门两年内不予以开具招工证明，乡政府、村民委员会3年内不安排其进乡、村办企业工作"等4项处罚决定。施某在法定期间，既不申请复议，又不向法院起诉，也不履行处罚决定。为此，征兵办公室依法向法院申请强制执行。

——资料来源：http://zhidao.baidu.com/.

根据以上案例，回答如下问题：

案例中施某违反了什么法规？试用《宪法》知识分析。

七、实践与训练题

人大代表罢免事件

2003年5月25日，深圳市南山区麻岭社区居委会选区黄珂、李峥等33名选民，将一份《关于坚决要求罢免陈慧斌南山区人大代表资格致深圳市人大常委会、南山区人大常委会的函》（以下简称《罢免函》）送到了南山区人大常委会办公室。

在《罢免函》中，33位选民提出了他们要求罢免陈慧斌的理由："身为麻岭社区居委会主任、南山区第四届人大代表候选人的陈慧斌，在辖区人民群众生命财产安全受到极大威胁的时候，漠不关心群众疾苦，工作严重渎职。我们一致认为，陈慧斌虽然当选人大代表，但她漠不关心人民群众的疾苦，已经不能代表人民群众的根本利益，所以她没有资格继续担任人大代表，我们对她正式提出《罢免函》。"

为了说明"陈慧斌漠不关心群众疾苦，工作严重渎职"，选民们还列举了三件事情：第一件事情，2003年5月2日下午，一场特大暴雨袭击深圳，凯丽花园100多米长的围墙被大水冲垮，小区积水齐膝。而陈慧斌虽然在下午4时就得到通知，但直至晚上7时才姗姗来迟。第二件事情是，2003年5月8日，由于深圳发生河南草台戏班"非典虚惊"事件，凯丽花园与草台戏班演出地点大冲仅隔一个街区，在这样的非常时刻，"陈慧斌竟然整整一天没有在凯丽花园露面！"第三件事情是，在全国上下与"非典"作斗争，大搞爱国卫生运动之时，麻岭社区居委会在陈慧斌主任的领导下，未能很好地对辖区内进行清理卫生死角和清除污染源的工作，以致现在麻岭社区内仍然存在极大的卫生隐患。

2003 年 5 月 26 日，也就是在选民们提交《罢免函》的第二天，陈慧斌以区人大代表的身份在麻岭社区的各个住宅小区张贴了 100 多份《致麻岭社区居民的一封信》。一方面感谢选民对自己的支持，另一方面告知大家她将参加南山区四届人大一次会议，大家有什么意见可以向她反映，她要向大会提出议案或建议。

陈慧斌承认，"罢免事件"确实给她提了一个醒："人大代表要为居民办实事，今后要不断提高自己的参政议政能力。"

南山区人大常委会对"罢免事件"十分重视，已成立专门调查组，半个月内将向选民通报调查结果。有关负责人表示"一切都将按照《选举法》规定的有关程序来办，如果罢免成功，下一步还要补选代表"。

——资料来源：汤黎明 . 人民之声，2003.7.

要求：

以案例为材料，围绕依法治国写一篇议论文，题目自拟，2000 字左右。

📖 推荐阅读

1. http://www.5law.cn/.

2. 胡锦光，韩大元 . 中国宪法［M］. 北京：法律出版社，2007.

3. 中华人民共和国宪法（2011 版）［M］. 北京：中国法制出版社，2011.

民事法律制度

民法是规定并调整平等主体的公民间、法人间及公民与法人间的财产关系和人身关系的法律规范的总称，它是国家法律体系中的重要部门法之一，与人们的生活密切相关。

民事法律制度内容广泛，本章主要介绍民法的基本概念和原理、民事权利和合同。简明扼要地介绍民法的概念、基本原则、民事法律关系、民事法律行为、代理、民事责任和诉讼时效等法律知识。

学习目标 >>

知识目标

1. 了解民法、民事权利的概念和民法的基本原则。
2. 明确公民的民事行为能力、侵权民事责任构成要件。
3. 掌握无效的民事行为、可变更和可撤销的民事行为的认定。

能力目标

1. 认知民法、民事权利的基本知识，有意识地培养民法的基本技能。
2. 理解并能判断公民的民事行为能力的种类。
3. 具有运用民法的能力，具有掌握无效的民事行为、可变更和可撤销的民事行为的认定能力。

12 岁的儿童能否独立签订旅游合同？

2001 年暑假，刚满 12 周岁的福州某中学初一学生黄某及其同学张某、李某商量一起去武夷山玩，想找一家旅行社跟团旅游。他们背着父母从家里拿了钱来到 T 旅行社欲跟团旅游，T 旅行社以未成年人不能自己报名，须由其父母陪同方可办理为由予以拒绝。黄某等人又来到 H 旅行社门市部，当时 H 社职员田某接待他们，得知来意后，热情地推荐了武夷山 3 日游。他们即按报价每人 550 元交清团费，并和 H 旅行社签订旅游合同。黄某的父亲得知此事后，坚决不让黄某去旅游。随后黄某的父亲向福建省旅游质量监督管理所投诉，认为 H 旅行社在未征得其父母同意的情况下，私自和黄某签订旅游合同的做法是错误的，孩子外出旅游，父母不在身边，孩子安全无法得以切实保障，绝不同意旅行社私自和黄某签订的旅游合同，为此要求退还团款，并希望旅行社改进工作。

——资料来源：旅游质量监督管理所案例分析（全国旅游质量监督会议资料）.

案 例 分 析

1. 12 岁儿童能否独立签订旅游合同？
2. 本案应该如何处理？

第一节 民法概述

民法是我国法律体系中的一个重要法律部门，是国家的基本法之一。民法调整的社会关系的范围非常广泛，包括财产关系和人身关系，涉及全国各行各业的每个人。

1986 年 4 月我国制定了《中华人民共和国民法通则》（以下简称《民法通则》），自 1987 年 1 月 1 日起施行。根据《民法通则》第二条规定：我国民法调整的是平等主体的公民之间、法人之间、公民和法人之间的财产关系和人身关系。这一规定明确了我国民法调整对象的内容和范围。

一、民法的概念和基本原则

（一）民法的概念

民法是调整平等主体的公民之间、法人之间及公民和法人之间财产关系和人身关系的法律规范的总称。

（二）民法的基本原则

1. 平等原则

《民法通则》第3条规定："当事人在民事活动中的地位平等。"平等原则是由民法调整的社会关系的性质决定的。民法调整的财产关系基本上是商品经济关系。民法调整的其他财产关系和人身关系也属于平等主体之间的关系。这些社会关系的性质，决定了民法的根本原则是平等原则。平等原则是民事法律关系区别于行政法律关系、刑事法律关系的重要标志。

2. 自愿原则

《民法通则》第4条规定："民事活动应当遵循自愿原则。"自愿原则也是由民法调整的社会关系的性质决定的。民法规范应体现当事人意思自治。对平等主体的财产关系和人身关系，国家不应过多干预，这符合社会关系和经济规律的要求，也是社会主义民主在民事法律关系中的体现。

3. 诚实信用原则

《民法通则》第4条规定："民事活动应当遵循诚实信用原则。"诚实信用原则（简称诚信原则），是道德观念的法律化。诚实信用原则被称为民法的帝王条款。诚实信用是指当事人在民事活动中应从善意出发，实事求是、真诚老实、信守诺言、自觉履行约定的民事义务。诚实信用原则是在商品市场活动中所形成的一种行为规范或者道德规范。《民法通则》将它上升为法律规范。其主要内容是：当事人在民事活动中要实事求是；当事人须自觉履行民事义务；反对用不正当手段牟取利益。

4. 公平原则

《民法通则》第 4 条规定："民事活动应当遵循公平原则。""公平"与公正、合理、正义的概念相近，是人们崇高的理念，也是基本的法律价值理念。民法调整的是平等主体之间的财产关系与人身关系，因此民法更强调公平。其主要内容是：要求民事主体对利益或损害的分配在主观心理上应持公平的态度。在民事活动中应当机会均等、互利互惠，不能利用自己某种优越地位以强凌弱、欺行霸市，或者乘人之危、巧取豪夺，取得不公平的利益；反对暴利，要求民事行为的结果不能显失公平，如果显失公平，就应以公平为尺度，协调当事人之间的利益关系；要求民事案件处理的结果，应当符合公平、正义的要求。

5. 公序良俗原则

《民法通则》第 7 条规定："民事活动应当尊重社会公德，不得损害社会公共利益，破坏国家经济计划，扰乱社会经济秩序。"公序良俗是公共秩序与善良风俗的简称。其主要内容是：民事活动必须遵守国家法律和政策；民事活动应尊重社会公德，遵守各种社会公约；民事活动不得损害社会公共利益；民事活动不得扰乱社会经济秩序。无论是公民还是法人，都不允许破坏正常经济秩序，损害社会公共利益。

二、民事法律关系

（一）民事法律关系的概念及要素

民事法律关系是指民事法律规范所调整的在人们行为过程中形成的具有权利、义务的社会关系。任何一个民事法律关系都包括主体、客体和内容三个要素。如果缺少其中一个，就构不成民事法律关系。

1. 民事法律关系的主体

民事法律关系主体，是指在民事法律关系中独立享有民事权利和承担民事义务的当事人。享有权利的一方为权利主体，承担义务的一方为义务主体。

2. 民事法律关系的客体

民事法律关系的客体，是指当事人之间的权利义务所指向的对象，主要包括物、行为和智力成果。

3. 民事法律关系的内容

民事法律关系的内容，是指民事主体之间经国家法律确认的民事权利和民事义务。民事权利是指法律允许做一定民事行为的可能性；民事义务是指按法律或他人的要求为一定民事行为或不为一定民事行为的必要性。

（二）公民（自然人）

1. 公民的民事权利能力

民事权利能力，是指民事主体享有民事权利和承担民事义务的资格。公民的民事权利能力一律平等。

《民法通则》第九条规定：公民从出生时起到死亡时止，具有民事权利能力，依法享有民事权利，承担民事义务。

2. 公民的民事行为能力

民事行为能力，是指民事主体通过自己的行为取得民事权利，承担民事义务的资格。根据年龄和智力状况的不同，公民的民事行为能力分为三类：

（1）完全民事行为能力人。即达到法定年龄的公民，能够通过自己的独立行为进行民事活动，并独立承担全部民事法律责任。其条件是：年满18周岁的公民；精神状况正常，能完全辨认其行为及其后果。以上两个条件同时具备。16周岁以上不满18周岁的公民，能以自己的劳动取得固定的或连续的收入为主要生活来源的，视为完全行为能力人。

（2）限制民事行为能力人。即只具有部分民事行为能力。10周岁以上、18周岁以下的未成年人是限制民事行为能力人。所谓限制，是可以进行与他的年龄、智力相适应的民事活动。其他民事活动，应由他们的法定代表人代理，或征得法定代理人的同意。

（3）无民事行为能力人。即不具有以自己行为取得民事权利、承担民事义务的资格。不满 10 周岁的未成年人、不能辨认自己行为的精神病人是无民事行为能力人，由他的法定代理人代理民事活动。

无民事行为能力人、限制民事行为能力人的监护人是其法定代理人。

（三）法人

法人是具有民事权利能力和民事行为能力，依法独立享有民事权利和承担民事义务的社会组织。我国法人可以分为两大类，即企业法人和非企业法人。

1. 法人的权利能力

法人的权利能力就是法人所享有的参与民事活动，取得民事权利，承担民事义务的资格。法人的民事权利能力从法人成立时产生，在法人解散、被撤销、被宣告破产或其他原因而终止时消灭。

法人的民事权利能力的内容是由法人成立的宗旨和业务范围决定的，并不是无限的。法人不得进行违背其宗旨和超越业务范围的活动，在需要超出其原有的业务范围时，应通过法定程序变更其业务范围。

2. 法人的行为能力

法人的行为能力是指法人以自己的行为进行民事活动，取得权利并承担义务的资格。法人的民事行为能力与自然人的民事行为能力有所不同，法人依法定程序成立后，不仅取得民事权利能力，同时也具备了民事行为能力。在法人终止时，二者也同时终止。

法人的民事行为能力是由法人的机关来实现的，法人机关是指法人的最高权力机构或者最高管理机构。在法人机关中，只有法人的主要行政负责人才是法人的法定代表人，如工厂的厂长、公司董事长。他在其权限范围内所进行的活动就是法人的行为，不需要任何其他授权，而法人的各个职能部门只按照代理权进行活动。

三、民事法律行为

（一）民事法律行为的概念及有效条件

民事法律行为是指公民或法人以设立、变更、终止民事权利和民事义务为目的的具有法律约束力的合法民事行为。民事法律行为是最重要、最广泛的法律事实，绝大多数民事法律关系的设立、变更、终止，都是通过民事法律行为来实现的。

民事法律行为从实施时候起就发生法律效力。要确保民事行为有法律效力，必须同时具备以下三个条件：第一，行为人具有相应的民事行为能力。第二，行为人意思表示真实。第三，行为不得违背法律或者社会公共利益。

（二）无效的民事行为

所谓无效的民事行为，指从行为开始起就没有法律约束力的民事行为。主要包括：

（1）欺诈的民事行为，是指一方当事人故意告知对方虚假情况，或者故意隐瞒真实情况，诱使对方当事人做出错误的意思表示。

（2）胁迫的民事行为，是指以给公民及其亲友的生命健康、荣誉、名誉、财产等造成损害或者以给法人的荣誉、名誉、财产等造成损害为要挟，迫使对方做出违背真实的意思表示。

（3）乘人之危的民事行为，是指一方当事人乘对方处于危难之机，为争取不正当利益，迫使对方做出不真实的意思表示，严重损害对方的利益。

（4）恶意串通，损害国家、集体或者第三人利益的民事行为，是指当事人双方为了达到某种非法目的，损害国家、集体或者第三人的利益，恶意串通而进行的虚假的法律行为。这种行为，虽然当事人的意思表示一致，但因损害了国家、集体或第三人的利益，故该行为应视为无效。

（5）以合法形式掩盖非法目的的民事行为，是指以合法行为作为伪装，实施具有非法目的的行为，或者以合法形式从事内容违法的交易。

（三）可变更和可撤销的民事行为

当事人的意思表示不真实，不符合其真实意志的民事行为，是可以变更或撤销的。但在没有被变更或撤销前，仍具有法律效力。当事人一方如果提出变更或撤销要求，经人民法院认定，该项民事行为便可变更或撤销。被撤销的民事行为则从行为开始起就无效。

（1）行为人对行为内容有重大误解的民事行为，是指行为人因对行为的性质，对方当事人标的物的品种、质量、规格和数量等的错误认识，使行为后果与自己的意思相悖，并造成重大损失的，可认定为重大误解。

（2）显失公平的民事行为，是指一方当事人利用自己的优势或者利用对方没有经验，致使双方的权利义务明显违反公平、等价有偿的原则，可以认定为显失公平。

四、代理

（一）代理的概念及法律特征

代理是代理人依据被代理人的委托或者法律规定以及人民法院或有关单位指定，以被代理人的名义，在代理权限内所实施的民事法律行为，而这种行为产生的法律后果直接由被代理人承受。代理行为有以下几个法律特征：

（1）代理人必须是以被代理人的名义进行活动。如果代理人以自己名义进行民事活动，是他自己的行为，其法律后果应由代理人自己承受。

（2）代理人在被代理人授权范围内独立做出意思表示。代理人在被代理人授权范围内有权决定如何向第三人做出意思表示，从而在被代理人与第三人之间产生权利和义务关系。

（3）代理行为必须是具有法律意义的行为，即该行为能够在被代理人与第三人之间发生、变更和终止某种民事权利和民事义务。

（4）代理行为产生的法律后果直接由被代理人承受，代理人在代理权限内所做的一切行为，其法律后果应由被代理人承受，包括有利的后果和不利的后果。

（二）代理的种类

按照代理权产生的根据不同，可以把代理分为：

（1）委托代理。委托代理是代理人根据被代理人的委托授权行为所产生的代理，因此，也称为授权代理。

（2）法定代理。法定代理是指法律根据一定的社会关系的存在而设立的代理。法定代理主要是为无行为能力和限制行为能力人所设立的代理方式。

（3）指定代理。指定代理是指根据指定单位或人民法院的指定而产生的代理。通常对无法定代理人的未成年人和丧失行为能力人，有关指定单位和未成年人的父母所在单位或住所地的居民委员会等，可以为其指定监护人，由监护人代理他们参与民事活动。

（三）代理关系的消灭

代理关系是根据一定的法律事实而产生的，同样也可以根据相应的法律事实的出现而消灭。

1. 委托代理因下述事实的出现而终止

（1）代理期限届满或代理事务完成。

（2）被代理人取消委托或者代理人辞去委托。

（3）代理人一方死亡。

（4）代理人丧失民事行为能力。

（5）作为被代理人或者代理人的法人终止或解散。

2. 法定代理或指定代理因下列情况而终止

（1）被代理人取得或恢复民事行为能力。

（2）被代理人或代理人死亡。

（3）代理人丧失民事行为能力。

（4）指定代理的人民法院或者指定单位取消指定。

（5）由其他原因引起的被代理人和代理人之间的监护关系消灭。

五、民事责任和诉讼时效

（一）民事责任

民事责任就是指民事法律关系的主体在违反自己的民事义务或侵犯他人的民事权利时所应该承担的法律责任。

1. 侵权民事责任

侵权民事责任，是指因违反了民事义务，侵犯了财产所有权、知识产权或人身权而依法应承担的民事责任。它是侵害人对造成他人损害而必须承担的一种补偿性责任。

构成侵权民事责任，一般要具备以下四个条件：

（1）有违法行为。行为的违法性是构成侵犯民事责任的必要条件之一。违法行为有两种表现形式：一种是作为的违法行为，即实施法律所禁止的行为；另一种是不作为的违法行为，即未履行法律规定的义务，致人损害。

（2）有损害事实。这是构成侵权民事责任的首要条件，所谓"损害"，是指因一定的法律事实所造成他人财产或身体的损害。如果无损害后果，就构不成侵权民事责任。

（3）违法行为与损害事实之间存在着因果关系。只有违法行为与损害事实之间有法律上的因果关系，行为人才能对损害承担责任。

（4）行为人主观上有过错。过错是指行为人实施行为的主观意志状态，分为故意和过失两种形式。我国法律规定，行为人的过错，不论故意还是过失，都要承担民事责任。

2. 承担民事责任的方式

承担民事责任的方式主要有：停止侵害；排除妨碍；消除危险；返还财产；恢复原状；修理、重做、更换、退货；赔偿损失；支付违约金；消除影响、恢复名誉；赔礼道歉。

上述承担民事责任的方式，可以单独适用，也可以合并适用，而且不排除同时适用其他法律制裁。

（二）诉讼时效

1. 诉讼时效的概念

诉讼时效是指权利人在法定期限内不行使请求权，即依法丧失诉讼程序强制义务人履行义务的权利的法律制度。

2. 诉讼时效的种类

根据我国的实际情况，诉讼时效可以按它使用的对象和范围分为一般诉讼时效和特殊诉讼时效。根据起算时间的不同可以分为短期时效和最长时效。

（1）一般诉讼时效。指民法统一规定的诉讼时效期间，根据《民法通则》规定，这一期间为两年。从知道或者应该知道权利被侵害日起计算。

（2）特殊诉讼时效。指《民法通则》以外的专门法律、法令和有关规章制度特别规定的时效。例如，《食品卫生法》规定，损害赔偿的要求，应当从受害人或其代理人知道或应当知道被损害情况之日起一年内提出，超过期限的不予受理。

（3）最长时效。《民法通则》规定最长时效为 20 年，适用于一切民事纠纷。这就是说，从权利被侵害日起超过 20 年的，法院不予保护。

案 例

客房财物被盗，应当如何处理？

1997 年 5 月，林某等 4 名旅游者向旅行社行政管理部门投诉，诉称在北京某星级饭店住宿时发现其置于房内的一个女用黑色挎包不见了。该挎包内装现金、信用卡、身份证、首饰等物件，价值共计 13 万元。林某等认为，饭店应有义务保护他们的财产安全。其财物丢失，饭店应当全额予以赔偿。

旅行社行政管理部门接此投诉后，立即与该饭店联系了解核实情况。据该饭店称，饭店得知客人财物丢失后，迅速向公安机关报案，公安机关也当即派出警员赴客人住宿房间内进行现场勘察，并察看了饭店楼道、电梯的闭路摄像，发现该日凌晨 2 时许，有两名男子乘电梯下楼，其中一名男子肩背的挎包正是林某等人丢失的女用黑色挎包。经查，该两名男子系住店客人，由于林某等人晚间未关房门，致使这两名男子潜入房内窃走挎包，该两名男子已当日上午结账离店，公安机关由此确认这是一起盗窃案件，已经立案侦查。

——资料来源：案例分析集锦，http://travel.163.com/keys/items/010927/.

案 例 分 析

林某等客人要求饭店予以全额赔偿是不合理的。根据我国民法规定，承担侵权民事责任必须具备四个条件：一是行为的违法性；二是要有损害的事实；三是行为和损害之间要有因果关系；四是行为人主观上要有过错。从本案的实际情况看，饭店并不具备这四个要件，如上所述案情可见，已经确定客人挎包系两名住店客人所盗，即侵害人不是饭店工作人员。在这种情况下，林某等人要求饭店承担赔偿损失显然是不合理的。所以，客人林某等人的损失只能由那两名男子来承担。此案已由公安机关确认为盗窃案，并已立案侦查。那么，此案的最终赔偿只能待公安机关侦破，查清全部事实后才能确定。作为饭店方，应当向林某等人说明情况，予以安慰。

第二节 民事权利

一、财产所有权

（一）财产所有权的概念和内容

财产所有权是指所有人对自己的财产享有占有、使用、收益和处分的权利。它是一定历史时期的所有制形式在法律上的表现。我国的财产所有权，分为国家财产所有权、集体财产所有权、公民个人财产所有权三类。

（二）财产所有权的保护

（1）请求确认所有权。当财产的归属发生争执时，财产所有人可以请求法院确认所有权。确认财产所有权是保护所有权的一种独立方法，只有在所有权归属问题解决以后，才有可能运用其他保护方法。

（2）请求恢复原状。当财产受到非法侵害而被破坏时，如有可能恢复，所有人有权请求人民法院责令侵害人加以修复，恢复财产原状。

（3）请求返还原物。当财产已由他人非法占有时，所有人有权提起诉讼，请求人民法院责令非法占有人返还原物。

（4）请求排除妨碍。由于他人的不法妨碍，使所有人无法充分实现使用和处分的权利时，所有人可以请求人民法院排除妨碍，消除危险。这样就可以在杜绝可能造成损失的同时，保护财产所有人的权利。

（5）请求赔偿损失。所有人的财产因他人不法行为而遭受毁损或灭失时，所有人有权起诉，要求加害人赔偿受害者的实际损失。

（6）返还不当得利。不当得利是指没有法律或合同上的根据，使财产所有人遭受损失而取得的不正当利益。所有人有权要求不当得利人返还不当得利。

以上6种财产所有权保护方法彼此联系，互为补充，可单独采用，也可同时适用几种保护方法，以使所有人的所有权得到充分的保护。

二、债权

（一）债的概念

债是按照合同的约定或者依照法律的规定，在当事人之间产生的特定的权利和义务关系。享有权利的人是债权人，负有义务的人是债务人。债权人有权要求债务人依照法律的规定或者按照合同的约定履行义务，债务人有义务满足债权人的要求，这种关系就称为债或债权关系。

（二）债的发生根据

债的发生，是以一定法律事实为依据的，主要有以下几种：

（1）合同所生之债。这是发生债的根据。因合同而发生的债不仅种类繁多，而且适用的范围也相当广泛。

（2）侵权行为所生之债。当事人一方违法行为造成他人损失的，侵权人和被侵权人之间产生债权债务关系。

（3）不当得利所生之债。不当得利是指没有法律和合同上的根据，取得不应获得的利益而使他人受到损失的行为。当这种法律事实发生后，即在不当得利者和利益所有人之间发生了债的关系，利益所有人有权请求不当得利者退还其不当得利，不当得利者有义务将其不应获得的利益返还给所有人。二者之间的权利和义务关系，属于债的法律关系。

（4）无因管理所生之债。无因管理是指没有法定的或者约定的义务，为避免他人利益遭受损失，自愿为他人管理事务或财物的行为。这种行为通常是一种乐于助人的表现，理应得到法律的确认和保护。无因管理人有权要求受益人偿付因管理其财物而支付的必要费用。在无因管理发生后，管理人和受益人之间产生债的法律关系，管理人是债权人，受益人是债务人，他负有向管理人偿付该项管理费用的义务。

（三）债的担保

债的担保是督促债务人履行债务，保障债权得以实现的法律手段，债的担保有以下几种方式：

（1）保证。保证是指保证人和债权人约定，当债务人不履行债务时，由保证人按照约定履行债务或承担责任的行为。

（2）抵押。抵押是指合同的一方当事人或者第三人，用自己特定的财产向对方当事人保证履行合同义务的一种担保。

（3）定金。定金是为了确保合同履行，一方向对方支付一定数量的货币，作为债权的担保。给付定金的一方不履行合同的，无权请求返还定金；接受定金的一方不履行合同的，应当双倍返还定金。

（4）留置。留置是指合同的一方当事人由于对方不履行合同义务，对已经占有的对方财产采取的扣留处置措施。扣留期限届满，对方当事人仍不履行合同义务时，留置人有权依法变卖扣留的财产，并从价款中优先得到清偿。

（5）质押。质押是指债务人或第三人将其动产移交债权人占有，将该动产作为债权的担保。债务人不履行债务时，债权人有权依法以该动产折价或者以拍卖、变卖该动产的价款优先受偿。

（四）债的消灭

债的消灭就是债权关系的终止。引起债的消灭的法律事实也就是债的消灭的原因，其主要包括以下几种：

（1）债因履行而消灭。债务的履行，就意味着债权关系中的权利已经实现，义务已完成，因而债的法律关系即行消灭。

（2）债因债权人债务人的合并而消灭。债权人和债务人合并为一个法人，原有的债权和债务没有继续履行的必要，债即归于消灭，也称作债因混同而消灭。

（3）债因抵消而消灭。双方当事人相互负有同种类的给付义务，将两项债务相互充抵，称为抵消。债也因此消灭。

（4）债因双方协议而消灭。双方当事人协议解除债的关系或免除债务人的义务。协议不得违背国家法律、法规的禁止性规定。

（5）债因提存而消灭。由于债权人的原因，债务人到了履行期限而无法履行时，经有关机关批准后，债务人可将履行债务的标的物提交法定机关保存，叫作提存。从提存之日起，债的关系即行消灭。

三、人身权

（一）人身权的概念

人身权是指法律赋予民事主体与其人身生命、身份延续不可分离而无直接财产内容的民事权利。人身权是我国公民和法人的人身关系在法律上的体现和反映。

人身权具有以下两个主要的法律特征：

（1）人身权与权利主体的人身不可分离。

（2）人身权具有绝对权的属性。

（二）人身权的种类及法律保护

（1）姓名权、名称权及其保护。姓名权是指公民有权决定使用和变更其姓名以及要求他人尊重其姓名的权利。法律保护公民的姓名权，禁止任何人干涉、盗用、假冒他人的姓名。法人、个体工商户、个人合伙享有名称权，并且有权使用、依法转让自己的名称。盗用、假冒法人、个体工商户、个人合伙名称造成损害的，应当认定为侵犯名称权的行为。

（2）生命健康权及其保护。公民享有生命健康权。生命健康权是最基本的人身权利，包括健康权和生命权两种权利，侵害他人生命权、健康权的，除了依法承担刑事责任、行政责任外，还应当承担民事责任。

（3）肖像权及其保护。公民享有肖像权，其内容包括：拥有自己的肖像，并通过肖像的利用取得精神上、财产上的利益；同意他人使用自己的肖像，并有权取得适当报酬；有权禁止他人非法毁损自己的肖像；未经本人同意，任何人不得以盈利为目的的使用公民的肖像。侵害公民肖像权的，受害人有权要求行为人或请求人民法院责令行为人停止侵害，恢复名誉，消除影响，赔礼道歉，并可以要求赔偿损失。

（4）名誉权及其保护。公民、法人享有名誉权，公民的人格尊严受法律保护，禁止任何人用侮辱、诽谤等方式损害公民、法人的名誉。公民的名誉是指一个公民的品德、才干、信誉等在社会生活中获得的良好评价，它直接关系到公民的社会影响和人格尊严。法人的名誉是指社会对某法人在民事活动中的信用，对其生产或销售商品的质量、服务态度等方面的社会评价，它表示法人的社会声誉，对其生产经营和经济效益有重大影响。公民或者法人的名誉受到他人非法侵害时，受害人有权要求停止侵害，恢复名誉，消除影响，赔礼道歉，并可以要求赔偿损失。

（5）荣誉权及其保护。荣誉是指政府、社会组织给予公民、法人的一种赞美的称号，一般通过表彰授予，属于一种精神鼓励。公民、法人有权受到表彰，获得荣誉称号，公民、法人荣誉权受到侵害的，有权要求停止侵害，恢复名誉，消除影响，赔礼道歉，并可以要求赔偿损失。

（6）隐私权及其保护。隐私权是指公民的个人生活自由、生活秘密和通信秘密不受他人干涉的权利。隐私权是一种人格权。对于公民保持人格尊严和从事社会活动，有着十分重要的意义。我国法律禁止侵犯公民的隐私权。凡非法干涉、破坏他人生活自由的，擅自以口头、书面等形式公布、宣扬他人隐私的，非法收集他人个人生活情报的，以及私拆他人信件、窃听他人电话的，都属于侵犯他人隐私权的行为。受害人可以依照《民法通则》的规定，请求停止侵害，消除影响，恢复名誉，赔礼道歉，并可以要求赔偿损失。

 复习与思考

一、名词解释

民法　民事权利能力　民事行为能力　法人　民事法律行为　代理
民事责任　民事权利

二、填空题

1._____是调整平等主体的公民之间、法人之间及公民和法人之间财产关系和人身关系的法律规范的总称。

2._____被称为民法的帝王条款。

3._____是民事法律关系区别于行政法律关系、刑事法律关系的重要标志。

4.根据年龄和智力状况的不同，公民的民事行为能力分为_____、_____、_____三类。

5._____是具有民事权利能力和民事行为能力，依法独立享有民事权利和承担民事义务的社会组织。

6. 在法人机关中，只有法人的主要行政负责人才是法人的_____。

7. 被撤销的民事行为则从行为_____起就无效。

8. 公民的_____是指一个公民的品德、才干、信誉等在社会生活中获得良好评价。_____是指政府、社会组织给予公民、法人的一种赞美的称号，一般通过表彰授予，属于一种精神鼓励。

9. 民事责任就是指民事法律关系的主体在违反自己的_____或侵犯他人的_____时所应该承担的法律责任。

10. 接受定金的一方不履行合同的，应当_____返还定金。

三、选择题（请选择一个正确答案，填在相应的位置上）

1.《民法通则》规定最长诉讼时效为（   ）年，适用于一切民事纠纷。这就是说，从权利被侵害日起超过规定时限，法院不予保护。

A. 3　　　　　　B. 10　　　　　　C. 20　　　　　　D. 15

2. 当财产已由他人非法占有时，所有人有权提起诉讼，请求（   ）责令非法占有人返还原物。

A. 人民法院　　　B. 公安机关　　　C. 人民政府　　D. 人民检察院

3. 民法是调整平等主体的公民之间、法人之间及公民和法人之间（   ）和人身关系的法律规范的总称。

A. 财产关系　　　B. 利益关系　　　C. 人际关系　　D. 法律关系

4. 所有人的财产因他人不法行为而遭受毁损或灭失时，所有人有权起诉，要求加害人赔偿受害者的（   ）损失。

A. 全部　　　　　B. 直接　　　　　C. 实际　　　　D. 部分

5. 我国民法的（   ）原则是区别其他法律的主要特征。

A. 平等原则　　　　　　　　　　B. 诚实信用原则

C. 公平原则　　　　　　　　　　D. 禁止权利滥用原则

6. 所谓（   ），是指民事主体以自己的行为取得民事权利和设定民事义务的资格。

A. 民事权利能力　　　　　　　　B. 民事行为能力

C. 完全民事行为能力　　　　　　D. 限制民事行为能力

7. 隐私权是指公民的个人生活自由、生活秘密和通讯秘密不受他人干涉的权利。隐私权是一种（　　）。

A. 名誉权　　　　　B. 人格权　　　　　C. 姓名权　　　　D. 生命健康权

8. 一方当事人利用自己的优势或者利用对方没有经验，致使双方的权利义务明显违反公平、等价有偿的原则，可以认定为（　　）。

A. 欺诈　　　　B. 胁迫　　　　　C. 乘人之危　　D. 显失公平

9. 下列权利中不属于人身权的是（　　）。

A. 姓名权　　　　　B. 继承权　　　　　C. 肖像权　　　D. 荣誉权

10. 下列有关代理行为的法律特征的叙述中，错误的是（　　）。

A. 代理人必须是以自己的名义进行活动

B. 代理人必须是以被代理人的名义进行活动

C. 代理行为产生的法律后果直接由被代理人承受

D. 代理人在被代理人授权范围内独立作出意思表示

11. 民事责任是指民事法律关系的主体在违反自己的民事义务或者侵犯他人的民事权利时所应该承担的（　　）。

A. 经济责任　　　　B. 刑事责任　　　　C. 法律责任　　D. 行政责任

12. 违反客房预订协议的饭店要为游客安排替代饭店，并承担因此额外支出的费用。这是违约责任的承担方式中的（　　）。

A. 继续履行　　　B. 采取补救措施　　C. 赔偿损失　　D. 协议补充履行

四、判断题

1. 当事人的意思表示不真实，不符合其真实意志的民事行为，当事人不需要法院认定可以随时变更或撤销。因为该民事行为本身是无法律效力的。（　　）

2. 年满18周岁的公民才具有民事权利能力。（　　）

3. 侵权民事责任是侵害人对造成他人损害而必须承担的一种补偿性责任。（　　）

4. 被撤销的民事行为从撤销时开始无效。（　　）

5. 根据代理权产生依据的不同，可将代理分为授权代理、法定代理和指定代理三种。（　　）

6. 诉讼时效的中止是指诉讼时效期间重新计算。（　　）

7. 我国法人可分为两大类，即企业法人和社会法人。（　　）

8. 法人的民事权利能力从法人成立时产生。（　　）

9. 法人的民事权利能力是由法人的宗旨和业务范围（章程）决定的，并不是无限的。（　　）

10. 法人的民事权利能力与民事行为能力同时产生，同时消灭。（　　）

五、简答题

1. 什么是民法？我国民法的基本原则是什么？

2. 什么是公民的民事权利能力和民事行为能力？

3. 什么是代理？它有哪些法律特征？

4. 什么是财产权？它包括哪些内容？

5. 什么是债权？债的发生根据有哪些？

6. 简述人身权的种类及法律保护。

六、案例分析

案例1：串通损害他人利益案

刘某和关某是邻居，两人关系不错。2001年9月，因工作需要，公司委派刘某去公司设在上海的办事处工作一年。刘某临行时，将自己的一台电冰箱委托给关某保管和使用。2001年11月，刘某给关某写信，说自己在上海又买了一台新的冰箱，家中的冰箱委托关某以适当价格卖掉。关某所在公司的司机张某得知此消息后，找到关某，表示想买下这台冰箱，但又不愿多出钱。张某对关某说，你可以给刘某写封信，告诉电冰箱出了毛病，噪声非常严重，要求他降低价格出售。关某当时有些犹豫，但考虑到自己同张某关系不错，经常让张某开车给自己拉东西，若不答应他会影响今后的关系，因而就按照张某的意思给刘某写了信。刘某回信说如果噪声非常严重，可以降低价格卖掉。于是关某就以500元的低价将冰箱卖给了张某。刘某从上海回来后，知道了买卖冰箱的真相，要求张某返还冰箱。张某答复说，在5天前，该冰箱突然爆炸，炸伤自己及家人，造成损失共2500元。经查，爆炸是由于该冰箱的某部件存在严重的质量隐患所致。

——资料来源：天涯法律网

根据上述案例，回答如下问题：

1. 关某、张某买卖冰箱的行为属于什么性质的行为？为什么？

2. 刘某可以请求关某、张某承担什么责任？

案例2：宾馆安装摄像头，侵犯了客人的权利吗？

周小姐与男友邹先生前往桂林旅游。观赏完风光秀丽的漓江风景后，周、邹两人回宾馆休息，无意中周小姐发现墙体上有东西在闪光，经检查发现是针孔摄像头。周、邹两人找宾馆理论，宾馆管理人员解释说：周、邹两人住的房间前不久两次被盗窃，宾馆安装摄像头是为了保障客人的安全。周、邹两人以宾馆侵犯居住安宁为由，要求宾馆进行赔偿，宾馆予以拒绝。周、邹两人认为，宾馆在客人的住房中安装摄像设备这一行为是严重侵犯公民的人格权和人身尊严的行为。一纸诉状将宾馆告上法庭，要求宾馆赔礼道歉，并承担损害赔偿责任。

——资料来源：江少华. 律师答疑——旅游纠纷［M］.

北京：中国法制出版社，2009.

根据上述案例，回答如下问题：

1. 宾馆是否构成侵权？侵犯的是公民的哪种人格权？

2. 宾馆应如何赔偿周、邹两人的损失？

七、实践与训练题

教师介绍民事案例案情，组织学生自选角色组成小组，结合民法知识进行讨论，运用所学知识提出解决该案例的观点。

📖 推荐阅读

1. 天涯法律网

2. 江少华. 律师答疑——旅游纠纷［M］. 北京：中国法制出版社，2009.

3. 旅游质量监督管理所案例分析，全国旅游质量监督会议资料.

4. 魏振瀛. 民法［M］. 北京：北京大学出版社，2000.

合同法

合同法是调整平等主体之间交易关系的法律规范的总称，是市场经济的核心交易规则，是市场经济社会的基本法律。因此学习并掌握合同法的有关知识，可以保证合同目的的实现，维护市场经济秩序。

本章阐述了合同法中的合同定义、合同法的基本原则、合同的成立、合同的内容和形式、合同的效力、合同的履行、违约责任等内容；着重讲述了合同的转让和解除。

学习目标 》

知识目标

1. 了解合同法的一般性规定和合同的订立。
2. 明确合同的效力、变更、转让和解除。
3. 掌握合同的履行以及违约责任的承担方式。

技能目标

1. 认知合同的基本知识，有意识地培养合同的订立、变更、转让和解除的技能。
2. 掌握合同的履行以及违约责任的技能。
3. 能够应用《合同法》的基本知识，订立标准的合同。
4. 运用相关知识分析旅游合同纠纷的能力。

旅游项目约定不清楚争议案

2007 年 7 月 19~26 日，陈某等 22 名游客参加北京市某旅行社组织的"烟台、威海、青岛双飞四日游"旅游团。合同注明"送渔家乐"旅游项目，但未对"渔家乐"活动的内容作详细约定。旅游行程结束后，游客认为"渔家乐"活动至少应体验一下渔民生活，参观一下渔事活动。旅行社根本没有安排此类"渔家乐"旅游项目，要求旅行社赔偿相当于团费 10% 的违约金。而旅行社辩称："渔家乐"项目是安排一次自费吃渔家饭。因为游客提出要零点饭菜，为尊重游客的选择，旅行社未预订渔家饭。旅行社在行程安排上并未违约，游客投诉要求赔偿，没有任何事实和法律依据。

——资料来源：侯作前，徐连宏．旅游业常见争议解析［M］．

北京：知识产权出版社，2009.

案 例 分 析

1. 对"渔家乐"活动内容有不同的理解，应该作何解释？
2. 根据《合同法》的规定，应该如何处理？

第一节　合同法的概念和基本原则

一、合同法的概念

合同是指平等主体的自然人、法人、其他组织之间设立、变更、终止民事权利义务关系的协议。

合同法是调整平等主体的自然人、法人、其他组织之间设立、变更、终止民事权利义务关系的法律规范的总称。所谓民事权利义务关系的设立，是指确定合同主体取得某种权利、承担某种义务；变更是指合同主体、客体或内容任何一项要素发生的变更；终止是指民事权利义务关系的消灭。

1999 年 3 月 15 日九届全国人大二次会议通过了《中华人民共和国合同法》（以下简称《合同法》）。该法的立法宗旨是为了保护合同当事人的合法权益，维护社会经济秩序，促进社会主义现代化建设。

二、合同法的基本原则

（1）平等原则。合同当事人的法律地位平等，一方不得将自己的意志强加给另一方。

（2）自愿原则。当事人依法享有自愿订立合同的权利，任何单位和个人不得非法干预。

（3）公平原则。合同当事人应当遵循公平原则确定各方的权利和义务。

（4）诚实信用原则。合同当事人在合同订立和履行的过程中，应遵守法律法规和双方的约定，本着实事求是的精神，以善意的方式履行合同义务，不搞欺诈行为，不乘人之危进行不正当竞争等。

（5）合法原则。合同当事人订立、履行合同，应当遵守法律、行政法规，尊重社会公德，不得扰乱社会经济秩序，损害社会公共利益。

（6）合同必须履行原则。依法成立的合同，对当事人具有法律约束力。当事人应当按照约定履行义务，不得擅自变更或者解除合同。

第二节　合同的订立

一、订立合同的方式

根据《合同法》规定，当事人订立合同，采取要约、承诺方式。没有经过要约和承诺阶段，合同就不成立。

要约是指希望和他人订立合同的意思表示。提出要约的一方称为要约人，接受要约的一方为受要约人。根据《合同法》的要求，要约应当符合两项规定：第一，内容具体确定。第二，表明经受要约人承诺，要约人即受该意思表示约束。

承诺是指受要约人同意要约的意思表示。一项有效的承诺，必须符合以下 4 个条件：第一，由受要约人向要约人提出。第二，必须是对要约明确表示同意的意思表示。第三，必须在有效的期限内做出。第四，承诺的内容与要约的内容相一致。

虽然《合同法》强调经过要约和承诺阶段，合同即告成立，但在交易实践中，特别是该商业交易价款较大时，要约人提出要约后，往往不能马上得到受要约人的承诺，受要约人会就要约内容提出一项反要约（新要约），经过双方多次要约与反要约，最后达成合意，合同才正式成立。

二、合同的形式

根据《合同法》规定，当事人订立合同，有书面形式、口头形式和其他形式。书面形式是指合同书、信件及数据电文等，可以有形地表现所载内容的形式。口头形式是指双方当事人以面对面的谈判或以电话或其他口头交谈方式，明确相互权利义务的形式。口头形式具有简便易行的特征，但在发生纠纷时常因举证困难而分不清责任，所以一般适用标的金额较小，当事人权利义务比较简单并能够得到及时清结的合同。而那些标的金额较大，牵涉面较广，当事人权利义务较复杂的合同一般都应采用书面形式。书面形式和口头形式以外的合同为其他形式合同。

三、合同的内容

合同的内容，由当事人约定。根据《合同法》规定，一份完整的合同，一般应包括以下主要条款：

（1）当事人的名称或者姓名和住所。

（2）标的。标的是指合同中权利义务所指的对象，包括货物、劳务、智力成果等。

（3）数量。数量是合同标的的具体化，也直接体现了合同双方权利和义务的大小程度。

（4）质量。质量也是合同标的的具体化，表明了标的的内在素质和外观形态，是合同当事人履行权利和义务优劣的尺度。

（5）价款或者报酬。

（6）履行期限、地点和方式。

（7）违约责任。

（8）解决争议的方法。

旅行社的口头承诺与合同内容不一致引发争议

高某二人游览昆明世博园时遇到旅游公司的导游王某。王某对高某二人介绍了丽江玉龙雪山和大理的风光。高某二人刚来昆明，正好也想到云南的其他旅游景点看看，于是向王某询问大理、丽江的旅游景点、食宿标准、旅行社的服务质量、收费标准等情况。在签订旅游合同时，高某又问了 3 个问题：到玉龙雪山真的能见到冰川吗？每天的伙食标准是多少？每人交费用 2400 元，可以再优惠点吗？王某回答："上了玉龙雪山肯定能看到冰川。每天的伙食标准是 50 元，团款 2400 元，加免费赠游石林。"王某回答的这些话，被高某的同行者用手机录下。旅游过程中，高某二人了解到自己比别人多出了几百元的团费；而且吃的伙食标准是每人每天 25 元；到玉龙雪山根本没有看到什么冰川。高某回到昆明后，要求王某赔偿相关费用，并要求他免费安排游石林。王某很不耐烦地解释："我是按合同执行。答应你们免费游石林的事情，我也会安排，会免你们两人的石林门票，但去石林的车费每人 140 元得你们自己出。"双方争吵无果，高某二人进行投诉。

——资料来源：侯作前，徐连宏. 旅游业常见争议解析［M］. 知识产权出版社，2009.

案　例　分　析

旅游要不要签订合同，以什么形式签订旅游合同，是旅行社经营中的重要问题。我国《合同法》第十条对合同形式做了灵活处理，规定"当事人订立合同，有书面形式、口头形式和其他形式。"原《旅行社管理条例》未对合同形式做出规定，口头、书面合同均可。本案中游客与旅行社签订了书面合同，但后又有口头约定，应视为是对合同的变更，对双方都有效力。旅行社未按照口头约定履行义务，属于违约。但是，鉴于口头合同不利于明确双方的权利和义务，现行《旅行社条例》第二十八条规定旅行社与旅游者应当签订旅游合同，并规定了应当载明的具体事项。由此看，现行《旅行社条例》实施后，旅行社与旅游者之间要签订符合载明事项的书面合同。否则，根据现行《旅行社条例》第五十五条的规定，由旅游行政主管部门处以 2 万元以上 10 万元以下罚款；情节严重的，责令停业整顿 1 个月至 3 个月。对旅游合同的形式与记载内容，旅行社不可等闲视之。

第三节 合同的效力

一、合同的生效

根据《合同法》规定，依法成立的合同，自成立时生效。这是关于合同生效的一般规定，只要是符合法定条件所订立的合同，自合同成立时就产生法律上的约束力。但在实践中，国家为加强对某些特定合同的管理，规定合同当事人在合同签订后，还要办理批准、登记手续，如房屋买卖合同、船舶转让合同等，在这类合同中合同生效时间和合同成立时间是不一致的。我国《合同法》明确规定，法律、行政法规规定应当办理批准、登记手续生效的，依照其规定。

二、无效合同

无效合同是指合同虽经当事人协商成立，但因违反法律的规定，从订立时起就没有法律效力。

根据我国《合同法》规定，有下列情形之一的，合同无效：

（1）一方以欺诈、胁迫的手段订立合同，损害国家利益。

（2）恶意串通，损害国家、集体或者第三人利益。

（3）以合法形式掩盖非法目的。

（4）损害社会公共利益。

（5）违反法律、行政法规的强制性规定。

除上述无效合同外，我国《合同法》还规定，合同中的下列免责条款无效：

（1）造成对方人身伤害的。

（2）因故意或者重大过失给对方造成财产损失的。

我国《合同法》又规定，因下列事由订立的合同，当事人有权请求人民法院或者仲裁机构变更或撤销：

（1）因重大误解订立的；

（2）在订立合同时显失公平的。

三、无效合同、被撤销合同的法律后果

根据《合同法》规定，无效合同、被撤销合同的法律后果可分为以下几种情况：

（1）返还因该合同取得的财产。如果双方均从对方取得了财产，合同无效或被撤销后，双方应返还已经得到的财产；如果仅仅一方取得了财产，则应当将取得的财产返还给另一方。

（2）折价补偿。合同无效或被撤销后，如果不能返还或者没有必要返还从另一方取得的财产，就应当折价补偿。这一规定对双方当事人都是适用的。

（3）赔偿损失。合同无效或被撤销后，有过错并给对方造成损失的一方，就应当承担赔偿对方损失的责任。双方都有过错的，应当各自承担相应的责任。

（4）收缴财产。当事人恶意串通损害国家、集体或者第三人利益，属于损害国家利益而取得的财产，应当收归国家所有；属于损害集体利益而取得的财产，应当返还集体；属于损害第三人利益的，应当返还第三人。

第四节　合同的履行、变更、转让、解除和终止

一、合同的履行

合同的履行是合同法中一个极为重要的问题。当事人之间之所以要订立合同，是为了实现合同的目的，而合同目的的实现，只有通过合同的履行才能达到。所以说合同的订立是前提，合同的履行是关键。

（一）合同履行应遵循的原则

（1）全面履行原则。《合同法》规定：当事人应当按照约定全面履行自己的义

务。全面履行的原则是判定合同当事人是否全面履行了合同义务，当事人是否存在违约事实以及是否承担违约责任的重要法律准则。

（2）诚实信用履行原则。《合同法》规定：当事人应当遵循诚实信用原则，根据合同的性质、目的和交易习惯履行通知、协助、保密等义务。按照这一原则，当事人除了应当按照约定全面履行合同义务外，更重要的是强调当事人应当履行依据诚实信用原则所产生的附随义务，即《合同法》所规定的通知、协助、保密等义务。履行这些附随义务时，应当根据合同的性质、目的和交易习惯来进行。

（二）合同条款约定不明或者没有约定时的履行

虽然《合同法》对合同应当包含的一般条款做出了规定，但从市场经济交易的实际看，尽管合同双方当事人已经签订了书面的合同，但由于双方的疏忽，或者其他原因，合同中仍然可能存在尚未明确约定的合同条款，或者是应当纳入合同的条款而没有被纳入，这就给合同的履行造成了一定的难度，甚至引起合同纠纷。为了妥善解决合同条款约定不明或者没有约定的矛盾，《合同法》做出了具体的规定：

（1）合同生效后，当事人就质量、价款或者报酬、履行地点等内容没有约定或者约定不明确的，可以制定补充协议；不能达成补充协议的，按照合同有关条款或者交易习惯确定。

（2）采用上述办法仍然不能明确有关合同内容的，《合同法》做出了进一步的规定。

①质量要求不明确的，按照国家标准、行业标准履行；没有国家标准、行业标准的，按照通常标准或者符合合同目的的特定标准履行。

②价款或者报酬不明确的，按照订立合同时履行地的市场价格履行；依法应当执行政府定价或者政府指导价的，按照规定履行。

③履行地点不明确，给付货币的，在接受货币一方所在地履行；交付不动产的，在不动产所在地履行；其他标的，在履行义务一方所在地履行。

④履行期限不明确的，债务人可以随时履行，债权人也可以随时要求履行，但应当给对方必要的准备时间。

⑤履行方式不明确的，按照有利于实现合同目的的方式履行。

⑥履行费用的负担不明确的，由履行义务一方负担。

二、合同的变更、转让、解除和终止

（一）合同的变更

我国《合同法》规定，当事人协商一致，可以变更合同。所谓变更合同，是指合同成立以后，尚未履行完毕之前由合同当事人双方依法对原合同的内容所进行的修改。合同变更包括以下内容：

（1）合同变更发生在合同成立之后到合同没有完全履行之前期间。

（2）合同变更是对已经成立的合同部分内容的变动或者修改。

（3）合同变更须经当事人协商一致。

（4）有些合同的变更需经批准。

我国《合同法》规定：法律、行政法规规定变更合同应当办理批准、登记等手续的，依照其规定。当事人对合同变更的内容约定不明确的，推定为未变更。

合同的变更往往贯穿于合同履行的全过程，旅游合同变更原则也体现在合同履行的全过程。旅游合同的签订，只是表明旅行社与旅游者就旅游活动中的权利、义务达成了协议，这并不意味着旅游合同一经签订，就只能一成不变，哪怕出现了不可抗力。事实上，从旅游合同签订开始，由于出现了各种主客观原因，旅行社和旅游者都可能也可以提出对旅游合同内容的变更，双方当事人经协商对旅游合同的内容做出变动和修改。对旅游合同的变更是合同自由的具体体现之一，这是法律赋予旅行社和旅游者双方的权益。但旅游合同的变更的前提条件是，必须建立在双方当事人之间协商一致的基础上。不经过双方的协商，任何一方擅自变更合同内容就是违约，必须承担相应的法律责任。假如旅游者或者旅行社接受了对方变更旅游合同内容的建议，就不得对合同变更本身提出赔偿要求，除非一方违反了变更后的服务内容的约定。

（二）合同的转让

所谓合同转让，是指合同当事人依法将合同的全部或者部分权利义务转让给他人的合法行为。合同的转让包括以下内容：

（1）合同转让是合同当事人将其享有的权利或承担的义务全部或者部分转让给他人，即转让给合同当事人以外的人，也称为第三人。

（2）合同的转让不是合同内容的改变。

（3）合同转让属于一种合法行为。合同当事人只要符合《合同法》及其他有关法律、法规的规定进行转让，就不受他人干涉，其行为就受法律的保护。

（4）由于债权人和债务人在合同中承担不同的权利义务，《合同法》对债权人和债务人的合同转让程序做出了不同的规定。

①债权人转让权利的，应当通知债务人。未经通知，该转让对债务人不发生效力。债权人可以将合同的权利全部或者部分转让给第三人，但有下列情形之一的除外：根据合同性质不得转让；按照当事人约定不得转让；依照法律规定不得转让。

②债务人将合同的义务全部或者部分转移给第三人的，应当经债权人同意。

具体到旅游合同的实践中，旅游合同签订后，由于出现了某种特殊情况，旅行社无法按时成团，或者旅游者不能随团旅游。不论是旅行社还是旅游者，假如无法按约履行旅游合同，就面临着承担违约责任的风险。考虑到已经签订旅游合同的既成事实，为了规避风险，旅行社、旅游者都会采取合同转让的方式，尽可能地减少违约带来的经济赔偿损失。旅行社通过将签约的旅游者转让给另一家旅行社，旅游者则通过将自己的出游权转让给自己的亲朋好友的方式，将自己的义务、权利转让给第三人。所以，旅游合同的转让包括旅行社的转让和旅游者的转让。

在旅游合同中，旅行社具有的权利是向旅游者收取旅游团款，必须承担的义务是按约向旅游者提供服务；旅游者的义务是向旅行社支付旅游团款，其权利是享受旅行社提供的各种服务。换句话说，旅行社收取旅游团款的权利是以履行合同服务义务为前提，旅游者享受旅行社提供的服务是以支付旅游团费为代价。在旅行社的操作程序中，当旅游合同签订完毕，旅游者向旅行社支付了足额的旅游团款，也就意味着旅游者已经履行了合同义务，同时拥有了按约得到服务的权利；与此相对应的是，旅行社接受了旅游费用，就表明旅行社已经行使了合同权利，必须履行为旅游者提供服务的合同义务。简而言之，在旅游合同的法律关系中，旅游者是该旅游合同的债权人，旅行社则是旅游合同的债务人。根据法律规定，假如旅行社无视法律规定，在转让旅游者时（即旅行社所谓的"并团"、"拼团"）不征得旅游者的同意，其转让无效，应当承担相应的法律责任。而旅游者转让自己的权利，仅仅需要通知旅行社。

（5）合同转让涉及审批手续的，还须办理有关手续。

（三）合同的解除

依法成立的合同，自成立时生效，对合同双方当事人具有约束力，任何一方当事人不得擅自解除合同，否则就要承担法律责任。但在某些情况下，合同仍然可以解除，且提出解除合同的一方也不需要承担法律责任。

合同的解除是指合同有效成立后，因当事人一方的意思表示或者双方的协议，使基于该合同发生的民事权利义务关系归于消灭的行为。

1. 合同的解除方式

按照《合同法》的规定，合同解除的方式有以下两种：

（1）约定解除。合同签订后当事人协商一致，可以解除合同。当事人可以约定一方解除合同的条件。解除合同的条件成熟时，解除权人可以解除合同。

（2）法定解除。有下列情形之一的，当事人可以解除合同：第一，因不可抗力致使不能实现合同目的。第二，在履行期限届满之前，当事人一方明确表示或者以自己的行为表明不履行主要债务。第三，当事人一方迟延履行主要债务，经催告后在合理期限内仍未履行。第四，当事人一方迟延履行债务或者有其他违约行为致使不能实现合同目的。第五，法律规定的其他情形。

2. 合同解除的效力

合同解除与合同无效、合同被撤销具有本质的不同。无效合同、被撤销合同由于其违反了法律法规的强制性规定，合同自始无效；而被解除的合同本身具有合法性，合同生效后基于约定或者法定原因，使得合同终止履行。合同解除后，尚未履行的，终止履行；已经履行的，根据履行情况和合同性质，当事人可以要求恢复原状、采取其他补救措施，并有权要求赔偿损失。合同的解除，不影响合同中结算和清理条款的效力。

（四）合同的终止

合同终止，也就是合同权利义务的终止，是指当事人双方终止合同关系，合同确定的当事人之间的权利、义务关系消灭。根据我国《合同法》规定，有下列情形之一的，合同的权利义务终止：债务已经按照约定履行；合同解除；债务相互抵消；债务人依法将标的物提存；债权人免除债务；债权、债务归于一人；法律规定或者当事人约定终止的其他情形。

合同的权利义务终止后，当事人应当遵循诚实信用原则，根据交易习惯履行通知、协助、保密等义务。合同的权利义务终止，不影响合同中结算和清理条款的效力。

第五节　违约责任和合同纠纷的解决

一、违约责任

（一）违约责任的概念

所谓违约责任，是指合同当事人违反合同义务所应承担的法律责任。违约责任的规定是为了促使当事人履行合同义务，维护市场交易秩序，补偿因违约而给对方造成的损失。

（二）违约责任的构成要件

构成违约赔偿损失的要件是：第一，必须要有损害事实。损害事实的存在是承担赔偿责任的首要构成要件，不存在损害事实，也就无所谓赔偿损失了。第二，必须有违约行为。如果仅有损害事实存在而无违约行为，即损害事实的发生是由于其他行为造成的，则合同一方当事人也不承担赔偿损失责任。第三，违约行为和损害事实之间存在因果关系。即损害事实的发生是由于违约行为所必然造成的。

（三）违约责任的免除、减轻和追偿

1.违约责任的免除

我国的《合同法》规定，违约责任采取严格责任原则，只有不可抗力才可以免除合同当事人的违约责任。不可抗力是指不能预见、不能避免并不能克服的客观情

况，通常可以分为自然现象和社会现象两种情况。

虽然不可抗力是法定的免责条件，但并不意味着只要有不可抗力的发生，就可以无限制地免除当事人的违约责任。《合同法》对不可抗力的免责条件和范围做了严格的限制。因不可抗力不能履行合同的，根据不可抗力的影响，部分或者全部免除责任，但法律另有规定的除外。当事人迟延履行后发生不可抗力的，不能免除责任。

当事人一方因不可抗力不能履行合同的，应当及时通知对方，以减轻可能给对方造成的损失，并应当在合理期限内提供证明。

2. 违约责任的减轻

违约责任的减轻，是指在一方违约并造成对方的损害后，守约方应当及时采取合理的措施以防止损失的扩大，否则守约方不得就扩大损失的部分要求违约方承担赔偿责任。减轻违约责任原则的特点是：①一方的违约行为导致了损害的发生。②守约方未采取合理措施，致使损失扩大。③造成了损失的扩大。

《合同法》明确规定：当事人一方违约后，对方应当采取适当措施防止损失的扩大；没有采取适当措施致使损失扩大的，不得就扩大的损失要求赔偿。当事人因防止损失扩大而支出的合理费用，由违约方承担。

3. 违约责任的追偿

《合同法》规定，当事人一方因第三人的原因造成违约的，应当向对方承担违约责任。当事人一方和第三人之间的纠纷，依照法律规定或者按照约定解决。

在旅游合同纠纷的处理过程中，有时组团旅行社经常会为自己"叫屈"。因为给旅游者造成损害的直接原因，并不是组团旅行社的安排不当，或者是全陪（领队）有过错，而是地接旅行社、地陪或者是铁路、民航、饭店等相关协作单位（合同第三人）违约，导致旅游者合法权益受损。由于旅游者和组团旅行社签订了旅游合同，旅游者只能向组团旅行社索赔，尽管组团旅行社向旅游者做出了赔偿，但总觉得是代人受过。

只要对照《合同法》上述规定不难看出，组团旅行社必须向旅游者先行赔偿。至于相关协作单位（合同第三人）违约给组团旅行社造成的损失，组团旅行社可以按照法律规定或者合同约定，向这些合同第三人追偿。

（四）违约责任的承担方式

根据《合同法》规定，违约责任的承担方式主要有五种：

（1）继续履行。继续履行是指当事人一方不履行合同或者履行合同义务不符合约定时，另一方当事人可以要求其在合同履行期限届满后，继续按照合同所约定的主要条件完成合同义务的行为。

（2）采取补救措施。采取补救措施是指违约方采取的除继续履行支付赔偿金、支付违约金、支付定金方式以外的其他补救措施，其目的在于消除、减轻因违约给对方当事人造成的损失。补救措施有要求对方承担修理、更换、重做、退货、减少价款或者报酬等形式。

（3）赔偿损失。赔偿损失是指违约方因不履行或者不完全履行合同义务给对方造成损失时，依法或者根据合同约定应赔偿对方当事人所受损失的行为。

（4）支付违约金。支付违约金是指一方违约时依照法律规定或者合同当事人约定，向对方支付的一定数额的金钱。根据性质不同，违约金分为惩罚性违约金和补偿性违约金。我国的《合同法》规定的违约金是以补偿性违约金为基本性质。

（5）支付定金。详见《民法通则》部分的介绍。

二、合同纠纷的解决

合同发生纠纷时，当事人可以通过和解或者调解解决。当事人不愿通过和解、调解解决或者和解、调解不成的，可以依据仲裁协议向仲裁机构申请仲裁。当事人没有订立仲裁协议或者仲裁协议无效的，可以向人民法院起诉。涉外合同的当事人可以根据仲裁协议向中国仲裁机构或者其他仲裁机构申请仲裁。当事人应当履行发生法律效力的判决、仲裁裁决；拒不履行的，可以请求人民法院执行。

案　例

旅游合同纠纷

2001年，中旅侨务公司与颜安小学签订国内旅游组团合同。随即中旅侨务公司将该合同转让给伟达假日旅行社。然后，伟达假日旅行社又将该合同转包给海南旅行社。最终由海南旅行社履行了中旅侨务公司与颜安小学签订旅游合同的义务。2001 年 7 月 19 日，颜安小学经结算支付中旅侨务公司海南旅游费人民币 95280 元。2002 年 5 月，海南旅行社要求颜安小学和中旅侨务公司支付旅游团费 99423 元及利息 1443.62 元，起诉至法院。在该案审理中，海南旅行社得知颜安小学已支付给中旅侨务公司旅游款项，故要求中旅侨务公司支付旅游费及利息。法院认为海南旅行社诉讼所依据的海南旅行社、颜安小学及与中旅侨务公司的合同关系不存在，裁定驳回海南旅行社的起诉。之后，海南旅行社与伟达假日旅行社交涉，伟达假日旅行社于 2002 年 12 月 8 日支付给海南旅行社"颜安小学旅游费"人民币 99423 元。伟达假日旅行社以中旅侨务公司未履行"颜安小学"合同义务为由，诉至法院，要求中旅侨务公司偿还伟达假日旅行社垫付的旅游费人民币 99423 元。

法院经审理后认为，伟达假日旅行社虽未履行"颜安小学旅游合同"的义务，然而其向实际履行合同的海南旅行社垫付了旅游费用，至此，该合同全面且实际履行完毕。中旅侨务公司未实际履行该合同，但却收取了颜安小学的旅游费，显然有悖于公平与诚信原则，故伟达假日旅行社要求中旅侨务公司偿还其垫付的费用，应予支持。但偿还费用的数额应以颜安小学实际支付的费用为准。遂判决：中旅侨务公司应于判决生效之日起 10 日内支付伟达假日旅行社有限公司人民币 95280 元。

——资料来源：侯作前，徐连宏. 旅游业常见争议解析［M］.

北京：知识产权出版社，2009.

复习与思考

一、名词解释

合同　合同的效力　合同的转让　违约责任

二、填空题

1. 合同是平等主体的自然人、法人、其他组织之间设立、变更、终止_____关系的协议。

2. 合同当事人的_____平等，一方不得将自己的意志强加给另一方。

3. 根据《合同法》规定，当事人订立合同，有_____、_____和其他形式。

4. _____是希望和他人订立合同的意思表示。

5. 合同的解除有两种：一种是_____解除，另一种是_____解除。

6. _____是受要约人同意要约的意思表示。

7. 依法成立的合同，自_____时生效。

8. 价款或者报酬不明确的，按照订立合同时履行地的_____履行。

9. 执行政府定价或者政府指导价的，在合同约定的交付期限内政府价格调整时，按照_____的价格计价。

10. 不可抗力是指不能预见、不能避免并不能克服的_____。

三、选择题（请选择一个正确答案，填在相应的位置上）

1. 合同的一方当事人或者第三人，用自己特定的财产向对方当事人保证履行合同的一种担保，称（　）。

　　A. 质押　　　　　　B. 定金　　　　　　C. 保证　　　　　　D. 抵押

2. 合同转让是指合同当事人依法将合同的全部或者部分权利义务转让给他人的行为，合同转让属于一种（　）行为。

　　A. 合法　　　　　　B. 违法　　　　　　C. 非法　　　　　　　D. 买卖

3. 违约责任的构成要件是：必须要有损害事实；必须有违约行为和（　）。

　　A. 行为人主观上过错　　　　　　B. 不作为

　　C. 约定责任　　　　　　　　　　D. 违约责任和损害事实之间存在因果联系

4. 《合同法》规定，违约责任采取（　）原则，只有不可抗力才可以部分或者全部免除合同当事人的违约责任。

　　A. 双方商定　　　B. 自愿赔偿　　　C. 严格责任　　　　　D. 违约必究

5. 收取定金的一方不履行约定的义务，应当（　）返还定金。

　　A. 原价　　　　B. 5 倍　　　　C. 原价基础上加 20%　　D. 双倍

6. 可变更或可撤销合同的情形不包括（　）。

　　A. 因重大误解订立的　　　　　　B. 在订立合同时显失公平的

　　C. 损害社会公共利益的　　　　　D. 使对方在违背真实意思情况下订立的

7. 当事人订立合同，应当具有（　）。

　　A. 相应的经济实力　　　　　　B. 一定的履约能力

C. 完备的审批手续　　　　　　D. 相应的民事权利能力和民事行为能力

8. 根据《合同法》规定，（　）不是违约责任的承担方式。

A. 继续履行　　　C. 不再履行　　　B. 采取补救措施　　　D. 赔偿损失

9. 显失公平的民事行为，经（　）认定，该项民事行为便可变更或撤销。

A. 工商行政管理部门　　　　　　B. 消费者协会

C. 人民法院　　　　　　　　　　D. 仲裁机构

10.《合同法》规定，当事人应当遵循诚实信用原则，根据合同的性质、目的和（　）履行通知、协商、保密等义务。

A. 交易方式　　　B. 交易习惯　　　C. 交易方法　　　　D. 交易形式

11. 根据《合同法》规定，对格式条款有两种解释的，应当作出（　）的解释。

A. 利于格式条款提供者　　　　　B. 不利于格式条款提供者

C. 折中　　　　　　　　　　　　D. 由仲裁机构仲裁

12. 根据我国《合同法》规定，合同履行方式不明确的，按照（　）履行。

A. 有利于债权人的方式　　　　　B. 有利于债务人的方式

C. 有利于实现合同目的的方式　　D. 当事人协商一致的方式

13.《合同法》规定的违约责任不要求证明行为人在主观上是否存在过错，而只要行为人没有履行合同或者履行合同不符合约定，就应当承担违约责任。违约责任实行的是（　）。

A. 过错责任原则　　　　　　　　B. 非过错责任原则

C. 严格责任原则　　　　　　　　D. 公平原则

14. 甲游客与乙国际旅行社签订了一份出国旅游合同，在合同中没有明确约定哪一方负担出境手续费。根据我国有关的法律规定，该手续费应当由（　）负担。

A. 无法确定　　　B. 甲　　　　　C. 乙　　　　　　　D. 甲、乙共同负担

15. 侵权责任是侵害人对造成他人损害而必须承担的一种（　）。

A. 无过错责任　　　B. 惩罚性责任　　　C. 约定责任　　　D. 补偿性责任

四、判断题

1. 合同是平等主体的自然人、法人、其他组织之间设立、变更、终止权利关系的协议。（　）

2. 合同的转让是指合同当事人依法将合同的全部或者部分权利义务转让给他人行为，合同转让属于一种合法行为。（　　）

3. 在旅游合同的法律关系中，旅行社是该旅游合同的债权人，旅游者则是旅游合同的债务人。（　　）

4. 合同更变就是合同内容的全部或部分改变。（　　）

5. 债权人转让权利时不必经债务人同意，只要告知即可。（　　）

6. 合同一旦成立，就必然生效。（　　）

7. 违约金只有给对方造成损失时才支付。（　　）

8. 当事人一方因不可抗力不能履行合同的，应当及时通知对方，以减轻可能给对方造成的损失，并应当在合理期限内提供证明。（　　）

9. 旅游合同的转让包括旅行社的转让和旅游者的转让。（　　）

10. 当事人订立合同，没有经过要约和承诺阶段，合同就成立。（　　）

五、简答题

1. 什么是《合同法》？我国《合同法》的基本原则是什么？

2. 订立合同的方式是什么？

3. 无效合同的法律规定是什么？

4. 合同转让的具体规定是什么？

5. 违约责任的含义是什么？构成违约赔偿损失的要件是什么？

6. 解决合同争议的途径有哪些？

六、案例分析

案例 1：天气突变飞机停飞，游客要求退团损失如何赔偿

2002 年 10 月，某国内旅行社组织王先生等旅客参加的旅游团前往北京旅游。早上 8 时，旅游团准时到达机场，天气突然变得非常恶劣。为了安全起见，民航部门推迟了即将起飞的航班。一直等到中午 12 时，天气也未见好转。全团旅游者要求取消旅游行程。旅行社答应解除旅游合同，并将旅游者交纳的旅游团款全额退还给旅游者。全团旅游者要求旅行社按照旅游合同的约定，再赔偿 100% 的违约金。在等候期间，王先生和其他旅客发生了冲突，造成对方的身体伤害。经民航公安处调解，王先生为此支付给对方 200 元的医疗费。王先生要求旅行社赔偿他支付给受伤游客

的 200 元医疗费。

——资料来源：浙江旅游品质保障网．

根据以上案例，回答如下问题：

1. 旅游团的要求是否合理？为什么？

2. 王先生要求旅行社赔偿他支付给其他旅客的 200 元医疗费，该要求是否合理？为什么？

案例 2：导游擅自改变行程，旅行社应否承担违约责任

1999 年 2 月，某旅行社接待香港某旅行社组织的内地旅游团。按照合同约定，该旅游团在北京游览 4 天，其中 2 月 12 日游览长城。该旅行社委派关某担任该团陪同。关某未经旅行社同意，擅自将游览长城的日期改为 2 月 14 日，即离京的前一天，而将 2 月 12 日的项目改为购物。旅游团的团员对此变更曾表示异议，但关某称此变更是旅行社的安排。不料，2 月 13 日晚天降大雪，2 月 14 日晨该旅游团赴长城时，"雪拥居庸车不前"，积雪封路，只得返回。2 月 15 日，该旅游团离京返港后以书面形式向旅游行政管理部门投诉，称该旅行社委派的导游未征得旅游者的同意，擅自改变旅游行程，违反了合同约定，造成旅游团未能游览长城，旅行社应承担赔偿责任。该旅行社则辩称，该旅游行程属导游个人行为，与旅行社无关。而导游关某辩称，造成长城未能游览是由于大雪封路的原因，属于不可抗力，依据法律规定，不承担赔偿责任。

——资料来源：http://www.anli.cc/plan/lvyou/2008-12-29/682.html.

根据以上案例，回答如下问题：

1. 导游员的辩解是否成立？为什么？什么是不可抗力？

2. 旅行社的辩解是否成立？为什么？旅行社应否承担违约责任？

七、实践与训练

1. 调查与访问：收集 10 份各旅行社的旅游合同，分析旅游合同的条款。学生自愿组成小组，每组 6~8 人。组织一次课堂交流与讨论，时间为 1 节课。

讨论问题：旅游合同的内容是否完整？是否可以保护旅游者的合法权益？

2. 收集国家旅游局颁布的各类示范旅游合同，了解其主要内容。

📖 推荐阅读

1. 侯作前，徐连宏. 旅游业常见争议解析［M］. 北京：知识产权出版社，2010.

2. 浙江旅游品质保障网.

3. http://www.anli.cc/plan/lvyou/2008-12-29/682.html.

4. 刘劲柳. 旅游合同［M］. 北京：法律出版社，2004.

5. 王斌，黄睿. 旅游合同研究［M］. 北京：知识产权出版社，2007.

消费者权益保护法律制度

　　旅游者作为一个庞大的消费群体，在旅游过程中要进行食、住、行、游、购、娱等一系列消费活动。旅游消费者的合法权益受到侵害的事件时有发生。在维护旅游消费者合法权益、规范旅游经营者的行为、维护公平竞争市场秩序方面，《消费者权益保护法》具有举足轻重的作用。

　　本章阐述了旅游者合法权益保护的概念、范围及内容，消费者的权利以及合法权益保护途径，着重讲述了消费者的权利和经营者的义务，损害赔偿责任者的认定、争议的解决等。

学习目标

知识目标

1️⃣ 了解消费者的含义和消费者权益保护法的基本原则。

2️⃣ 明确消费者享有的权利和经营者的义务。

3️⃣ 掌握争议解决的途径与法律责任。

技能目标

1️⃣ 认知消费者权益保护的基本知识，有意识地培养解决争议的技能。

2️⃣ 能够解释说明消费者享有的权利和经营者的义务的含义。

3️⃣ 具有运用《消费者权益保护法》的能力，具有选择争议的解决途径与损害赔偿责任者的认定能力。

旅游中购买食品引起中毒，旅游者应向谁要求赔偿？

经导游介绍某旅游团到一家定点旅游商店购物，其中一位游客购买了当地的土特产品——烧鸡。待游客把烧鸡带回家与家人一起享用（在保质期内）后，导致全家人上吐下泻，发生严重的食物中毒，经抢救脱离危险。该游客投诉导游，要求导游承担赔偿责任。

本案中，游客投诉导游并不合理，可以要求销售者或生产者予以赔偿。根据《消费者权益保护法》第三十五条第二款的规定，消费者或者其他受害人因商品缺陷造成人身、财产损害的，可以向销售者要求赔偿，也可以向生产者要求赔偿。属于生产者责任的，销售者赔偿后，有权向生产者追偿。属于销售者责任的，生产者赔偿后，有权向销售者追偿。本案中，游客虽然是在旅游期间在导游介绍的商店内购买的烧鸡，但是，导游对此事并无过错。因为导游给旅行团介绍的是一家定点旅游商店，且并未与店家相互串通欺骗旅游者，导游的行为是符合法律法规对其的要求的。因此，在此事件中，游客应当根据《消费者权益保护法》，要求出售烧鸡的旅游商店给予赔偿，或者向生产烧鸡的厂家要求赔偿，而不应该要求导游赔偿。

——资料来源：张欣.旅游纠纷［M］.北京：中国法制出版社，2004.

案 例 分 析

1. 消费者的权利有哪些？
2. 如何认定损害赔偿责任者？

第一节 《消费者权益保护法》概述

为保护消费者合法权益，维护社会经济秩序，规范企业经营行为，促进社会主义市场经济的健康发展，1993年1月1日实施的《中华人民共和国消费者权益保护法》（以下简称《消费者权益保护法》）有效地维护了消费者的合法权益。

《消费者权益保护法》是调整消费者为生活消费需要购买、使用商品或者接受服务过程中与经营者、国家机关发生的权益保护关系的法律规范的总称。

一、消费者、经营者的概念

消费者是指为了满足个人生活消费的需要而购买、使用商品或者接受服务的公民和单位。消费者具有以下法律特征：消费者的消费活动属于生活消费；消费者消费的客体包括商品和服务；消费者的消费方式表现为购买、使用商品和接受服务；消费者主要是指个人消费者，但也包括进行生活消费的单位。

经营者包括生产者、销售者以及具有服务行为的服务者。

二、适用范围和交易原则

（一）适用范围

根据《消费者权益保护法》的规定，消费者为生活消费需要购买、使用商品或者接受服务，其权益受该法保护；经营者为消费者提供其生产、销售的商品或者提供服务，应当遵守该法；对于上述具体情况该法未做规定的，应当适用其他有关法律、法规的规定。另外，农民购买、使用直接用于农业生产的生产资料，亦应参照该法执行。这就是《消费者权益保护法》的适用范围。

（二）交易原则

经营者与消费者在市场交易中应遵守的基本原则，既是对经营者经营行为的原则规范，也是市场交易基本规律的体现。《消费者权益保护法》规定：经营者与消费者进行交易，应当遵守自愿、平等、公平、诚实信用原则。

（1）自愿原则。该原则是指经营者与消费者进行交易时，尊重消费者的意愿，按消费者的意志建立交易关系。

（2）平等原则。该原则是商品经济的本质要求，具体指经营者与消费者之间的法律地位平等。交易是一种民事活动，按《民法通则》规定，不得恃强凌弱。

（3）公平原则。该原则指经营者与消费者的交易必须符合等价交换这一商品经济的基本要求和商业道德规范精神。

（4）诚实信用原则。诚实信用是商业道德规范的具体体现，表现为诚实劳动、合法经营、不弄虚作假、不欺骗顾客、实事求是、恪守信用，维护经营者的社会信誉。

第二节 消费者的权利

消费者的权利，是消费者在消费领域中所具有的权利，是消费者利益在法律上的体现，即在法律保障下，消费者有权做出一定的行为或者要求他人做出一定的行为。消费者的权利，是国家对消费者进行保护的前提和基础。根据《消费者权益保护法》第七条至第十五条的规定，消费者享有以下 9 项权利。

（1）保障安全权。《消费者权益保护法》第七条规定："消费者在购买、使用商品和接受服务时享有人身、财产安全不受损害的权利。消费者有权要求经营者提供的商品和服务，符合保障人身、财产安全的要求。"该条所指的消费者的安全权，是指消费者的生命健康权不受损害。具体指消费者在购买、使用商品和服务时，享有保障身体器官及其机能的完整以及生命不受危害的权利。消费者享有保障安全权，经营者应当保证其提供的商品或者服务符合保障人身安全的要求。对于可能危及人身、财产安全的商品和服务，应当向消费者做出真实的说明和明确的警示，并说明和标明正确使用商品或者接受服务的方法，以及防止危害发生的方法。经营者发现其提供的商品或服务存在严重缺陷，即使正确使用商品或接受服务仍可能对人身、财产安全造成危害的，应当立即向有关行政部门报告和告知消费者，并采取防止危害发生的措施。

（2）知悉真情权。《消费者权益保护法》第八条规定："消费者享有知悉其购买、使用的商品或者接受其服务的真实情况的权利。消费者有权根据商品或服务的不同情况，要求经营者提供商品价格、产地、生产者、用途、性能、规格、等级、主要成分、生产日期、有效期限、检验合格证明、使用方法说明书、售后服务，或者服务的内容、规格、费用等有关情况。"

（3）自主选择权。《消费者权益保护法》第九条规定："消费者有自主选择商品或者服务的权利。消费者有权自主选择提供商品或服务的经营者，自主选择商品品种或者服务方式，自主决定购买或者不购买任何一种产品、接受或者不接受任何一项服务。消费者在自主选择商品或服务时，有权进行比较、鉴别和挑选。"

（4）公平交易权。《消费者权益保护法》第十条规定："消费者享有公平交易的权利。消费者在购买、使用商品和接受服务时，有权获得质量保障、价格合理、计量准确等公平交易条件，有权拒绝经营者的强制交易行为。"

（5）获得赔偿权。《消费者权益保护法》第十一条规定："消费者因购买、使用商品或者接受服务受到人身、财产损害的，享有依法获得赔偿的权利。"享有赔偿权的主体是因购买、使用商品或服务而受到人身、财产损害的人。具体是指：①商品的购买者，即购买商品为自己所用的人。②商品的使用者，即购买和使用权分离的情况。③接受服务者，即指因接受服务而受到人身、财产侵害。④第三人，即指受害者既不是商品的购买者，也不是商品的使用者，更不是接受服务者，而是在别人购买、使用商品或接受服务过程中受到人身或财产损害的其他人。赔偿权的范围是指：①人身权受到侵害。这里讲的人身权既包括消费者的生命健康权，也包括消费者的其他人格权。②财产损害。主要是指财产上的损害，包括直接损失和间接损失。③消费者因人身伤害或者因其他人身权受到侵害而造成精神痛苦的，经营者应根据具体情况予以赔偿。对消费者因人身、财产损失而获得的经济赔偿，是赔偿最基本的方式。此外，还包括恢复原状、赔礼道歉、重做、更换、消除影响、恢复名誉等民事责任承担方式。

（6）依法结社权。《消费者权益保护法》第十二条规定："消费者享有依法成立维护自身合法权益的社会团体的权利。"消费者的依法结社权，首先是《宪法》规定的公民享有结社权的具体体现，同时也是客观实践的需要。在消费领域，虽然经营者与消费者关系平等，但双方的经济地位在实践中是不平等的。消费者是单个分散的个人，只有组织起来，才能与拥有雄厚的经济实力的经营者抗衡。消费者权益保护虽由政府有关部门负责，但最直接保护消费者权益的社会组织，可以及时调解矛盾，处理纠纷，它在政府和消费者之间起着桥梁作用。

（7）知识获取权。《消费者权益保护法》第十三条规定："消费者享有获得有关消费和消费者权益保护方面的知识的权利。消费者应当努力掌握所需商品或者服务的知识和使用技能，正确使用商品，提高自我保护意识。"

（8）维护尊严权。《消费者权益保护法》第十四条规定："消费者在购买、使用商品和接受服务时，享有其人格尊严、民族风俗习惯得到尊重的权利。"

（9）监督批评权。《消费者权益保护法》第十五条规定："消费者享有对商品和服务以及保护消费者权益工作进行监督的权利。消费者有权检举、控告侵害消费者权益的行为和国家机关及其工作人员在保护消费者权益工作中的违法失职行为，有权对保护消费者权益工作提出批评、建议。"

第三节　经营者的义务

经营者的义务，是经营者在经营活动中应履行的责任，即经营者依法必须做出一定行为或者抑制自己的某种行为。经营者的义务与消费者的权利相对应，消费者权利的实现在一定程度上是通过经营者履行义务来实现的。根据《消费者权益保护法》第十六条至二十五条规定，经营者必须履行以下9项义务。

（1）依法或约定履行义务。《消费者权益保护法》第十六条规定："经营者向消费者提供的商品或者服务，应当依照《中华人民共和国产品质量法》和其他有关法律、法规的规定履行义务。经营者和消费者有约定的，应当按照约定履行义务，但双方的约定不得违背法律、法规的规定。"第二十三条规定："经营者提供商品或者服务，按照国家规定或者与消费者的约定，承担包修、包换、包退或者其他责任的，应当按照国家规定或者约定履行，不得故意拖延或者无理拒绝。"

（2）听取意见和接受监督。《消费者权益保护法》第十七条规定："经营者应当听取消费者对其提供的商品或服务的意见，接受消费者的监督。"在市场经济的条件下，经营者之间在竞争中求利润、求生存、求发展。消费者是利润的化身，是上帝。经营者听取消费者对商品或服务的意见，有利于提高产品质量，改进服务技术和态度，占领产品市场。

（3）保障人身和财产安全。《消费者权益保护法》第十八条规定："经营者应当保证提供的商品或者服务符合保障人身、财产安全的要求。对可能危及人身、财产安全的商品和服务，应当向消费者做出真实的说明和明确的警示，并说明和标明正确使用商品或者接受服务的方法，以及防止危害发生的方法。经营者发现其提供的商品或者服务存在严重缺陷，即使正确使用商品或者接受服务仍然可能对人身、财产安全造成危害的，应当立即向有关行政部门报告和告之消费者，并采取防止危害发生的措施。"

（4）不做虚假宣传。《消费者权益保护法》第十九条规定："经营者应当向消费者提供有关商品或者服务的真实信息，不得做引人误解的虚假宣传。经营者对消费者就其提供的商品或者服务的质量和使用方法等问题提出的询问，应当做出真实、明确的答复。商店提供商品应当明码标价。"

案　例

强行推销药品案

游客 B 先生随旅游团到某市旅游，在导游带领下到 A 药店购物，在此店 B 先生购买了"龟鹿滋肾丸"、"益津"、"冬虫夏草"三种药品，折合 2784 多美元，其中销售人员未经 B 先生同意擅自开药 1600 多美元，并且不开具发票给客人。B 先生对 A 药店这种强行推销的不诚信销售行为向有关部门进行了投诉。

经调查，B 先生投诉情况属实。根据《消费者权益保护法》的规定，责令 A 药店退回 B 先生购药款 1600 多美元，并向 B 先生进行书面道歉；同时责令 A 药店对经营中存在的问题限期整改；并建议旅游企业自律协会依有关规定对该店予以处理。

——资料来源：浙江旅游品质保障网，2009-5-10.

（5）标明真实名称和标记。《消费者权益保护法》第二十条规定："经营者应当标明其真实名称和标记。租赁他人柜台或场地的经营者，应当标明其真实名称和标记。"

（6）出具相应的凭证和单据。《消费者权益保护法》第二十一条规定："经营者提供商品或者服务，应当依照国家有关规定或者商业惯例向消费者出具购货凭证或者服务单据，消费者索要购货凭证或者服务单据的，经营者必须出具。"

（7）提供符合要求的商品或服务。《消费者权益保护法》第二十二条规定："经营者应当保证在正常使用商品或者接受服务的情况下，其提供的商品或者服务应当具有的质量、性能、用途和有效期限；但消费者在购买该商品或者接受该服务前已经知道其存在瑕疵的除外。经营者以广告、产品说明、实物样品或者其他方式表明商品或者服务的质量状况的，应当保证其提供的商品或者服务的实际质量与表明的质量状况相符。"现代社会的广告、产品说明、实物样品等是经营者推销其产品或服务的重要手段，也是广大消费者选择购买商品和接受服务的重要依据。任何商品或者服务与实际质量状况不相符合的宣传，都会损害消费者的合法权益，经营者必须对其承担责任。

（8）不得从事不公平不合理的交易。《消费者权益保护法》第二十四条规定："经营者不得以格式合同、通知、声明、店堂告示等方式做出对消费者不公平、不合理的规定，或者减轻、免除其损害消费者合法权益应当承担的民事责任。格式合同、通知、声明、店堂告示等含有前款所列内容的，其内容无效。"格式合同，也称标准合同或定型合同，在消费者领域，指经营者未与消费者协商，单方面拟定的合同条款。其特征为：制定格式合同的主体是经营者；对方只有接受合同与否的自由，而无参与决定合同内容的机会；合同指向的对象为不特定的多数的消费者，在适用对象上具有普遍性；一经制定，可以在相当长的期限内使用，具有固定性和连续性。通知、声明、店堂告示等其他方式，是指经营者采用明示的手段，向消费者告知其有关经营情况。

（9）不得侵犯消费者的人身权。《消费者权益保护法》第二十五条规定："经营者不得对消费者进行侮辱、诽谤，不得搜查消费者的身体及其携带的物品，不得侵犯消费者的人身自由。"

第四节　消费者合法权益保护的途径

一、国家行政机关对消费者合法权益的保护

国家行政机关按照法定职权，通过行政执法活动，监督管理商品生产经营者或

服务者的活动，保护消费者的合法权益。

（1）工商行政管理机关对消费者合法利益的保护，主要是在其职权范围内通过各种管理手段来实现。它不受行业范围和地域的限制，也不受单一职能的局限，因而是一个极有力的保护消费者合法权益的机构。

（2）卫生管理机关通过对食品卫生的监督、检验和技术指导，监督食品生产经营人员的健康检查，宣传食品卫生知识，对食品中毒和食品污染事故进行调查，进行现场检查、巡回监督，查处违反《食品卫生法》的行为，以保证消费者购买的商品和接受的服务健康、卫生、无毒无害。

（3）计量管理机关通过计量监督，禁止、查处商品生产者和经营者破坏计量器具的准确度，使用计量器具缺斤短两，坑害消费者的违法行为；物价管理机关主要是制止和查处违反国家物价管理的规定，在价格、收费等方面坑害消费者的违法行为。

二、司法机关对消费者合法权益的保护

人民法院作为国家审判机关，对消费者合法权益的保护是通过其审判活动来实现的。对于损害消费者合法权益的行为，受害人可以向人民法院起诉，请求法律保护，人民法院应当采取有效措施，方便消费者起诉；对于符合《中华人民共和国民事诉讼法》条件的，人民法院应立案受理，及时审理，做出公正判决；对拒不执行法院判决的侵权人，人民法院采取强制措施予以执行，使消费者合法权益得到根本的保护。

三、消费者组织对消费者合法权益的保护

消费者协会和其他消费者组织，是依法成立的对商品和服务进行社会监督的保护消费者合法权益的社会团体。自从 1984 年 12 月 20 日成立中国消费者协会以后，地方也相应成立了消费者协会。消费者协会在反映消费者的呼声、接受消费者的投诉、支持向人民法院起诉、会同有关行政部门实实在在地帮助消费者解决困难、切实维护消费者合法权益方面发挥着重要的作用。

消费者协会有以下职能：向消费者提供消费信息和咨询服务；参与有关行政部

门对商品和服务的监督、检查；就有关消费者合法权益的问题，向有关行政部门反映、查询，提出建议；受理消费者的投诉，并对投诉事项进行调查、调解；投诉事项涉及商品和服务质量问题的，可以提请鉴定；就损害消费者合法权益的行为，支持受损害的消费者提起诉讼；对损害消费者合法权益的行为，通过大众传播媒介予以揭露、批评。

为了保证消费者组织的公正性和独立性，发挥其应有的作用，《消费者权益保护法》对消费者组织的权限做了限制，即消费者组织不得从事商品经营活动和营利性服务；消费者组织不得以牟利为目的向社会推荐商品和服务。

第五节　消费者权益争议的解决

一、消费者权益争议解决的途径

根据《消费者权益保护法》的规定，消费者和经营者发生消费者权益争议的，可以通过下列途径解决：与经营者协商和解；请求消费者协会调解；向有关行政部门申诉；根据与经营者达成的仲裁协议提请仲裁机构仲裁；向人民法院提起诉讼。

二、损害赔偿责任承担的主体

《消费者权益保护法》第三十五条至第三十九条对消费者在购买、使用商品或者接受服务时，其合法权益受到侵害时，向谁索赔，即对最终承担损害赔偿责任的主体做了明确规定，包括生产者、销售者、服务者、变更后的企业、营业执照的使用人或持有人、从事虚假广告行为的经营者和广告的经营者。

（1）消费者在购买、使用商品时，其合法权益受到损害的，可以向销售者要求索赔。销售者赔偿后，属于生产者的责任或者属于向销售者提供商品的其他销售者的责任的，销售者有权向生产者或其他销售者追偿。

（2）消费者或者其他受害人因商品缺陷致使人身、财产受到损害的，可以向销售者要求赔偿，也可以向生产者要求赔偿。属于生产者责任的，销售者赔偿后，有权向生产者追偿；属于销售者责任的，生产者赔偿后，有权向销售者追偿。

（3）消费者在接受服务时，其合法权益受到损害的，可以向服务者要求赔偿。

（4）消费者在购买、使用商品或者接受服务时，其合法权益受到损害，因原企业分立、合并的，可以向变更后承受其权利与义务的企业要求赔偿。

（5）使用他人营业执照的违法经营者提供商品或者服务，损害消费者合法权益的，消费者可以向其要求赔偿，也可以向营业执照的持有人要求赔偿。

（6）消费者在展销会、租赁柜台购买商品或者接受服务，其合法权益受到损害的，可以向销售者或者服务者要求赔偿。展销会结束或者柜台租赁期满，也可以向展销会的举办者、柜台的出租者要求赔偿。展销会的举办者、柜台的出租者赔偿后，有权向销售者或者服务者追偿。

（7）消费者因经营者利用虚假广告提供商品或者服务，其合法权益受到损害的，可以向经营者要求赔偿，广告的经营者不能提供经营者的真实名称、地址的，应当承担赔偿责任。

第六节　侵害消费者合法权益法律责任

一、侵害消费者合法权益行为承担的民事责任

（一）承担民事责任的范围

根据《消费者权益法》规定，经营者提供商品或者服务有以下情形之一的，承担民事责任：商品存在缺陷的；不具备商品应当具备的使用性能而出售时未做说明的；不符合在商品或者其包装上注明采用的商品标准的；不符合商品说明、实物样品等方式表明的质量状况的；销售商品数量不足的；服务的内容和费用违反约定的；对消费者提出的修理、重做、更换、退货、补足商品数量、退还货款和服务费

用或者赔偿损失的要求，故意拖延或者无理拒绝的；生产国家明令淘汰的商品或者销售失效、变质的商品的；法律、法规规定的其他损害消费者权益的情形。

（二）依法承担民事责任的形式

（1）提供商品或者服务造成消费者或者其他受害者人身伤害的，应当支付医疗费、治疗期间的护理费、因误工减少的收入等费用；造成残疾的，还应支付残疾者自助具费、生活补助费、残疾赔偿金以及由其抚养人必需的生活费等费用；造成死亡的，应当支付丧葬费、死亡赔偿金以及死者生前抚养人所必需的生活费用。

（2）对消费者侮辱、诽谤，搜查消费者身体及其携带的物品，侵犯消费者的人身自由的，应当停止侵害，恢复名誉，消除影响，赔礼道歉，并赔偿损失。

（3）造成消费者财产损害的，应按消费者的要求，以修理、重做、更换、退货、补足商品数量、退还货款和服务费用或赔偿损失等方式承担民事责任，有约定的按约定履行。

（4）对国家规定或者经营者与消费者约定"三包"的商品，要负责修理、更换或者退货。保修期内两次修理仍不能正常使用的，经营者应当负责更换或者退货。对"三包"的大件商品，消费者要求修理、更换、退货的，经营者应当承担运输等合理费用。

（5）经营者以邮购方式、预收款方式提供商品的，应按照约定提供。未按约定提供的，应当按照消费者的要求履行约定或者退回货款、预付款，并应承担消费者必须支付的合理费用，预付款的利息。

（6）有欺诈行为的，应当按照消费者的要求增加赔偿其受到的损失，增加赔偿的金额为消费者购买商品的价款或者接受服务的费用的一倍。

二、侵害消费者合法权益行为的行政责任

（一）承担行政责任的范围

根据《消费者权益保护法》规定，经营者提供商品或服务有以下情形之一的，承担行政责任：生产、销售的商品不符合保障人身、财产安全要求的；在商品中掺杂、掺假，以假充真，以次充好，或者以不合格商品冒充合格商品的；生产国家明

令淘汰的商品或者销售失效、变质的商品的；伪造商品的产地，伪造或者冒用他人的厂名、厂址，伪造或者冒用认证标志、名优标志等质量标志的；销售的商品应当检验、检疫而未检验、检疫或者伪造检验、检疫结果的；对商品或服务做引人误解的虚假宣传的；对消费者提出的修理、重做、更换、退货、补足商品数量、退还货款和服务费用或赔偿损失的要求，故意拖延或者无理拒绝的；侵害消费者的人格尊严或者侵犯消费者人身自由的；法律、法规规定的对损害消费者权益应当予以处罚的其他情形。

（二）依法承担行政责任的形式

追究行政责任的方式由工商行政管理部门依《消费者权益保护法》行使处罚权。处罚的具体方式有：警告、没收违法所得、处以违法所得1倍以上5倍以下的罚款；没有违法所得的，处以1万元以下的罚款；情节严重的，责令停业整顿，吊销营业执照。

三、侵害消费者合法权益行为的刑事责任

根据《消费者权益保护法》，经营者有下列情形之一的由司法机关依法追究刑事责任：经营者提供商品或者服务，造成消费者或者其他受害人人身伤害，构成犯罪，依法追究刑事责任；经营者提供商品或者服务，造成消费者或者其他受害人死亡，构成犯罪的，依法追究刑事责任；以暴力、威胁等方法阻碍有关行政部门工作人员依法执行职务的，依法追究刑事责任；国家机关工作人员玩忽职守或者包庇经营者侵害消费者合法权益，情节严重、构成犯罪的，依法追究刑事责任。

 复习与思考

一、名词解释

消费者权益保护法　消费者的权利　经营者的义务

二、填空题

1.《_____》是保护消费者权利的基本法，为保护旅游消费者的合法权益提供了法律依据。

2.经营者与消费者进行交易，应当遵循_____、公平、诚实信用的原则。

3.消费者向经营者索要购货凭证或服务单据，经营者_____。

4.旅游者有权自主选择提供商品或者服务的经营者，属于消费者权利中的_____权。

5.旅游消费者的知情权是指旅游者购买、使用商品或者接受服务时，享有知悉其所购买使用商品的_____权利。

6.旅游消费者的求偿权是指旅游者因购买、使用商品或者接受服务受到人身、财产损害的，享有依照法律或合同规定向_____索赔的权利。

7._____是指为了满足个人生活消费的需要而购买、使用商品或者接受服务的公民和单位。

8.《消费者权益保护法》第七条规定：消费者在购买、使用商品和接受服务时享有_____安全不受损害的权利。

9.承担对消费者合法权益保护的主要行政执法机关是_____行政管理部门。

10._____是依法成立的对商品和服务进行社会监督的保护消费者合法权益的社会团体。

三、选择题（请选择一个正确答案，填在相应的位置上）

1.法律意义上的消费者，是指为了满足（　　）的需要而购买、使用商品或者接受服务的公民和单位。

　A.单位生产消费　　　　　　　　　B.个人生活消费

　C.个人生产消费　　　　　　　　　D.单位生活消费

2.消费者享有保障安全权，对于可能危及人身、财产安全的商品和服务，经营者应当向消费者做出（　　）和明确的警示，并说明和表明正确使用商品或者接受服务的方法，以及防止危害发生的方法。

　A.价格说明　　B.有效期限说明　　C.售后服务说明　　D.真实的说明

3.《消费者权益保护法》是调整消费者为生活消费需要购买、使用商品或者

（　　）过程与经营者、国家机关发生的权益保护关系的法律规范的总称。

    A. 接受服务　　　　　B. 买卖　　　　　　C. 交换　　　　　D. 消费

    4. 李某参加某旅行社组织的旅游的活动，支付了 200 元服务费。由于旅行社提供的服务中有欺诈行为，按《消费者权益保护法》规定，旅行社应向李某赔偿（　　）。

    A. 200 元　　　　　　B. 300 元　　　　　C. 400 元　　　　　D. 500 元

    5. 王某等人在参加甲旅行社组织的旅游活动中，合法权益受到损害，在清理整顿旅行社时，甲旅社与乙旅行社合并，此时王某等人可向（　　）。

    A. 甲旅行社　　　　　　　　　　　B. 合并后的旅行社

    C. 主管甲旅行社的上级主管部门　　D. 合并后的旅行社的上级主管部门

    6. 消费者在接受服务时，其合法权益受到威胁的，可以向（　　）要求赔偿。

    A. 管理者　　　　　　B. 生产者　　　　　C. 消费者协会　　　D. 服务者

    7. 按照《消费者权益保护法》规定，消费者协会是依法成立的对商品和服务进行社会监督的保护消费者合法权益的（　　）。

    A. 社会团体　　　　　B. 社会法人　　　　C. 行政机关　　　　D. 仲裁机构

    8. 依据我国《消费者权益保护法》规定，下列（　　）不是消费者依法享有的权利。

    A. 保障安全的权利　B. 自由退货权　　　C. 依法结社权　　　D. 知识获取权

    9. 消费者求偿权最基本、最常见的实现方式是（　　）。

    A. 恢复原状　　　　　B. 赔礼道歉　　　　C. 赔偿损失　　　　D. 恢复名誉

    10. 消费者因购买使用商品或者接受服务受到人身、财产损害时应享有（　　）。

    A. 安全权　　　　　　B. 知情权　　　　　C. 求偿权　　　　　D. 选择权

    11. 旅游者在购买商品或者接受服务时，不应该出现（　　）的情况。

    A. 质量保障　　　　　B. 价格合理　　　　C. 计量准确　　　　D. 强买强卖

    12. 旅游消费者的自由选择权不包括（　　）。

    A. 旅游者有权自主选择提供商品或者服务的经营者

    B. 旅游者有权自主选择商品的品种或者服务的方式

    C. 旅游者有权自主选择在购买商品或者接受服务后是否付费

    D. 旅游者有权自主选择是否购买任何一种商品

四、判断题

1. 就消费者的客体而言，仅是实物，不包括服务。（　）

2.《消费者权益保护法》中的消费是指生活消费。（　）

3. 消费者协会是依法成立的保护消费者合法权益的社会团体。在保证商品质量和服务质量的前提下，它可以从事商品经营和营利性服务。（　）

4. 使用他人营业执照的违法经营者提供的商品和服务，消费者可以向其要求赔偿，也可以向营业执照持有人要求赔偿。（　）

5. 消费者在购买、使用商品时，其合法权益受到损害的，只能向销售者要求赔偿，不得向生产者要求赔偿。（　）

6. 游客张某在商场购物时，因其佩戴的手镯与商场的商品是同一款式，在结账时被商场服务员认定是商场的商品，张某与商场工作人员发生争执，为查清事实真相，商场保安可以将张某拘禁起来进行调查。（　）

7. 因行为人违法而侵害消费者合法权益的法律责任，根据其性质的不同分为民事责任、行政责任和刑事责任三种。（　）

8. 王某在商场购买了一件化妆品，要求商场提供生产地、生产日期、主要成分、使用方法等资料，商场服务员由于生意忙碌，可以不予提供相关信息。（　）

9. 消费者甲在展销会购买了一件商品，回家使用两天后发现存在严重质量问题，而展销会已结束，消费者甲可以向展销会举办者要求赔偿。（　）

10. 公平交易的条件是：保障质量、价格合理、服务周到。（　）

五、简答题

1. 什么叫《消费者权益保护法》？

2. 经营者与消费者交易的原则是什么？

3. 简述消费者权利的主要内容。

4. 简述经营者义务的主要内容。

5. 消费者合法权益保护的途径有哪些？

6. 消费者组织的含义是什么？

7. 损害赔偿责任承担的主体有哪几种情况？

8. 经营者应当承担民事责任的形式分哪几种？

六、案例分析

案例1：随意搜查游客物品案

　　某旅游团到广西旅游，当晚入住某市一宾馆。次日退房时，宾馆发现少了两条毛巾，该宾馆的前厅经理和一名保安人员当着众游客的面，打开两位游客的旅行包检查行李，但并未发现丢失的毛巾。宾馆保安人员违法搜查游客携带物品、侵犯游客的人身自由的行为，引起该旅游团众多游客的不满和气愤，要求宾馆的总经理出来道歉，但该宾馆没有给予明确的答复，众游客遂围住宾馆不肯离去，造成该旅游团原定在某市半日游的行程计划"泡汤"。某市工商行政管理局接到电话投诉后，即责成其下属的工商行政管理所赶赴现场处理。经调查，游客反映的情况属实。

——资料来源：裴春秀.旅游法实例说（第一版）[M].

长沙：湖南人民出版社，2004.

　　根据以上案例，回答如下问题：

1. 该宾馆的行为侵犯了消费者的什么权利？
2. 工商行政管理部门应如何处理？

案例2：旅行社资质案

　　按照事先计划，新婚夫妇小钱和小赵办完婚宴后要外出蜜月旅游。在这之前他们找到了一家旅行社，在洽谈游程过程中，不是对景点有不同看法，就是嫌价格太高谈不拢。最后，旅行社的业务人员把他俩请到里面一间房内，拿出出境旅游的节目表供他俩参考，并特别推荐某国七日游的特价票，小钱和小赵觉得很满意，一致同意了旅行社的意见。在付团款时，小钱还询问了几个与旅游相关的问题，例如吃饭的标准、住宿的等级以及宾馆在什么地方等，但是业务人员回答的却都很含糊……

　　到了国外，迎接他们的是一辆旧大巴，规定的旅游节目和吃饭时间都抓得很紧，唯独购物和自费活动时间却安排得很长。除此之外，游客不给小费，境外导游员面色难看，有些自费项目不想参加就得在车上等上半天，最恼火的是境外导游员还骗他们去看"黄色节目"。小钱和小赵都感到此番蜜月旅游并不甜蜜。返程回家后，他们联名写了一封投诉信寄到旅游质监部门。后来才得知，这家旅行社是没有经营出境旅游资质的旅行社。新婚夫妇突然明白了，当时旅行社的业务人员为什么请他们到里间谈业务的原因了。

——资料来源：http://www.anli.cc/plan/lvyou/2008-12-29/682.html.

根据以上案例，回答如下问题：

1. 本案中旅行社侵害了消费者的什么权利？

2. 消费者外出旅游应如何选择旅行社？

七、实践与训练

1. 访问 10 位旅游者，了解其在旅游过程中消费者权利受到侵害的情况。学生自愿组成小组，每组 6~8 人。组织一次课堂交流与讨论，时间为 1 节课。

讨论题：在旅游过程中消费者哪些权利容易受到侵害？如何防范侵权行为发生？

2. 收集旅游案例中消费者权利容易受到侵害的案件，分析其中损害赔偿责任承担的主体。

📖 推荐阅读

1. 张欣. 旅游纠纷［M］. 北京：中国法制出版社，2004.

2. 浙江旅游品质保障网

3. 裴春秀. 旅游法实例说［M］. 长沙：湖南人民出版社，2004.

4. 刑彦明. 旅游消费者维权指南［M］. 北京：旅游教育出版社，2009.

5. 仇书勇. 旅游者权益保障简明读本［M］. 北京：中国社会出版社，2006.

旅行社管理法规制度 | 第八章

　　旅行社是旅游业三大支柱产业之一，是旅游活动的组织者，被称为旅游业的"龙头"，最主要体现为对旅游产业和相关产业的带动作用。本章内容的操作性很强，必须掌握并运用旅行社经营的相关法律法规，保护旅游者的合法权益，维护旅游市场秩序和稳定。

　　本章内容涉及我国旅行社管理法规制度。介绍了我国旅行社的设立、经营范围、经营规则、法律责任，旅行社质量保证金制度和旅行社保险制度，以及出国旅游、赴台旅游管理制度。

学习目标　　　　　　　　　　　　　　　　　　　　　　》

知识目标

1 了解旅行社的概念、经营范围和出国旅游、赴台旅游管理制度。

2 明确旅行社及分支机构的设立和旅行社投保责任保险制度。

3 掌握旅行社经营规则和旅游质量保证金制度。

技能目标

1 能运用旅行社相关法规保护旅行社和旅游者的合法权益。

2 能正确分析旅行社、旅游者、旅游辅助服务者在旅游活动中的做法是否合法，并作出正确的判断。

3 能够应用旅行社经营规则，依法处理旅行社经营过程中的各项相关事务。

旅行社降低服务标准引发责任争议

2006年1月25日，张女士与旅行社签订了一份国内旅游合同：旅游线路是由北京至丽江，旅游人数为2人，旅游时间为2月7日至2月12日，住宿标准为准五星级度假别墅。张女士与丈夫乘飞机抵达丽江后，被一名司机接到官房大酒店后门，被带到一家名为"滇西明珠"的商务别墅第6幢，并被安排在该别墅的三层303房间。后经丽江市旅游质量监督管理所证实：张女士入住的别墅并不是丽江官房大酒店经营的，属非五星级饭店，实属二星级饭店。张女士认为旅行社以二星级标准的酒店履行合同中约定的准五星级度假别墅，存在欺诈行为，违反了《中华人民共和国合同法》和《中华人民共和国消费者权益保护法》，故起诉要求被告返回合同价款7580元，并赔偿7580元。

——资料来源：侯作前，徐连宏. 旅游业常见争议解析［M］.

北京：知识产权出版社，2010.

案 例 分 析

1. 旅行社的行为为违约行为还是欺诈行为？
2. 本案应该如何处理？

第一节　旅行社管理法规概述

旅行社的作用决定了它在旅游立法中的优先地位。我国旅游行业现有的法规、规章及标准主要集中在旅行社行业，为强化旅行社的经营管理，促进旅游市场的规范和旅游业的健康发展，国家制定了若干法规、规章。1996年10月15日由国务院发布并于同日生效的《旅行社管理条例》是我国旅游业第一部行政法规。随后，《旅行社管理条例实施细则》、《旅行社质量保证金暂行规定》及《实施细则》、《旅行社质量保证金赔偿暂行办法》、《旅行社质量保证金赔偿试行标准》、《旅行社经理资格认证管理规定》等一系列配套法规、规章相继出台。2001 年，中国加入世界贸易组织后，《旅行社管理条例》作了符合新情况的调整，随之，《旅行社管理条例实施细则》也作了重大调整。

为进一步规范旅行社经营活动，保障旅游者和旅行社的合法权益，维护旅游市场秩序，为旅游者创造良好的旅游消费法制环境，2009 年 2 月 20 日，国务院颁布了《旅行社条例》（以下简称《条例》），2009 年 4 月 3 日，国家旅游局颁布《旅行社条例实施细则》（以下简称《实施细则》）。和 1996 年颁布的《旅行社管理条例》相比，《条例》在立法理念、经营范围、准入条件、加强旅行社经营行为的监管、注重保护旅游者合法权益等方面都作出了极其重要的调整，更加切合我国旅行社发展的实际，也更加符合我国旅行社行业的发展需要。

第二节 《旅行社条例》及其《实施细则》

一、旅行社概念

《条例》规定：本条例所称旅行社，是指从事招徕、组织、接待旅游者等活动，为旅游者提供相关旅游服务，开展国内旅游业务、入境旅游业务或者出境旅游业务的企业法人。

二、旅行社的经营范围

《条例》规定：旅行社的经营范围包括国内旅游业务、入境旅游业务和出境旅游业务三类。

国内旅游业务，是指旅行社招徕、组织和接待中国内地居民在境内旅游的业务。

入境旅游业务，是指旅行社招徕、组织、接待外国旅游者来我国旅游，香港特别行政区、澳门特别行政区旅游者来内地旅游，台湾地区居民来大陆旅游，以及招徕、组织、接待在中国内地的外国人，在内地的香港特别行政区、澳门特别行政区居民和在大陆的台湾地区居民在境内旅游的业务。

出境旅游业务，是指旅行社招徕、组织、接待中国内地居民出国旅游，赴香港特别行政区、澳门特别行政区和台湾地区旅游，以及招徕、组织、接待在中国内地的外国人，在内地的香港特别行政区、澳门特别行政区居民和在大陆的台湾地区居民出境旅游的业务。

《实施细则》进一步规定，《条例》所称招徕、组织、接待旅游者提供的相关旅游服务，主要包括：安排交通服务；安排住宿服务；安排餐饮服务；安排观光游览、休闲度假等服务；导游、领队服务；旅游咨询、旅游活动设计服务。

旅行社还可以接受委托，提供下列旅游服务：接受旅游者的委托，代订交通客票、代订住宿和代办出境、入境、签证手续等；接受机关、事业单位和社会团体的委托，为其差旅、考察、会议、展览等公务活动，代办交通、住宿、餐饮、会务等事务；接受企业委托，为其各类商务活动、奖励旅游等，代办交通、住宿、餐饮、会务、观光游览、休闲度假等事务；其他旅游服务。

三、旅行社的申请设立和许可

（一）旅行社的申请设立

申请设立旅行社，经营国内旅游业务和入境旅游业务的，应当具备下列条件：①有固定的经营场所。《实施细则》规定，经营场所包括申请者拥有产权的营业用房，或者申请者租用的、租期不少于 1 年的营业用房；营业用房应当满足申请者业务经营的需要。②有必要的营业设施。《实施细则》规定，营业设施包括 2 部以上的直线固定电话；传真机、复印机；具备与旅游行政管理部门及其他旅游经营者联网条件的计算机。③有不少于 30 万元的注册资本。

旅行社申请经营出境旅游业务的，旅行社取得经营许可满 2 年，且未因侵害旅游者合法权益受到行政机关罚款以上处罚的，可以申请经营出境旅游业务。

（二）申请人必须提交的材料

《实施细则》规定，申请设立旅行社，应当向省、自治区、直辖市旅游行政管理部门（以下简称省级旅游行政管理部门）提交下列文件：①设立申请书。内容包括申请设立的旅行社的中英文名称及英文缩写，设立地址，企业形式、出资人、出资额和出资方式，申请人、受理申请部门的全称、申请书名称和申请的时间。②法定代表人履历表及身份证明。③企业章程。④依法设立的验资机构出具的验资证明。⑤经营场所的证明。⑥营业设施、设备的证明或者说明。⑦工商行政管理部门出具的《企业名称预先核准通知书》。

（三）旅行社的许可

申请设立旅行社，经营国内旅游业务和入境旅游业务的，应当向所在地省、自治区、直辖市旅游行政管理部门或者其委托的设区的市级旅游行政管理部门提出申请，并提交符合本《条例》第六条规定的相关证明文件。受理申请的旅游行政管理部门应当自受理申请之日起 20 个工作日内作出许可或者不予许可的决定。予以许可的，向申请人颁发《旅行社业务经营许可证》，申请人持《旅行社业务经营许可证》向工商行政管理部门办理设立登记；不予许可的，书面通知申请人并说明理由。

申请经营出境旅游业务的，应当向国务院旅游行政主管部门或者其委托的省、自治区、直辖市旅游行政管理部门提出申请，受理申请的旅游行政管理部门应当自受理申请之日起 20 个工作日内作出许可或者不予许可的决定。予以许可的，向申请人换发《旅行社业务经营许可证》，旅行社应当持换发的《旅行社业务经营许可证》到工商行政管理部门办理变更登记；不予许可的，书面通知申请人并说明理由。

（四）旅行社分支机构的设立

旅行社设立分社的，应当持旅行社业务经营许可证副本向分社所在地的工商行政管理部门办理设立登记，并自设立登记之日起 3 个工作日内向分社所在地的旅游行政管理部门备案。旅行社分社的设立不受地域限制。分社的经营范围不得超出设立分社的旅行社的经营范围。

《实施细则》规定，设立社向分社所在地工商行政管理部门办理分社设立登记后，应当持下列文件向分社所在地与工商登记同级的旅游行政管理部门备案：①设立社的旅行社业务经营许可证副本和企业法人营业执照副本；②分社的《营业执照》；③分社经理的履历表和身份证明；④增存质量保证金的证明文件。

旅行社设立专门招徕旅游者、提供旅游咨询的服务网点（以下简称旅行社服务网点）应当依法向工商行政管理部门办理设立登记手续，并向所在地的旅游行政管理部门备案。旅行社服务网点应当接受旅行社的统一管理，不得从事招徕、咨询以外的活动。《实施细则》规定，设立社设立服务网点的区域范围，应当在设立社所在地的设区的市的行政区划内。

《实施细则》还规定，设立社向服务网点所在地工商行政管理部门办理服务网点设立登记后，应当在 3 个工作日内，持下列文件向服务网点所在地与工商登记同级的旅游行政管理部门备案：①设立社的旅行社业务经营许可证副本和企业法人营业执照副本。②服务网点的《营业执照》。③服务网点经理的履历表和身份证明。

（五）旅行社质量保证金的管理

旅行社应当自取得旅行社业务经营许可证之日起 3 个工作日内，在国务院旅游行政主管部门指定的银行开设专门的质量保证金账户，存入质量保证金，或者向作出许可的旅游行政管理部门提交依法取得的担保额度不低于相应质量保证金数额的银行担保。经营国内旅游业务和入境旅游业务的旅行社，应当存入质量保证金 20 万元；经营出境旅游业务的旅行社，应当增存质量保证金 120 万元。质量保证金的利息属于旅行社所有。

旅行社每设立一个经营国内旅游业务和入境旅游业务的分社，应当向其质量保证金账户增存 5 万元；每设立一个经营出境旅游业务的分社，应当向其质量保证金账户增存 30 万元。

旅行社自交纳或者补足质量保证金之日起 3 年内未因侵害旅游者合法权益受到行政机关罚款以上处罚的，旅游行政管理部门应当将旅行社质量保证金的交存数额降低 50%，并向社会公告。旅行社可凭省、自治区、直辖市旅游行政管理部门出具的凭证减少其质量保证金。

旅行社在旅游行政管理部门使用质量保证金赔偿旅游者的损失，或者依法减少质量保证金后，因侵害旅游者合法权益受到行政机关罚款以上处罚的，应当在收到旅游行政管理部门补交质量保证金的通知之日起 5 个工作日内补足质量保证金。

四、外商投资旅行社的规定

外商投资旅行社适用本章规定；本章没有规定的，适用本条例其他有关规定。

外商投资旅行社，包括中外合资经营旅行社、中外合作经营旅行社和外资旅行社。

设立外商投资旅行社，由投资者向国务院旅游行政主管部门提出申请，并提交符合本《条例》第六条规定条件的相关证明文件。国务院旅游行政主管部门应当自受理申请之日起 30 个工作日内审查完毕。同意设立的，出具外商投资旅行社业务许可审定意见书；不同意设立的，书面通知申请人并说明理由。

申请人持外商投资旅行社业务许可审定意见书、章程，合资、合作双方签订的合同向国务院商务主管部门提出设立外商投资企业的申请。国务院商务主管部门应当依照有关法律、法规的规定，作出批准或者不予批准的决定。予以批准的，颁发外商投资企业批准证书，并通知申请人向国务院旅游行政主管部门领取《旅行社业务经营许可证》，申请人持《旅行社业务经营许可证》和外商投资企业批准证书向工商行政管理部门办理设立登记；不予批准的，书面通知申请人并说明理由。

外商投资旅行社不得经营中国内地居民出国旅游业务以及赴香港特别行政区、澳门特别行政区和台湾地区旅游的业务，但是国务院决定或者我国签署的自由贸易协定和内地与香港、澳门关于建立更紧密经贸关系的安排另有规定的除外。

五、旅行社业务经营许可证的管理

旅行社及其分社、服务网点，应当将《旅行社业务经营许可证》、《旅行社分社备案登记证明》或者《旅行社服务网点备案登记证明》，与营业执照一起，悬挂在经营场所的显要位置。

旅行社业务经营许可证不得转让、出租或者出借。旅行社的下列行为属于转让、出租或者出借旅行社业务经营许可证的行为：①除招徕旅游者和符合本实施细则第三十四条第一款规定的接待旅游者的情形外，准许或者默许其他企业、团体或者个人，以自己的名义从事旅行社业务经营活动的。②准许其他企业、团体或者个人，以部门或者个人承包、挂靠的形式经营旅行社业务的。

六、旅行社的经营规则

（1）旅行社向旅游者提供的旅游服务信息必须真实可靠，不得做虚假宣传。目前，旅游广告仍然存在不少问题，一些旅行社在刊登旅游广告时煞费苦心，最为典型的是旅行社经常玩弄"贵宾服务"、"豪华游"等模糊不清的辞藻，在旅游团出发前就大大提高了旅游者对服务的期望值。由于没有相关部门对"豪华"出具权威论证，导致旅游纠纷难以及时解决。

（2）经营出境旅游业务的旅行社不得组织旅游者到国务院旅游行政主管部门公布的中国公民出境旅游目的地之外的国家和地区旅游。出境旅游是一项政策性极强的业务，出境旅游目的地的确定，既涉及我国的国家对外政策，也和旅游目的地国家和地区法律规定等情况密切相关。到目前为止，尚有部分国家和地区没有成为我国旅游目的地。因此，出境旅行社组织我国旅游者出境旅游时，必须以已经成为我国旅游目的的国家和地区为限，否则就属于超范围经营。

（3）旅行社为旅游者安排或者介绍的旅游活动不得含有违反有关法律、法规规定的内容。《实施细则》规定，旅行社不得安排的活动主要包括：①含有损害国家利益和民族尊严内容的。旅行社在设计旅游线路、为旅游者提供服务的过程中，绝对不允许发生损害国家利益的事件，特别是在接待境外旅游者时。我国是一个多民族的国家，各个民族都有自己各具特色的文化，每个民族的文化及风俗习惯都应当得到尊重。如果旅行社在提供旅游服务时损害国家利益或者民族尊严，都将产生十分恶劣的社会影响。维护国家利益和民族尊严，是每一位旅行社从业人员应当牢记的准则。②含有民族、种族、宗教歧视内容的。众所周知，旅行社接待的客人来自世界的各个不同的民族，由于游客的文化背景、宗教信仰、民族传统不同，个人素质参差不齐，男女生理、心理的差异，造就了游客需求的千差万别，不可能整齐划一。这当然给旅行社服务增添了困难，但旅行社经营人员对游客应当一视同仁，不能因为游客的个性差异而产生歧视。③含有淫秽、赌博、涉毒内容的。这些活动和我国社会主义精神文明建设背道而驰，破坏社会风气，腐蚀人们的心灵和意志，影响社会稳定，对社会危害极大。国际旅行社尤其应当注意，由于社会制度等国情不同，一些国家和地区的红灯区和赌场拥有合法的身份，但根据我国法律规定，中国公民不可以参与这些活动，否则就违反了我国的法律规定，旅行社会受到相应的惩罚。④其他含有违反法律、法规规定内容的。

（4）旅行社不得以低于旅游成本的报价招徕旅游者。未经旅游者同意，旅行社不得在旅游合同约定之外提供其他有偿服务。少数旅行社不同程度地存在以低于正常成本价的价格参与竞销行为。作为旅游服务业，任何一条旅游线路都有相对固定的经营成本。不论旅行社以何种价格吸引旅游者参团，其必须支出的成本并不因为价格降低而降低。相反，旅游价格越低，在旅游活动期间，旅游者必须参加更多的自费项目，在商场的逗留时间越来越长，旅行社希望通过旅游者的消费，以弥补旅游团费的不足。旅行社以低于正常成本价参与竞销的恶果，扰乱旅游市场正常的经营秩序，严重损害旅游者的合法权益。

（5）旅行社为旅游者提供服务，应当与旅游者签订旅游合同并载明下列事项：①旅行社的名称及其经营范围、地址、联系电话和旅行社业务经营许可证编号；②旅行社经办人的姓名、联系电话；③签约地点和日期；④旅游行程的出发地、途经地和目的地；⑤旅游行程中交通、住宿、餐饮服务安排及其标准；⑥旅行社统一安排的游览项目的具体内容及时间；⑦旅游者自由活动的时间和次数；⑧旅游者应当交纳的旅游费用及交纳方式；⑨旅行社安排的购物次数、停留时间及购物场所的名称；⑩需要旅游者另行付费的游览项目及价格；⑪解除或者变更合同的条件和提前通知的期限；⑫违反合同的纠纷解决机制及应当承担的责任；⑬旅游服务监督、投诉电话；⑭双方协商一致的其他内容。旅游合同是旅行社和旅游者双方达成的权利义务协议，也是发生旅游服务纠纷时双方维权的凭证。按照《条例》的规定，旅行社在与旅游者签订书面旅游合同时，必须将上述内容详尽明确列于合同中。只要旅行社没有和旅游者签订书面旅游合同，或者签订的书面合同缺少上述内容中的任何一项，旅行社都将受到行政处罚。

（6）旅行社在与旅游者签订旅游合同时，应当对旅游合同的具体内容作出真实、准确、完整的说明。旅行社和旅游者签订的旅游合同约定不明确或者对格式条款的理解发生争议的，应当按照通常理解予以解释；对格式条款有两种以上解释的，应当作出有利于旅游者的解释；格式条款和非格式条款不一致的，应当采用非格式条款。

（7）旅行社组织中国内地居民出境旅游的，应当为旅游团队安排领队全程陪同。

（8）旅行社为接待旅游者委派的导游人员或者为组织旅游者出境旅游委派的领队人员，应当持有国家规定的导游证、领队证。

（9）旅行社聘用导游人员、领队人员应当依法签订劳动合同，并向其支付不低于当地最低工资标准的报酬。

（10）旅行社及其委派的导游人员和领队人员不得有下列行为：①拒绝履行

旅游合同约定的义务；②非因不可抗力改变旅游合同安排的行程；③欺骗、胁迫旅游者购物或者参加需要另行付费的游览项目。《实施细则》规定，旅行社及其委派的导游人员和领队人员的下列行为，属于擅自改变旅游合同安排行程：①减少游览项目或者缩短游览时间的。②增加或者变更旅游项目的。③增加购物次数或者延长购物时间的。④其他擅自改变旅游合同安排的行为。

（11）旅行社不得要求导游人员和领队人员接待不支付接待和服务费用或者支付的费用低于接待和服务成本的旅游团队，不得要求导游人员和领队人员承担接待旅游团队的相关费用。《实施细则》进一步规定，《条例》所规定的旅行社不得要求导游人员和领队人员承担接待旅游团队的相关费用，主要包括：①垫付旅游接待费用。②为接待旅游团队向旅行社支付费用。③其他不合理费用。

（12）旅行社违反旅游合同约定，造成旅游者合法权益受到损害的，应当采取必要的补救措施，并及时报告旅游行政管理部门。

（13）旅行社需要对旅游业务作出委托的，应当委托给具有相应资质的旅行社，征得旅游者的同意，并与接受委托的旅行社就接待旅游者的事宜签订委托合同，确定接待旅游者的各项服务安排及其标准，约定双方的权利、义务。《实施细则》规定，旅行社对接待旅游者的业务作出委托的，应当按照《条例》第三十六条的规定，将旅游目的地接受委托的旅行社的名称、地址、联系人和联系电话，告知旅游者。

（14）旅行社将旅游业务委托给其他旅行社的，应当向接受委托的旅行社支付不低于接待和服务成本的费用；接受委托的旅行社不得接待不支付或者不足额支付接待和服务费用的旅游团队。接受委托的旅行社违约，造成旅游者合法权益受到损害的，作出委托的旅行社应当承担相应的赔偿责任。作出委托的旅行社赔偿后，可以向接受委托的旅行社追偿。接受委托的旅行社故意或者重大过失造成旅游者合法权益损害的，应当承担连带责任。

（15）旅行社应当投保旅行社责任险。旅行社责任险的具体方案由国务院旅游行政主管部门会同国务院保险监督管理机构另行制定。

（16）旅行社对可能危及旅游者人身、财产安全的事项，应当向旅游者作出真实的说明和明确的警示，并采取防止危害发生的必要措施。发生危及旅游者人身安全的情形的，旅行社及其委派的导游人员、领队人员应当采取必要的处置措施并及时报告旅游行政管理部门；在境外发生的，还应当及时报告中华人民共和国驻该国使领馆、相关驻外机构、当地警方。

（17）旅游者在境外滞留不归的，旅行社委派的领队人员应当及时向旅行社和中华人民共和国驻该国使领馆、相关驻外机构报告。旅行社接到报告后应当及时向旅游行政管理部门和公安机关报告，并协助提供非法滞留者的信息。旅行社接待入境旅游发生旅游者非法滞留我国境内的，应当及时向旅游行政管理部门、公安机关和外事部门报告，并协助提供非法滞留者的信息。

（18）旅行社变更名称、经营场所、法定代表人等登记事项或者终止经营的，应当到工商行政管理部门办理相应的变更登记或者注销登记，并在登记办理完毕之日起 10 个工作日内，向原许可的旅游行政管理部门备案，换领或者交回旅行社业务经营许可证。

七、旅游者合法权益的保护

（一）合同转让应尊重旅游者

《实施细则》规定，旅游行程开始前，当发生约定的解除旅游合同的情形时，经征得旅游者的同意，旅行社可以将旅游者推荐给其他旅行社组织、接待，并由旅游者与被推荐的旅行社签订旅游合同。未经旅游者同意的，旅行社不得将旅游者转交给其他旅行社组织、接待。

旅行社与旅游者签订旅游合同，双方的合法权益受法律保护，旅行社与旅游者都不能擅自变更，否则要承担法律责任。组团旅行社不能成团，将已签约的旅游者转让给其他旅行社，必须征得旅游者的书面同意，否则就是违约。现实中的确存在一些旅行社缺乏法律意识，完全根据旅行社的业务需要，以行业内业务操作习惯为由，随意将已经签订合同的旅游者转让给其他旅行社，而旅游者事先对此一无所知。旅游者的投诉热点之一，就是旅行社擅自转让旅游者。

（二）旅游者的投诉权

《实施细则》规定，因下列情形之一，给旅游者的合法权益造成损害的，旅游者有权向县级以上旅游行政管理部门投诉：①旅行社违反《条例》和本实施细则规定的；②旅行社提供的服务未达到旅游合同约定的服务标准或者档次的；③旅行社破产或者其他原因造成旅游者预交旅游费用损失的。

　　旅行社因上述原因而造成旅游者合法权益损失时，旅游者有权向旅游行政管理部门或其委托的旅游质量监督机构投诉。旅游行政管理部门或其委托的旅游质量监督机构在接受旅游者投诉后，应及时查明事实，确因旅行社过错致使旅游者合法权益受到损害的，应当根据旅游者的损失程度，责令旅行社给予赔偿。旅行社拒不承担或无力承担赔偿责任时，旅游行政管理部门应当从该旅行社的质量保证金中划拨赔偿费用。划拨旅行社质量保证金的决定，应当由旅行社或者其分社所在地处理旅游者投诉的县级以上旅游行政管理部门作出。

（三）组团社先行赔偿原则

　　与旅游者发生合同关系的是组团社，而不是接待旅行社，根据合同相对性原则，组团社必须为旅游者的合法权益提供保障。假如国内旅游或者出境旅游出现了服务质量问题，组团社应当为旅游者的损失负全部责任；即使质量问题的产生责任全部在地接社，组团社也必须先行赔偿。这就要求组团社不仅要招徕组织好旅游团，而且要选择有信誉的地接社，保证旅游者的合法权益不受侵犯。

八、旅行社市场管理原则

　　《条例》规定："国务院旅游行政主管部门负责全国旅行社的监督管理工作。县级以上地方人民政府管理旅游工作的部门按照职责负责本行政区域内旅行社的监督管理工作。县级以上各级人民政府工商、价格、商务、外汇等有关部门，应当按照职责分工，依法对旅行社进行监督管理。"

　　该规定明确了属地管理原则，对规范旅游市场秩序，明确各级旅游行政管理部门的管理权限具有非常积极的现实意义，它至少解决了两个长期困扰旅游市场管理的问题：

　　（1）旅游企业及其从业人员必须服从县级以上的旅游行政管理部门的管理。有些旅行社及其从业人员在从事旅游业务时，往往以自己是部属、省属旅行社为借口，不服从、不配合当地市、县旅游行政管理部门的管理。《条例》明确赋予了县级以上的旅游行政管理部门管理旅游市场的权力，旅游从业人员只要在其行政区域内，就必须服从和配合县级以上旅游行政管理部门的依法管理。

（2）县级以上的旅游行政管理部门必须充分行使管理职权。有些市、县旅游行政管理部门对本地旅游企业和从业人员的管理较有办法，但对部属、省属旅游企业的违规经营有时似乎束手无策，产生畏难情绪，要求上级旅游行政管理部门来查处。这些旅游行政管理部门的做法，实际上是放弃了《条例》赋予的管理权利。事实上，只要旅游企业在当地违规的事实清楚，证据确凿，当地旅游行政管理部门完全可以依照《行政处罚法》和《条例》等有关规定，对违规的单位和个人进行严肃查处。

九、旅行社市场的监督检查

（1）旅游、工商、价格、商务、外汇等有关部门应当依法加强对旅行社的监督管理，发现违法行为，应当及时予以处理。

（2）旅游、工商、价格等行政管理部门应当及时向社会公告监督检查的情况。公告的内容包括旅行社业务经营许可证的颁发、变更、吊销、注销情况，旅行社的违法经营行为以及旅行社的诚信记录、旅游者投诉信息等。

（3）旅行社损害旅游者合法权益的，旅游者可以向旅游行政管理部门、工商行政管理部门、价格主管部门、商务主管部门或者外汇管理部门投诉，接到投诉的部门应当按照其职责权限及时调查处理，并将调查处理的有关情况告知旅游者。

（4）旅行社及其分社应当接受旅游行政管理部门对其旅游合同、服务质量、旅游安全、财务账簿等情况的监督检查，并按照国家有关规定向旅游行政管理部门报送经营和财务信息等统计资料。《实施细则》规定，旅行社应当按年度将下列经营和财务信息等统计资料，在次年3月底前，报送原许可的旅游行政管理部门：①旅行社的基本情况，包括企业形式、出资人、员工人数、部门设置、分支机构、网络体系等。②旅行社的经营情况，包括营业收入、利税等。③旅行社组织接待情况，包括国内旅游、入境旅游、出境旅游的组织、接待人数等。④旅行社安全、质量、信誉情况，包括投保旅行社责任保险、认证认可和奖惩等。

（5）旅游、工商、价格、商务、外汇等有关部门工作人员不得接受旅行社的任何馈赠，不得参加由旅行社支付费用的购物活动或者游览项目，不得通过旅行社为自己、亲友或者其他个人、组织牟取私利。

十、法律责任

（1）违反本条例的规定，有下列情形之一的，由旅游行政管理部门或者工商行政管理部门责令改正，没收违法所得，违法所得 10 万元以上的，并处违法所得 1 倍以上 5 倍以下的罚款；违法所得不足 10 万元或者没有违法所得的，并处 10 万元以上 50 万元以下的罚款：①未取得相应的旅行社业务经营许可，经营国内旅游业务、入境旅游业务、出境旅游业务的。②分社的经营范围超出设立分社的旅行社的经营范围的。③旅行社服务网点从事招徕、咨询以外的活动的。

（2）旅行社转让、出租、出借旅行社业务经营许可证的，由旅游行政管理部门责令停业整顿 1 个月至 3 个月，并没收违法所得；情节严重的，吊销旅行社业务经营许可证。受让或者租借旅行社业务经营许可证的，由旅游行政管理部门或者工商行政管理部门责令停止非法经营，没收违法所得，并处 10 万元以上 50 万元以下的罚款。

（3）违反本条例的规定，旅行社未在规定期限内向其质量保证金账户存入、增存、补足质量保证金或者提交相应的银行担保的，由旅游行政管理部门责令改正；拒不改正的，吊销旅行社业务经营许可证。

（4）第四十九条　违反本条例的规定，旅行社不投保旅行社责任险的，由旅游行政管理部门责令改正；拒不改正的，吊销旅行社业务经营许可证。

（5）旅行社有下列情形之一的，由旅游行政管理部门责令改正；拒不改正的，处 1 万元以下的罚款：①变更名称、经营场所、法定代表人等登记事项或者终止经营，未在规定期限内向原许可的旅游行政管理部门备案，换领或者交回旅行社业务经营许可证的。②设立分社未在规定期限内向分社所在地旅游行政管理部门备案的。③不按照国家有关规定向旅游行政管理部门报送经营和财务信息等统计资料的。

（6）违反本条例的规定，外商投资旅行社经营中国内地居民出国旅游业务以及赴香港特别行政区、澳门特别行政区和台湾地区旅游业务，或者经营出境旅游业务的旅行社组织旅游者到国务院旅游行政主管部门公布的中国公民出境旅游目的地之外的国家和地区旅游的，由旅游行政管理部门责令改正，没收违法所得，违法所得 10 万元以上的，并处违法所得 1 倍以上 5 倍以下的罚款；违法所得不足 10 万元或者没有违法所得的，并处 10 万元以上 50 万元以下的罚款；情节严重的，吊销旅行社业务经营许可证。

（7）违反本条例的规定，旅行社为旅游者安排或者介绍的旅游活动含有违反有关法律、法规规定的内容的，由旅游行政管理部门责令改正，没收违法所得，并处 2 万元以上 10 万元以下的罚款；情节严重的，吊销旅行社业务经营许可证。

（8）违反本条例的规定，旅行社向旅游者提供的旅游服务信息含有虚假内容或者做虚假宣传的，由工商行政管理部门依法给予处罚。违反本条例的规定，旅行社以低于旅游成本的报价招徕旅游者的，由价格主管部门依法给予处罚。

（9）违反本条例的规定，旅行社未经旅游者同意在旅游合同约定之外提供其他有偿服务的，由旅游行政管理部门责令改正，处 1 万元以上 5 万元以下的罚款。

（10）违反本条例的规定，旅行社有下列情形之一的，由旅游行政管理部门责令改正，处 2 万元以上 10 万元以下的罚款；情节严重的，责令停业整顿 1 个月至 3 个月：①未与旅游者签订旅游合同。②与旅游者签订的旅游合同未载明本条例第二十八条规定的事项。③未取得旅游者同意，将旅游业务委托给其他旅行社。④将旅游业务委托给不具有相应资质的旅行社。⑤未与接受委托的旅行社就接待旅游者的事宜签订委托合同。

（11）违反本条例的规定，旅行社组织中国内地居民出境旅游，不为旅游团队安排领队全程陪同的，由旅游行政管理部门责令改正，处 1 万元以上 5 万元以下的罚款；拒不改正的，责令停业整顿 1 个月至 3 个月。

（12）违反本条例的规定，旅行社委派的导游人员和领队人员未持有国家规定的导游证或者领队证的，由旅游行政管理部门责令改正，对旅行社处 2 万元以上 10 万元以下的罚款。

（13）违反本条例的规定，旅行社不向其聘用的导游人员、领队人员支付报酬，或者所支付的报酬低于当地最低工资标准的，按照《中华人民共和国劳动合同法》的有关规定处理。

（14）违反本条例的规定，有下列情形之一的，对旅行社，由旅游行政管理部门或者工商行政管理部门责令改正，处 10 万元以上 50 万元以下的罚款；对导游人员、领队人员，由旅游行政管理部门责令改正，处 1 万元以上 5 万元以下的罚款；情节严重的，吊销旅行社业务经营许可证、导游证或者领队证：①拒不履行旅游合同约定的义务的。②非因不可抗力改变旅游合同安排的行程的。③欺骗、胁迫旅游者购物或者参加需要另行付费的游览项目的。

（15）违反本条例的规定，旅行社要求导游人员和领队人员接待不支付接待和服务费用、支付的费用低于接待和服务成本的旅游团队，或者要求导游人员和领队人员承担接待旅游团队的相关费用的，由旅游行政管理部门责令改正，处2万元以上10万元以下的罚款。

（16）旅行社违反旅游合同约定，造成旅游者合法权益受到损害，不采取必要的补救措施的，由旅游行政管理部门或者工商行政管理部门责令改正，处1万元以上5万元以下的罚款；情节严重的，由旅游行政管理部门吊销旅行社业务经营许可证。

（17）违反本条例的规定，有下列情形之一的，由旅游行政管理部门责令改正，停业整顿1个月至3个月；情节严重的，吊销旅行社业务经营许可证：①旅行社不向接受委托的旅行社支付接待和服务费用的。②旅行社向接受委托的旅行社支付的费用低于接待和服务成本的。③接受委托的旅行社接待不支付或者不足额支付接待和服务费用的旅游团队的。

（18）违反本条例的规定，旅行社及其委派的导游人员、领队人员有下列情形之一的，由旅游行政管理部门责令改正，对旅行社处2万元以上10万元以下的罚款；对导游人员、领队人员处4000元以上2万元以下的罚款；情节严重的，责令旅行社停业整顿1个月至3个月，或者吊销旅行社业务经营许可证、导游证、领队证：①发生危及旅游者人身安全的情形，未采取必要的处置措施并及时报告的。②旅行社组织出境旅游的旅游者非法滞留境外，旅行社未及时报告并协助提供非法滞留者信息的。③旅行社接待入境旅游的旅游者非法滞留境内，旅行社未及时报告并协助提供非法滞留者信息的。

（19）因妨害国（边）境管理受到刑事处罚的，在刑罚执行完毕之日起5年内不得从事旅行社业务经营活动；旅行社被吊销旅行社业务经营许可的，其主要负责人在旅行社业务经营许可被吊销之日起5年内不得担任任何旅行社的主要负责人。

（20）旅行社违反本条例的规定，损害旅游者合法权益的，应当承担相应的民事责任；构成犯罪的，依法追究刑事责任。

（21）违反本条例的规定，旅游行政管理部门或者其他有关部门及其工作人员有下列情形之一的，对直接负责的主管人员和其他直接责任人员依法给予处分：①发现违法行为不及时予以处理的。②未及时公告对旅行社的监督检查情况的。

③未及时处理旅游者投诉并将调查处理的有关情况告知旅游者的。④接受旅行社的馈赠的。⑤参加由旅行社支付费用的购物活动或者游览项目的。⑥通过旅行社为自己、亲友或者其他个人、组织牟取私利的。

（22）违反本实施细则的规定，旅行社为接待旅游者选择的交通、住宿、餐饮、景区等企业，不具有合法经营资格或者接待服务能力的，由县级以上旅游行政管理部门责令改正，没收违法所得，处违法所得3倍以下但最高不超过3万元的罚款，没有违法所得的，处1万元以下的罚款。

（23）违反本实施细则第三十三条的规定，要求旅游者必须参加旅行社安排的购物活动、需要旅游者另行付费的旅游项目，或者对同一旅游团队的旅游者提出与其他旅游者不同合同事项的，由县级以上旅游行政管理部门责令改正，处1万元以下的罚款。

（24）违反本实施细则第四十四条的规定，未妥善保存各类旅游合同及相关文件、资料，保存期不够两年，或者泄露旅游者个人信息的，由县级以上旅游行政管理部门责令改正，没收违法所得，处违法所得3倍以下但最高不超过3万元的罚款；没有违法所得的，处1万元以下的罚款。

案例

旅行社随意转团案

张先生和A旅行社签订赴海南旅游的合同。按照旅行社的要求，旅游者自行在出发日7：00前赶到当地机场，登机前往海南。张先生按时来到机场集合地点，却怎么也找不到A旅行社的导游，再次向A旅行社咨询后才知道，其必须参加B旅行社的旅游团。虽然在行程中B旅行社按照合同约定提供了服务，张先生对旅游行程本身没有异议，但仍觉得受到了A旅行社的欺骗，行程结束后他向有关部门投诉，以精神受到伤害为由，要求A旅行社赔偿精神损害费500元。

从张先生的情况看，虽然他购买的旅游服务产品并没有因为转让而受到损失，张先生得不到相关赔偿，但是A旅行社擅自转让张先生的行为违反了有关规定，应当受到旅游行政管理部门的行政处罚。至于张先生提出的精神损害赔偿要求，按照我国法律规定，合同纠纷提出的精神损害赔偿难以得到法律的支持。

——资料来源：浙江旅游品质保障网.

第三节 旅行社质量保证金制度

一、旅行社质量保证金产生的原因

为强化对旅行社的监管力度，保护旅游者的合法权益，世界上许多旅游业发达的国家和地区，例如美国、日本、德国、法国、韩国、泰国、英国、澳大利亚等都实行了保证金制度或类似的制度。国家旅游局参照国际通行做法，经多方努力，制定出旅行社质量保证金（以下简称"保证金"）的一系列规范性文件，上报国务院。1994年9月15日，国务院国办函（1994）98号批准，在全国旅行社行业实行旅行社质量保证金制度。

二、有关旅行社质量保证金的法律规定

1995年1月1日，国家旅游局局长令（第2号）发布《旅行社质量保证金暂行规定》，同日，国家旅游局局长令（第3号）发布《旅行社质量保证金暂行规定实施细则》。此后，国家旅游局相继出台了《旅行社质量保证金赔偿暂行办法》、《全国旅游质量监督管理所机构组织与管理暂行办法》、《旅行社质量保证金赔偿试行标准》（以下简称《赔偿试行标准》）等一系列规范性文件，较完整地构成了具有中国特色的旅行社质量保证金制度体系。《条例》明确规定了申请设立旅行社所必须交纳的保证金的数量，以法规的形式，进一步确立了保证金制度的权威性。2009年6月，国家旅游局发布《旅行社质量保证金存取管理办法》，对旅行社质量保证金的存取管理作出了具体的规定。

与旅行社质量保证金相配套的机构是旅游质量监督管理所（以下简称质监所）。1995年下半年，全国各地旅游局开始筹建质监所。质监所建立以来，认真受理旅游投诉，积极开展旅游市场监管工作，维护旅游者的合法权益，维护旅游企业的经营秩序，受到了旅游企业和中外旅游者的支持和好评。

三、保证金的概念

保证金是指根据《旅行社条例》的规定，由旅行社在指定银行缴存或由银行担保提供的用于保障旅行者合法权益的专项资金。

四、保证金缴存数额规定

（1）旅行社应当自取得旅行社业务经营许可证之日起3个工作日内，在国务院旅游行政主管部门指定的银行开设专门的质量保证金账户，存入质量保证金，或者向作出许可的旅游行政管理部门提交依法取得的担保额度不低于相应质量保证金数额的银行担保。

（2）经营国内旅游业务和入境旅游业务的旅行社，应当存入质量保证金20万元；经营出境旅游业务的旅行社，应当增存质量保证金120万元。质量保证金的利息属于旅行社所有。

（3）旅行社每设立一个经营国内旅游业务和入境旅游业务的分社，应当向其质量保证金账户增存5万元；每设立一个经营出境旅游业务的分社，应当向其质量保证金账户增存30万元。

（4）旅行社自交纳或者补足质量保证金之日起3年内未因侵害旅游者合法权益受到行政机关罚款以上处罚的，旅游行政管理部门应当将旅行社质量保证金的交存数额降低50%，并向社会公告。旅行社可凭省、自治区、直辖市旅游行政管理部门出具的凭证减少其质量保证金。

（5）旅行社在旅游行政管理部门使用质量保证金赔偿旅游者的损失，或者依法减少质量保证金后，因侵害旅游者合法权益受到行政机关罚款以上处罚的，应当在收到旅游行政管理部门补交质量保证金的通知之日起5个工作日内补足质量保证金。

（6）旅行社不再从事旅游业务的，凭旅游行政管理部门出具的凭证，向银行取回质量保证金。

五、保证金存款规定

（1）为旅行社开设保证金专用账户或提供保证金担保业务的银行，由国家旅游局指定。

（2）旅行社须在国家旅游局指定的范围内，选择一家银行（含其银行分支机构）存储保证金。保证金实行专户管理，专款专用。银行为旅行社开设保证金专用账户。当专用账户资金额度不足时，旅行社可对不足部分申请银行担保，但担保条件须符合银行要求。

（3）旅行社需要存缴保证金时，须持《营业执照》副本、《旅行社业务经营许可证》副本到银行办理存款手续。存缴保证金的旅行社须与银行签订《旅行社质量保证金存款协议书》，并将复印件送许可的旅游行政管理部门备案。

（4）为最大限度地提高资金效益、简化续存手续，银行按照不少于1年定期、到期自动结息转存方式管理保证金，中途提取部分改按活期结算利息。利息收入全部归旅行社所有。为防止保证金存单质押，银行应在存单上注明"专用存款不得质押"字样。

（5）银行提供保证金担保的，由银行向许可的旅游行政管理部门出具《旅行社质量保证金银行担保函》。银行担保期限不得少于1年。担保期届满前3个工作日，应续办担保手续。

六、保证金取款规定

（1）旅行社因解散或破产清算、业务变更或撤减分社减交、3年内未因侵害旅游者合法权益受到行政机关罚款以上处罚而降低保证金数额50%等原因，需要支取保证金时，须向许可的旅游行政管理部门提出，许可的旅游行政管理部门审核出具《旅行社质量保证金取款通知书》。银行根据《旅行社质量保证金取款通知书》，将相应数额的保证金退还给旅行社。

（2）发生《旅行社条例》第十五条规定的情形，银行应根据旅游行政管理部门出具的《旅行社质量保证金取款通知书》及《旅游行政管理部门划拨旅行社质量保证金决定书》，经与旅游行政管理部门核实无误后，在5个工作日内将保证金以现金或转账方式直接向旅游者支付。

（3）发生《旅行社条例》第十六条规定的情形，银行根据人民法院判决、裁定及其他生效法律文书执行。

（4）提供保证金担保的银行，因发生《旅行社条例》第十五条、第十六条规定的情形，在收到《旅行社质量保证金取款通知书》及《旅游行政管理部门划拨旅行社质量保证金决定书》或人民法院判决、裁定及其他生效法律文书5个工作日内，履行担保责任。

七、保证金使用范围

（1）旅行社违反旅游合同约定，侵害旅游者合法权益，经旅游行政管理部门查证属实的。

（2）旅行社因解散、破产或者其他原因造成旅游者预交旅游费用损失的。

（3）人民法院判决、裁定及其他生效法律文书认定旅行社损害旅游者合法权益，旅行社拒绝或者无力赔偿的，人民法院可以从旅行社的质量保证金账户上划拨赔偿款。

八、法律责任

违反本条例的规定，旅行社未在规定期限内向其质量保证金账户存入、增存、补足质量保证金或者提交相应的银行担保的，由旅游行政管理部门责令改正；拒不改正的，吊销旅行社业务经营许可证。

案 例

旅行社质量保证金的用途

2005年6月，某国内旅行社聘用李某为社内工作人员。李某在饭店租用客房，以该旅行社的名义招徕旅游者组团旅游。2006年1月上旬李某在当地媒体刊登招徕旅游者参团旅游的广告。广告刊登后，300余名旅游者先后与李某签订了《旅游合同》，李某收取了旅游者预交的旅游团费，但并未履行《旅游合同》。300余名旅游者向当地旅游局投诉，要求该旅行社赔偿经济损失，李某也因此涉嫌犯罪。旅游局接到投诉后立即开始调查，并进入行政处罚程序。经调查核实，李某的确使用了该旅行社的《旅游合同》和旅行社接待部公章。旅游局根据相关规定，作出了《旅行社质量保证金赔偿决定》，决定"全额划拨该旅行社的10万元质量保证金用于赔偿旅游者的经济损失"。最终该旅行社的质量保证金被用于赔偿旅游者的损失。

> 　　旅行社质量保证金是用于维护旅游者合法权益的专用款项，只要旅行社的服务出现失误或者瑕疵，旅行社必须向旅游者作出赔偿。当旅行社没有能力或者不愿意承担赔偿责任时，旅游行政管理部门就会按照相关规定强行划拨保证金，以弥补旅游者的损失。
>
> 　　　　　　　　　　　　　　　——资料来源：浙江旅游品质保障网

第四节　旅行社保险管理制度

　　旅行社在组织旅游团外出旅游时，各种突发事件会对旅游者财产和人身造成伤害。为了减轻、弥补旅游者在旅途中可能发生的损失和伤害，最大限度地转嫁由于旅行社的过错或过失给旅行社带来的风险和危机，保护旅游者和旅行社的合法权益，旅游保险制度应运而生。

一、我国旅游保险发展的四个阶段

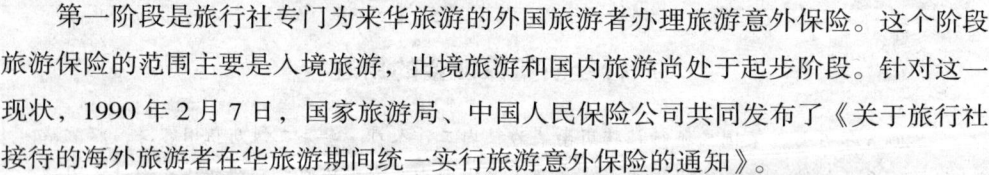

　　第一阶段是旅行社专门为来华旅游的外国旅游者办理旅游意外保险。这个阶段旅游保险的范围主要是入境旅游，出境旅游和国内旅游尚处于起步阶段。针对这一现状，1990 年 2 月 7 日，国家旅游局、中国人民保险公司共同发布了《关于旅行社接待的海外旅游者在华旅游期间统一实行旅游意外保险的通知》。

　　第二阶段是旅行社为所有旅游者办理旅游意外保险。随着改革开放步伐不断加快，我国国民经济实力也显著提高，国内旅游取得了长足的发展，出境旅游逐渐走入寻常百姓家，为入境旅游者、国内旅游者和出境旅游者同时办理旅游保险被提上了议事日程。1997 年 5 月 13 日，国家旅游局局长令（第 9 号）发布了《旅行社办理旅游意外保险暂行规定》，这和我国入境旅游、国内旅游、出境旅游蒸蒸日上的形势相吻合。

第三阶段是旅行社投保旅行社责任保险。2001 年 5 月 15 日，国家旅游局第 14 号局长令发布了《旅行社投保旅行社责任保险规定》（以下简称《责任保险规定》）。《责任保险规定》自 2001 年 9 月 1 日起施行。

第四阶段是旅行社责任保险实施统保措施。旅行社责任保险统保示范产品（以下简称统保示范产品）是国家旅游局为更好履行政府公共服务职能，完善旅行社责任保险，牵头推动的旅行社责任保险产品，2010 年开始实施。

旅行社责任保险统保制度由基本险和附加保险组成，采取了"概括＋列明"的方式，既包括因为在组织旅游活动中的疏忽、过失诱发的赔偿责任，也具体列明了 11 种常见或者难以界定的责任。增加了意外事故责任、有责延误责任、无责救助责任的赔偿。设计了 5 种附加险供旅行社选择。设计了 4 档赔偿限额，为旅游者设计了从 20 万元到 80 万元的限额。设计了公共责任限额，一旦旅行社的限额不够用，可申请公共责任限额，有效解决群死群伤的责任事故无法得到妥善处理的问题。在为旅游者提供保障的同时，兼顾到旅行社随团服务人员的利益，增加了对旅行社委派的随团领队、导游的赔偿责任。

二、旅行社责任保险统保的主要内容

（一）旅行社责任保险实施统保范围

1. 在本保险期间及保险单列明的追溯期内，被保险人在组织旅游活动中发生旅游者人身伤亡、财产损失事件，被保险人依照中华人民共和国法律对旅游者的人身伤亡、财产损失承担的经济赔偿责任，并在本保险期间内向保险人提出索赔的，保险人按照本保险合同的约定负责赔偿。包括但不限于：

（1）因被保险人疏忽或过失应当承担的赔偿责任。

（2）因发生意外事故被保险人应当承担的赔偿责任。

（3）仲裁裁决或者人民法院判决或经旅行社责任保险调解处理中心和事故鉴定委员会认定被保险人应当承担的赔偿责任。

上述旅游者财产损失包括行李、衣物、数码相机、笔记本电脑、手表、手机等。但金银、首饰、珠宝、文物、软件、数据、现金、信用卡、票据、单证、有价证券、文件、账册、技术资料及其他不易鉴定价值财产的丢失和损坏，保险人不负责赔偿。

2. 有责延误费用

在本保险期间及保险单列明的追溯期内，被保险人因疏忽或过失，导致旅游者行程延误或终止（含被拒绝出入境）产生的必要的交通、食宿费用等，并在本保险期间内向保险人提出索赔的，保险人依照本保险合同的约定负责赔偿。

3. 无责救助费用

在本保险期间及保险单列明的追溯期内，被保险人在组织旅游活动中，发生雷击、暴风、暴雨等恶劣天气，或泥石流、滑坡、崩塌等地质灾害，台风、龙卷风、海啸、地震、洪水等自然灾害，战争、敌对行为、军事行动、武装冲突、骚乱、暴动、恐怖活动等社会安全事件，非被保险人原因引发的事故灾难，重大传染病、群体性不明原因疾病等突发公共卫生事件及其他不可抗力事件，导致被保险人组织、接待的境内外旅游者发生人身伤亡、财产损失时，被保险人应承担救助义务而发生的必要、合理的交通费、食宿费、通讯费、必要物品购置费，并在本保险期间内向保险人提出索赔的，保险人依照本保险合同的约定负责赔偿。

4. 精神损害赔偿

发生保险事故，经人民法院判决应由被保险人向旅游者承担的精神损害赔偿责任，保险人依照本保险合同的约定负责赔偿。

5. 对受旅行社委派并为旅游者提供服务的人员（以下简称被保险人的工作人员）的赔偿责任。

（二）保险期间

保险期间原则上为一年，以保险单载明的起讫时间为准。

（三）责任限额

1. 无出境游经营资格的旅行社

（1）每次事故责任限额及累计责任限额。分为以下两种组合，各四档，投保人可选择确定并在保险单中载明。

表8-1　责任限额组合一

序号	每次事故责任限额	累计责任限额
1	人民币 200 万元	人民币 400 万元
2	人民币 300 万元	人民币 500 万元
3	人民币 500 万元	人民币 800 万元
4	人民币 600 万元	人民币 1000 万元

表8-2　责任限额组合二

序号	每次事故及累计责任限额	序号	每次事故及累计责任限额
1	人民币 400 万元	3	人民币 800 万元
2	人民币 500 万元	4	人民币 1000 万元

（2）每次事故每人责任限额。每次事故每人责任限额包括每次事故每人人身伤亡责任限额、每人有责延误费用责任限额、每人精神损害责任限额。每次事故每人人身伤亡责任限额共分七档，适用于旅游者和被保险人的工作人员。每人有责延误费用责任限额和每人精神损害责任限额仅适用于旅游者。每人有责延误费用责任限额和每人精神损害责任限额单独计算，不包含在每次事故每人人身伤亡责任限额内。

表8-3　每次事故每人责任限额

序号	每次事故每人人身伤亡责任限额	每人有责延误费用责任限额	每人精神损害责任限额
1	人民币 20 万元	人民币 0.5 万元	人民币 1 万元
2	人民币 30 万元		
3	人民币 40 万元		
4	人民币 50 万元	人民币 1 万元	人民币 2 万元
5	人民币 60 万元		
6	人民币 70 万元		
7	人民币 80 万元		

（3）旅游者财产损失责任限额。每次事故每人财产损失责任限额为人民币 1 万元，该责任限额单独计算，不包含在每次事故每人责任限额内。

（4）法律费用和无责救助费用责任限额。法律费用和无责救助费用共用一个责任限额，为每次事故责任限额的 30%，该责任限额单独计算，不包含在每次事故责任限额内。

2. 有出境游经营资格的旅行社

（1）每次事故责任限额及累计责任限额。分为以下两种组合，各四档，投保人可选择确定并在保险单中载明。

表8-4 责任限额组合一

序号	每次事故责任限额	累计责任限额
1	人民币 400 万元	人民币 600 万元
2	人民币 500 万元	人民币 800 万元
3	人民币 800 万元	人民币 1200 万元
4	人民币 1000 万元	人民币 1500 万元

表8-5 责任限额组合二

序号	每次事故及累计责任限额	序号	每次事故及累计责任限额
1	人民币 600 万元	3	人民币 1200 万元
2	人民币 800 万元	4	人民币 1500 万元

（2）每次事故每人责任限额。每次事故每人责任限额包括每次事故每人人身伤亡责任限额、每人有责延误费用责任限额、每人精神损害责任限额。每次事故每人人身伤亡责任限额共分七档，适用于旅游者和被保险人的工作人员。每人有责延误费用责任限额和每人精神损害责任限额仅适用于旅游者。每人有责延误费用责任限额和每人精神损害责任限额单独计算，不包含在每次事故每人人身伤亡责任限额内。

表8-6 每次事故每人责任限额

序号	每次事故每人人身伤亡责任限额	每人有责延误费用责任限额	每人精神损害责任限额
1	人民币 20 万元	人民币 1 万元	人民币 1 万元
2	人民币 30 万元		
3	人民币 40 万元		
4	人民币 50 万元	人民币 2 万元	人民币 2 万元
5	人民币 60 万元		
6	人民币 70 万元		
7	人民币 80 万元		

（3）旅游者财产损失责任限额。每次事故每人财产损失责任限额为人民币2万元，该责任限额单独计算，不包含在每次事故每人责任限额内。

（4）法律费用责任限额和无责救助费用责任限额。法律费用和无责救助费用共用一个责任限额，即每次事故责任限额为每次事故责任限额的30%，该责任限额单独计算，不包含在每次事故责任限额内。

（四）公共责任限额

发生保险责任范围内的人身伤亡事故，损失金额（不含有责延误费用、精神损害赔偿、法律费用、无责救助费用）超过被保险人投保的责任限额的部分，由公共责任限额进行赔偿。

发生保险责任范围内的事故后，对于超过全国公共责任限额之上的损失金额，保险人在公共责任限额超赔限额内赔偿。

（五）免赔额

人身伤害无免赔额，旅游者财产损失每次事故每人绝对免赔额为人民币200元。

第五节 《中国公民出国旅游管理办法》

一、出国旅游的经营与管理

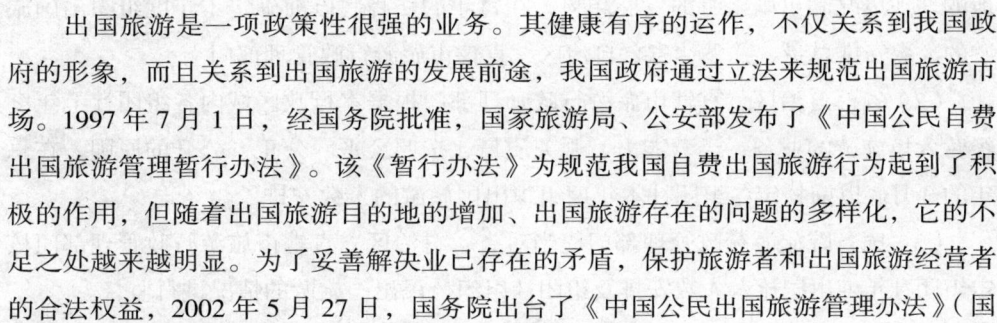

出国旅游是一项政策性很强的业务。其健康有序的运作，不仅关系到我国政府的形象，而且关系到出国旅游的发展前途，我国政府通过立法来规范出国旅游市场。1997年7月1日，经国务院批准，国家旅游局、公安部发布了《中国公民自费出国旅游管理暂行办法》。该《暂行办法》为规范我国自费出国旅游行为起到了积极的作用，但随着出国旅游目的地的增加、出国旅游存在的问题的多样化，它的不足之处越来越明显。为了妥善解决业已存在的矛盾，保护旅游者和出国旅游经营者的合法权益，2002年5月27日，国务院出台了《中国公民出国旅游管理办法》（国务院令第354号）（以下简称《办法》）。该《办法》是旅游行业第三部国务院令，专门针对我国公民出国旅游而制定。《办法》自2002年7月1日起施行，《中国公民自费出国旅游管理暂行办法》同时废止。

（一）制定《办法》的目的

为了规范旅行社组织中国公民出国旅游活动，保障出国旅游者和出国旅游经营者的合法权益。

（二）出国旅游的目的地的确定

出国旅游的目的地国家，由国务院旅游行政管理部门会同国务院有关部门提出，报国务院批准后由国务院旅游行政管理部门公布。任何单位和个人不得组织中国公民到国务院旅游行政部门公布的出国旅游的目的地国家以外的国家旅游；组织中国公民到国务院旅游行政管理部门公布的出国旅游的目的地国家以外的国家进行涉及体育活动、文化活动等临时性专项旅游的，须经国务院旅游行政管理部门批准。未经国务院旅游行政管理部门批准取得出国旅游业务经营资格的，任何单位和个人不得擅自经营或者以商务、考察、培训等方式变相经营出国旅游业务。

（三）审批原则

国务院旅游行政管理部门批准旅行社经营出国旅游业务，应当符合旅游业发展规划及合理布局的要求。

1．一年一审制度

（1）国务院旅游行政管理部门根据上年度全国入境旅游的业绩、出国旅游目的地的增加情况和出国旅游的发展趋势，在每年的2月底以前确定本年度组织出国旅游的人数安排总量，并下达省、自治区、直辖市旅游行政管理部门。

（2）省、自治区、直辖市旅游行政管理部门根据本行政区域内各组团社上年度经营入境旅游的业务、经营能力、服务质量，按照公平、公正、公开的原则，在每年的3月底以前核定各组团社本年度组织出国旅游的人数安排。

（3）国务院旅游行政管理部门应当对省、自治区、直辖市旅游行政管理部门核定组团社年度出国旅游人数安排及组团社组织公民出国旅游的情况进行监督。

2. 申请程序

（1）申请经营出国旅游业务的旅行社，应当向省、自治区、直辖市旅游行政管理部门提出申请。

（2）省、自治区、直辖市旅游行政管理部门应当自受理申请之日起30个工作日内，依据本《办法》规定的条件对申请审查完毕，经审查同意的，报国务院旅游行政管理部门批准。

（3）经审查不同意的，应当书面通知申请人并说明理由。

（四）公告制度

国务院旅游行政管理部门应当将取得出国旅游业务经营资质的旅行社（以下简称"组团社"）名单予以公布，并通报国务院有关部门。

（五）《名单表》管理

国务院旅游行政管理部门统一印制《中国公民出国旅游团队名单表》（以下简称《名单表》，以下达本年度出国旅游人数安排时编号发放给省、自治区、直辖市旅游行政管理部门，由省、自治区、直辖市旅游行政管理部门核发给组团社。

（六）组团社的操作规程

组团社应当按照核定的出国旅游人数安排组织出国旅游团队，填写《名单表》。旅游者及领队首次出境或者再次出境，均应当填写在《名单表》中，经审核后的《名单表》不得增添人员。《名单表》一式四联，分为：出境边防检查专用联、入境边防检查专用联、旅游行政管理部门审验专用联、旅行社自留专用联。组团社应当按照有关规定，在旅游团队出境、入境时及旅游团队入境后，将《名单表》分别交有关部门查验、留存。

组团社应当为旅游者办理前往国签证等出境手续。旅游团队应当从国家开放口岸整团出入境。旅游团队出入境时，应当接受边防检查站对护照、签证、《名单表》的查验。经国务院有关部门批准，旅游团队可以到旅游目的地国家按照该国有关规定办理签证或者免签证。旅游团队出境前已确定分团入境的，组团社应当事先向出入境边防检查总站或者省级公安边防部门备案。旅游团队出境后因不可抗力或者其他特殊原因确需分团入境的，领队应当及时通知组团社，组团社应当立即向有关出入境边防检查总站或者省级公安边防部门备案。

（七）组团社的义务

（1）组团社应当为旅游团队安排专职领队。领队应当经省、自治区、直辖市旅游行政管理部门考核合格，取得领队证。领队在带团时，应当佩戴领队证，并遵守本《办法》及国务院旅游行政管理部门的有关规定。

（2）组团社应当维护旅游者的合法权益。组团社向旅游者提供的出国旅游服务信息必须真实可靠，不得做虚假宣传，报价不得低于成本。

（3）组团社经营出国旅游业务，应当与旅游者订立书面旅游合同。旅游合同应当包括旅游起止时间、行程路线、价格、住宿、交通以及违约责任等内容。旅游合同由组团社和旅游者各持一份。

（4）组团社应当按照旅游合同约定的条件，为旅游者提供服务。组团社应当保证所提供的服务符合保障旅游者人身、财物安全的要求；对可能危及旅游者人身安全的情况，应当向旅游者做出真实说明和明确警示，并采取有效措施，防止危害的发生。

（5）组团社组织旅游者出国旅游，应当选择在目的地国家依法设立并具有良好信誉的旅行社（以下简称"境外接待社"），并与之订立书面合同后，方可委托其承担接待工作。

（6）组团社及其旅游团队领队应当要求境外接待社按照约定的团队活动计划安排旅游活动，并要求其不得组织旅游者参与涉及色情、赌博、毒品内容的活动或者危险性活动，不得擅自改变行程、减少旅游项目，不得强迫或者变相强迫旅游者参与额外付费项目。

（7）境外接待社违反组团社及其旅游团队领队的要求擅自违反合同约定，组团社及其旅游团队领队应当予以制止。

（8）旅游团队领队应当向旅游者介绍旅游目的地国家的相关法律、风俗习惯以及其他有关注意事项，并尊重旅游者的人格尊严、宗教信仰、民族风俗和生活习惯。

（9）旅游团队领队在带领旅游者旅行、游览过程中，应当就可能危及旅游者人身安全的情况向旅游者做出真实说明和明确警示，并按照组团社的要求采取有效措施，防止危害的发生。

（10）旅游团队在境外遇到特殊困难和安全问题时，领队应当及时向组团社和中国驻所在国家使领馆报告；组团社应当及时向旅游行政管理部门和公安机关报告。

（11）旅游团队领队不得与境外接待社、导游及为旅游者提供商品或者服务的其他经营者串通欺骗、胁迫旅游者消费，不得向境外接待社、导游及其他为旅游者提供商品或者服务的经营者索要回扣、提成或者收受其财物。

（12）旅游者在境外滞留不归的，旅游团队领队应当及时向组团社和中国驻所在国家使领馆报告，组团社应当及时向公安机关和旅游行政管理部门报告。有关部门处理有关事项时，组团社有义务予以协助。

（13）因组团社或者其委托的境外接待社违约，使旅游者合法权益受到损害的，组团社应当依法对旅游者承担赔偿责任。

（八）旅游者的权利和义务

（1）出国旅游兑换外汇，由旅游者个人按照国家机关有关规定办理。旅游者每人购汇最高限额为5万美元。

（2）旅游者持有有效护照的，可以直接到组团社办理出国旅游手续；没有有效普通护照的，应当依照《中华人民共和国公民出境入境管理法》的有关规定办理护照后再办理出国旅游手续。

（3）旅游者对组团社或者旅游团队领队违反本办法规定的行为，有权向旅游行政管理部门投诉。

（4）旅游者应当遵守旅游目的地国家的法律，尊重当地的风俗习惯，并服从旅游团队领队的统一管理。

（5）严禁旅游者在境外滞留不归。

（九）法律责任

（1）组团社有下列情形之一的，旅游行政管理部门可以暂停其经营出国旅游业务；情节严重的，取消其出国旅游业务经营资格：①入境旅游业绩下降的。②因自身原因，在1年内未能正常开展出国旅游业务的。③因出国旅游服务质量问题被投诉并经查实的。④有逃汇、非法套汇行为的。⑤以旅游名义弄虚作假，骗取护照、签证等出入境证件或者送他人出境的。⑥国务院旅游行政管理部门认定的影响中国公民出国旅游秩序的其他行为。

（2）任何单位和个人未经批准，擅自经营或者以商务、考察、培训等方式变相经营出国旅游业务的，由旅游行政管理部门责令停止非法经营，没收违法所得，并处违法所得2倍以上5倍以下的罚款。

（3）组团社不为旅游团队安排专职领队的，由旅游行政管理部门责令改正，并处5000元以上2万元以下的罚款，可以暂停其出国旅游业务经营资格；多次不安排专职领队的，并取消其出国旅游业务经营资格。

（4）组团社向旅游者提供虚假服务信息或者低于成本报价的，由工商行政管理部门依照《中华人民共和国消费者权益保护法》、《中华人民共和国反不正当竞争法》的有关规定给予处罚。

（5）组团社或者旅游团队领队违反规定，对可能危及人身安全的情况未向旅游者做出真实说明和明确警示，或者未采取防止危害发生的措施的，由旅游行政管理部门责令改正，给予警告；情节严重的，对组团社暂停其出国旅游业务经营资格，并处5000元以上2万元以下的罚款，对旅游团队领队可以暂扣直至吊销其领队证；造成人员伤亡事故的，依法追究刑事责任，并承担赔偿责任。

（6）组团社或者旅游团队领队，未要求境外接待社不得组织旅游者参与涉及色情、赌博、毒品内容的活动或者危险性活动，未要求其不得擅自改变行程、减少旅游项目、强迫或者变相强迫旅游者参加额外付费项目或者在境外接待社违反前述要求时未制止的，由旅游行政管理部门对组团社处组织该旅游团队所收取费用2倍以上5倍以下的罚款，并暂停其出国旅游业务经营资格，对旅游团队领队暂扣其领队证；造成恶劣影响的，对组团社取消其出国旅游业务经营资格，对旅游团队领队吊销其领队证。

（7）旅游团队领队与境外接待社、导游及为旅游者提供商品或者服务的其他经营者串通欺骗、胁迫旅游者消费，或者向境外接待社、导游和其他为旅游者提供商品或者服务的经营者索要回扣、提成或者收受其财物的，由旅游行政管理部门责令改正，没收索要的回扣、提成或者收受的财物，并处索要的回扣、提成或者收受的财物价值2倍以上5倍以下的罚款；情节严重的，并吊销其领队证。

（8）旅游者在境外滞留不归，旅游团队领队不及时向组团社和中国驻所在国家使领馆报告，或者组团社不及时向有关部门报告的，由旅游行政管理部门给予警告，对旅游团队领队可以暂扣其领队证，对组团社可以暂停其出国旅游业务经营资格。旅游者因滞留不归被遣返回国的，由公安机关吊销其护照。

二、边境旅游的经营与管理

经国务院批准，国家旅游局、外交部、公安部、海关总署1997年10日15日发布了《边境旅游暂行管理办法》。《边境旅游暂行管理办法》规定：边境旅游是指经批准的旅行社组织和接待我国及毗邻国家的公民，集体从指定的边境口岸出入境，在双方政府商定的区域和期限内进行的旅游活动。

（一）旅游行政管理部门的职责

国家旅游局是边境旅游的主管部门，负责制定边境旅游有关政策和管理办法，对边境旅游进行宏观管理，批准承办边境旅游的旅行社。边境省、自治区旅游局负责对本行政区的边境旅游业务的管理、监督、指导和协调，依据有关法规制定边境旅游管理的实施细则，定期向国家旅游局报告开展边境旅游情况。边境市、县旅游局在上级旅游主管部门的指导下，负责协调管理本地区的边境旅游活动。

这个办法明确了国家旅游局在边境旅游中的管理职能：管理全国的边境旅游，审批承办边境旅游的旅行社。省、自治区旅游局的管理职能：管理本地区的边境旅游，制定边境旅游管理的实施细则，定期向国家旅游局报告开展边境旅游情况。边境市、县旅游局的管理职能：管理本地区的边境旅游。

（二）申请开办边境旅游的条件

《边境旅游暂行管理办法》规定了申请开办边境旅游业务的必备条件：①经国务院批准对外国人开放的边境市、县。②有国家正式批准对外开放的国家一、二类口岸，口岸联检设施基本齐全。③有旅游行政管理部门批准可接待外国旅游者的旅行社。④具备就近办理参游人员出入境证件的条件。⑤具备交通条件和接待设施。⑥同对方国家边境地区旅游部门签订了意向性协议。

（三）意向性协议的内容

根据《边境旅游暂行管理办法》的规定，和对方国家边境地区旅游部门签订意向性协议的规定是申请开办边境旅游业务的必备条件。"意向性协议"内容包括：①双方组织边境旅游的具体形式、向对方旅游团提供的服务项目、活动范围以及结算方式。②双方参游人员使用的出入境证件。③双方组团单位负责教育本国参游人员遵守对方国家的法律法规，不得携带对方国家禁止进出口的物品出入境。④双方组团单位保障参游人员的合法权益，为参游人员办理人身意外保险。⑤双方旅游部门维护边境地区的出入境秩序，保证旅游团按期返回本国，承担将对方滞留人员遣送回国的义务。

（四）申请开办边境旅游业务的程序

边境地区开办边境旅游业务，必须具备规定的条件，做好可行性研究，拟定实施方案，由省、自治区旅游局征求外事、公安、海关等有关部门的意见，并报省、自治区人民政府审核后，由省、自治区人民政府转国家旅游局审批。

所申办的边境旅游业务，如涉及同我国已开展边境旅游的国家或地区，由国家旅游局会商外交部、公安部、海关总署部门审批；如涉及尚未同我国开展边境旅游的国家或地区，由国家旅游局会商外交部、公安部、海关总署后报国务院审批。经批准后，有关地方可对外签订正式协议或合同。

（五）我国公民参加边境旅游的办法

（1）除《中华人民共和国公民出境入境管理法》第8条规定的人员外，我国公民均可以参加边境旅游。

（2）边境省、自治区公民参加本地区的边境旅游，应当向本地区有关承办旅行社申请，旅行社统一向公安机关出入境管理部门申办出境证件。

（3）非边境省、自治区的公民参加边境旅游，应当向其户口所在地授权经营出国旅游业务的国际旅行社申请，按规定向户口所在地公安机关出入境管理部门申办出境证件，并由边境地区有关旅行社统一办理出入境手续和安排境外旅游活动。

（六）边境旅游的出入境手续

（1）双方旅游团出入国境手续按各自国家有关规定办理，签有互免签证协议的，按协议办理；未签有互免签证的，须事先办妥对方国家的入境签证。

（2）双方旅游团应集体出入国境，并交验旅游团名单由边防检查机关按规定验证放行。

（3）对双方参游人员携带的进出境行李物品，海关按《中华人民共和国海关对进出境旅客行李物品监管办法》及有关规定办理验放手续。

（七）参游人员的责任

（1）双方参游人员应持有本国有效护照或代替护照的有效国际旅行证件，或两国中央政府协议规定的有效证件。

（2）严禁公费旅游，不准异地申办出境证件，严禁滞留不归或从事非法移民活动，严禁携带违禁物品出入境。旅游团成员如在境外滞留，有关承办旅行社须及时报告边防检查和颁发出境证件的公安机关，并承担有关遣返费用。

（八）法律责任

（1）未经批准任何单位和个人不得经营边境旅游业务或任意扩大边境旅游范围。对违反本办法开展边境旅游业务的单位或个人，各级旅游行政主管部门应会同有关部门给予罚款，追究有关负责人责任，勒令停顿、终止其边境旅游业务等处罚。对违反国家其他有关法律、法规的，由各有关部门依法予以处理。

（2）外国旅游团成员非法进入我内地或非法滞留的，有关承办旅行社须及时报告公安机关，协助公安机关进行处理，并承担有关费用。外国旅游团成员在华期间有其他违法行为的，有关旅行社须协助有关主管部门进行处理。

注：2009 年 5 月 1 日实施的《旅行社条例》对部分处罚内容作了修订。

案 例

旅游合同解释争议

黄金周期间，某出境旅行社组团前往东南亚旅游，组团旅行社在旅游合同中对服务项目的约定较为清晰明了，唯独对住宿的约定含糊不清且千篇一律：四晚五日游均住三星级饭店。由于市中心的饭店客房紧俏，而且房价非常高，地接旅行社把饭店安排在郊区，所以，旅游团每到一地，旅游者几乎都要乘坐 1 个多小时的汽车才能到达饭店。旅游者对此已经向组团旅行社和地接旅行社表达了强烈的不满，要求旅行社在行程的最后一站，安排旅游者住在市中心。当旅游团到达该市后，再次被安排在郊区住宿，旅游团拒绝上车，要求旅行社把住宿安排在市区，而地接旅行社以安排在郊区并没有违约为由，不接受旅游者的要求。经过长时间的交涉，部分旅游者忍无可忍，拒绝入住郊区饭店，自己在市中心饭店开房入住，要求地接旅行社支付房费。地接旅行社没有满足旅游者提出的要求，第二天旅游者拒绝按时返程，给旅行社和旅游者造成了较大的经济损失。

　　旅游者拒绝入住旅行社预订的客房并拒绝返程，其做法的确有不当之处，但造成旅游者采取极端手段保护自己的权益的主要原因在于，旅行社在合同中没有明确约定住宿饭店。对照法律规定，当旅游者和旅行社就住宿地点发生分歧时，应当按照有利于旅游者的解释，旅行社安排旅游者住宿郊区的三星级饭店属于违约，旅游者要求在市中心的三星级饭店住宿是合乎法律规定的。因此可以得出结论，旅行社应当承担赔偿责任。

——资料来源：浙江旅游品质保障网.

第六节　《大陆居民赴台湾地区旅游管理办法》

一、大陆居民赴台湾地区旅游管理制度概况

　　自 2008 年 7 月大陆居民赴台湾地区旅游实施之后，两岸旅游业界已形成旅游合作机制，互动情况良好，交流频繁。据海峡两岸旅游交流协会公布的 2009 年 6 月最新统计，大陆赴台游客已经突破 35 万人次。为了增进海峡两岸人民交往，促进海峡两岸之间的旅游，规范旅游市场，我国先后出台了《大陆居民赴台湾地区旅游管理办法》、《大陆居民赴台湾地区旅游注意事项》、《大陆居民赴台湾地区旅游合同（示范文本）》等一系列法规、规范性文件。

　　根据 2011 年 6 月 20 日《国家旅游局、公安部、国务院台湾事务办公室关于修改〈大陆居民赴台湾地区旅游管理办法〉的决定》修订，作了相应的修改。

二、《大陆居民赴台湾地区旅游管理办法》的主要内容

（一）团队旅游或个人旅游

　　（1）大陆居民赴台团队旅游须由指定经营大陆居民赴台旅游业务的旅行社（以

下简称组团社）组织，以团队形式整团往返。旅游团成员在台湾期间须集体活动。

（2）大陆居民赴台个人旅游可自行前往台湾地区，在台湾期间可自行活动。

（3）赴台旅游团须凭《大陆居民赴台湾地区旅游团名单表》，从大陆对外开放口岸整团出入境。

（4）旅游团出境前已确定分团入境大陆的，组团社应事先向有关出入境边防检查总站或省级公安边防部门备案。

（5）赴台旅游的大陆居民应按期返回，不得非法滞留。当发生旅游团成员非法滞留时，组团社须及时向公安机关及旅游行政主管部门报告，并协助做好有关滞留者的遣返和审查工作。

（二）特许经营

（1）组团社由国家旅游局会同有关部门，从已批准的特许经营出境旅游业务的旅行社范围内指定，由海峡两岸旅游交流协会公布。除被指定的组团社外，任何单位和个人不得经营大陆居民赴台旅游业务。

（2）台湾地区接待大陆居民赴台旅游的旅行社（以下简称接待社），经大陆有关部门会同国家旅游局确认后，由海峡两岸旅游交流协会公布。

（3）组团社在开展组织大陆居民赴台旅游业务前，须与接待社签订合同、建立合作关系。

（三）配额管理

大陆居民赴台旅游实行配额管理。配额由国家旅游局会同有关部门确认后，下达给组团社。

（四）选派领队

组团社须为每个团队选派领队。领队经培训、考核合格后，由地方旅游局向国家旅游局申领赴台旅游领队证。组团社须要求接待社派人全程陪同。

（五）遵守法律

大陆居民赴台旅游期间，不得从事或参与涉及赌博、色情、毒品等内容及有损两岸关系的活动。

（六）持证通行

（1）大陆居民赴台旅游应持有效的《大陆居民往来台湾通行证》，并根据其采取的旅游形式，办理团队旅游签注或个人旅游签注。

（2）大陆居民赴台旅游应向其户口所在地公安机关出入境管理部门申请办理《大陆居民往来台湾通行证》及相应签注；参加团队旅游的，应事先在组团社登记报名。

复习与思考

一、名词解释

旅行社质量保证金　旅行社责任保险　出国旅游　赴台旅游

二、填空题

1. 旅行社是指从事_____旅游者等活动，为旅游者提供相关旅游服务，开展国内旅游业务、入境旅游业务或者出境旅游业务的_____。

2. 申请设立旅行社，经营国内旅游业务和入境旅游业务的，应有不少于_____的注册资本。

3. 旅行社质量保证金是指由旅行社在指定银行缴存或由银行担保提供的用于_____的专项资金。

4. 旅行社取得经营许可满2年，且未因侵害旅游者合法权益受到_____以上处罚的，可以申请经营出境旅游业务。

5. 旅行社分社的设立不受_____限制。

6. 旅行社服务网点应当接受旅行社的统一管理，不得从事_____以外的活动。

7. 旅行社应当自取得旅行社业务经营许可证之日起_____内，按规定存入质量保证金，或者提交相应的银行担保。

8. 每设立一个经营出境旅游业务的分社，应当向其质量保证金账户增存_____。

9. 旅行社聘用导游人员、领队人员应当依法签订_____，并向其支付不低于当地最低工资标准的报酬。

10. 台湾地区接待大陆居民赴台旅游的旅行社，经大陆有关部门会同国家旅游局确认后，由_____公布。

三、选择题（请选择一个正确答案，填在相应的位置上）

1.《旅行社条例实施细则》属于旅游行业的（　　）。

A. 行政法规　　　　　B. 部门规章　　　　　C. 地方性法规　　　　D. 法律制度

2. 旅行社在银行存入质量保证金的，应当设立独立账户，存期（　　）。

A. 由旅行社确定，但不得少于 1 年　　　　B. 由旅游局确定，但不得少于 1 年

C. 由总经理确定，但不得少于 3 年　　　　D. 由旅行社确定，但不得少于 3 年

3.《旅行社条例实施细则》规定：旅行社不得要求导游和领队人员承担接待旅游团队的相关费用，主要包括：（　　）；为接待旅游团队向旅行社支付费用；其他不合理费用。

A. 垫付旅游交通费用　　　　　　　　B. 垫付旅游接待费用

C. 垫付住宿费用　　　　　　　　　　D. 垫付餐饮费用

4. 旅行社保存的招徕、组织、接待旅游者和各类合同及相关文件、资料，其保存期应当不少于（　　）年。

A. 1　　　　　　　B. 半　　　　　　　C. 3　　　　　　　D. 2

5. 旅行社及其分社、服务网点未悬挂旅行社业务经营许可证、备案登记证明的，由县级以上旅游行政管理部门责令改正，可处（　　）的罚款。

A. 1 万元以上 3 万元以下　　　　　　　B. 1 万元以下

C. 5 千元以上 2 万元以下　　　　　　　D. 1 万元以上 5 万元以下

6. 旅行社接待旅游者选择的交通、住宿、餐饮、景区等企业，不具有合法经营资格或者接待服务能力的，由县以上旅游行政管理部门责令改正，没收违法所得，处违法所得（　　）但最高不超过 3 万元的罚款；没有违法所得，处 1 万元以下的罚款。

A. 3 倍以上　　　　B. 2 倍以下　　　　C. 3 倍以下　　　　D. 2 倍以上

7. 要求旅游者必须参加旅行社安排的购物活动，需要旅游者另行付费的旅游项目，或者对同一旅游团队的旅游者提出与其他旅游者不同合同事项的，由县以

上旅游行政管理部门责令改正，处（　）的罚款。

 A. 1 万元以上 3 万元以下   B. 1 万元以上 5 万元以下

 C. 5 千元以上 2 万元以下   D. 1 万元以下

8. 经营出境旅游业务的旅行社，应当存入质量保证金（　）万元。

 A. 120   B. 160   C. 140   D. 100

9. 为降低旅行社经营风险，旅行社（　）旅行社责任险。

 A. 可以投保   B. 自愿投保   C. 应当投保   D. 不一定投保

10. 旅行社服务网点从事接待活动的，没收违法所得，违法所得不足 10 万元或者没有违法所得的，并处（　）的罚款。

 A. 10 万元以下   B. 1 万元以上 5 万元以下

 C. 2 万元以上 10 万元以下   D. 10 万元以上 50 万元以下

11. 旅行社所委派的导游人员和领队人员未持有国家规定的导游证或者领队证的，由旅游行政管理部门责令改正，对旅行社处（　）的罚款。

 A. 2 万元以下   B. 2 万元以上 10 万元以下

 C. 1 万元以上 5 万元以下   D. 1 万元以上 2 万元以下

12. 旅行社不向接受委派的旅行社支付接待和服务费用的，或者旅行社向接受委托的旅行社支付的费用低于接待和服务成本的，由旅游行政管理部门责令改正，停业整顿（　）；情节严重的，吊销旅行社业务经营许可证。

 A. 1 个月至 3 个月   B. 3 个月   C. 6 个月   D. 12 个月

13. 旅行社未经旅游者同意在旅游合同的约定之外提供其他有偿服务的，由旅游行政管理部门责令改正，处（　）的罚款。

 A. 2 万元以下   B. 2 万元以上 10 万元以下

 C. 1 万元以上 5 万元以下   D. 5 万元以上 20 万元以下

14. 根据《旅行社质量保证金存取管理办法》规定，银行为旅行社提供保证金担保的，其担保期限不得少于（　）。

 A. 6 个月   B. 12 个月   C. 2 年   D. 3 年

15. 《中国公民出境旅游管理办法》自（　）起开始施行。

 A. 1997 年 7 月 1 日   B. 1999 年 5 月 1 日

 C. 2002 年 7 月 1 日   D. 2006 年 5 月 1 日

四、判断题

1. 旅行社在与旅游者订立旅游合同时，应该要求旅游者必须购买相关的旅游者个人保险。（ ）

2. 旅行社门市部可以具有独立的法人资格。（ ）

3. 旅行社应将旅行社业务经营许可证的副本和营业执照一起悬挂于营业场所的显要位置，以备有关部门监督检查和旅游者识别。（ ）

4. 导游人员资格证书的颁发机关只能是国家旅游局或者是国家旅游局委托的省、自治区、直辖市旅游局。（ ）

5. 大陆居民须持有效《大陆居民往来台湾通行证》及旅游签注赴台旅游。（ ）

6. 旅行社被吊销旅行社业务经营许可的，其主要负责人在旅行社业务经营许可证被吊销之日起3年内不得出任任何旅行社的主要负责人。（ ）

7. 旅行社在银行存入质量保证金的，应当设立独立账户，存期由旅行社确定，但不得少于2年。（ ）

8. 旅行社存入、续存、增存质量保证金后7日内，应当向作出许可的旅游行政管理部门提交存入、续存、增存质量保证金的证明文件，以及旅行社与银行达成的使用质量保证金的协议。（ ）

9. 边境旅游是指经批准的旅行社组织和接待我国及毗邻国家的公民，集体从国家开放的边境口岸出入境，在双方政府商定的区域和期限内进行的旅游活动。（ ）

10. 大陆居民赴台湾地区旅游须由指定经营大陆居民赴台旅游业务的旅行社组织，团队形式整团往返。（ ）

五、简答题

1. 什么是旅行社？
2. 旅行社的经营规则有哪些？
3. 《旅行社条例》对外商投资旅行社有哪些特别规定？
4. 旅行社违反经营规则有哪些相应的处罚？
5. 什么是旅行社质量保证金？
6. 旅行社质量保证金的赔偿范围？

7. 旅行社责任保险实施统保范围是什么？

8.《大陆居民赴台湾地区旅游管理办法》的主要内容是什么？

六、案例分析

案例1：旅游服务标准降低引发争议

某国内旅行社组团到某著名景点旅游，旅游广告宣称组团标准有豪华A等、豪华B等旅游团及普通旅游团，每人的价格分别是1080元、860元和480元。尹女士根据自己的需要，选择了豪华B等旅游团，并交纳了旅游团款。旅游合同约定，旅游团全程由豪华空调大巴接送，住二星级饭店。但在合同实际履行中，旅游者得到的住宿服务是：一个晚上住的饭店没有星级，另一个晚上住的客房没有窗户。在景点旅游期间，尹女士乘坐的车辆均为当地景点提供的普通中巴车，并且没有座位，旅游者认为旅行社提供的服务不仅不豪华，而且连合同约定的服务都未达到。在和旅行社协商未果的情况下，尹女士准备向有关部门投诉，要求旅行社承担赔偿责任。

——资料来源：浙江旅游品质保障网.

根据上述案例，回答如下问题：

1. 根据《旅行社条例》规定，旅游者可以向哪些部门投诉？

2. 本案应该如何处理？

案例2：分社的违约责任应不应由总社承担

某省大型旅行社下设甲、乙两分社，乙分社经理李某持分社营业执照与合同文本与某企业签订了一份旅游合同。合同中约定由乙分社承担该企业350人赴海南旅游的接待计划，旅游费用总计200万元。在组织旅游过程中，由于乙分社疏忽造成游客在岛上滞留2日。旅游后，该企业遂向法院起诉，要求乙分社赔偿经济损失。

乙分社要求总社一起参加诉讼，但总社认为：（1）乙分社属外地经营，平时经济效益都留在分社，只上缴约定的承包金额。（2）按公司章程，下属分社经理的委任须经董事会决定，但乙分社经理李某未经董事会决定，而由总社总经理擅自任命，所以总社不予支持，也不同意承担乙分社的违约赔偿责任。

——资料来源：http://zcfg.hbtvc.com/.

根据上述案例，回答如下问题：

乙分社的违约责任应由谁来承担？为什么？

七、实践与训练

1.交流与讨论： 在旅游过程中，旅游者主动要求增加旅游项目，应该如何处理？

2.模拟设立一家旅行社。

📖 推荐阅读

1.侯作前，徐连宏.旅游业常见争议解析［M］.北京：知识产权出版社，2010.

2.浙江旅游品质保障网.

3.http://zcfg.hbtvc.com/.

4.刑彦明.旅游消费者维权指南［M］.北京：旅游教育出版社，2009.

5.仇书勇.旅游者权益保障简明读本［M］.北京：中国社会出版社，2006.

第九章 导游人员管理法规制度

导游人员是导游工作的主体，是旅游业的灵魂，是旅游业的"窗口"，被誉为"民间外交大使"。我国相继制定了相关法规和标准，对导游人员的行为进行规范和约束。

本章着重讲述《导游人员管理条例》、《导游人员管理实施办法》、《导游员等级评定意见》等，内容涉及导游人员的权利和义务、法律责任及分级管理、资格考试、等级考核、计分管理、年度审核等制度。

学习目标

知识目标

1. 了解导游人员的概念、年审管理制度。
2. 明确导游人员的权利和义务、导游资格考试制度、计分管理制度。
3. 掌握导游人员违规的法律责任及处罚。

技能目标

1. 能运用导游人员权利和义务的相关规定，提高旅游服务质量，维护旅行社、导游人员、旅游者的合法权益。
2. 能够应用《导游人员管理条例》，认定导游人员违规的法律责任及处罚。

无证导游案

某高校外语系学生李某先后两次报名参加导游人员资格考试，均未合格。他急于从事导游工作，遂与某国际旅行社多次联系，希望其能给予带团导游实习机会。次年7月，正值旅游旺季，该国际旅行社导游人员不足，遂聘用李某充任导游人员，被旅游行政管理部门查获，以其未通过导游资格考试–擅自进行导游活动给予了罚款处罚。李某对处罚不服，认为自己并非擅自进行导游活动，而是受旅行社聘用从事导游工作的，旅游行政管理部门处罚不当，遂向上一级旅游行政管理部门申请复议。

——资料来源：中国导游信息网论坛．

案 例 分 析

1. 李某的看法是否成立？有何依据？
2. 旅行社能否聘用李某从事导游工作？有何依据？

为了促进我国导游人员队伍的建设和我国旅游业的发展。我国先后颁布和实施多部法规，1987年11月14日经国务院批准，同年12月1日，国家旅游局发布了《导游人员管理暂行规定》，这是我国第一部导游人员的管理规定。1999年5月14日，国务院第263号令颁布了《导游人员管理条例》（以下简称《管理条例》），是继我国《旅行社管理条例》之后，旅游行业第二部行政法规；2001年12月27日，国家旅游局第15号局长令发布了《导游人员管理实施办法》，该规章明确提出了对导游实施记分管理措施和办法。此外，为鼓励导游人员积极地提高自身业务素质，国家旅游局还先后颁布实施了《导游人员资格考试制度》、《导游服务质量标准》、《导游人员等级考核评定管理办法（试行）》等法规。这些法规和规章的制定和实施，为规范旅行社导游人员的从业资格及从事导游业务活动、保护旅游者和导游人员的合法权益、促进旅游业的发展提供了法律保障，有利于我国导游人员队伍的健康发展。

第一节　《导游人员管理条例》

一、导游人员的概念

（一）导游人员

《管理条例》规定：导游人员是指依照本条例的规定取得导游证，接受旅行社委派，为旅游者提供向导、讲解及相关旅游服务的人员。

（二）导游人员的特点

1. 取得导游证

这是成为导游人员的首要条件。没有导游证，就不能称为导游人员。这里所强调导游人员和我们日常生活中所称的"导游"有本质的区别。

2. 接受旅行社的委派

这是成为导游人员的基本条件。即使拥有合法的导游资格证，或者已经办理了合法有效的导游证，如果不是接受旅行社委派，仍然属于个人行为，也不是《管理条例》中所称的导游。该规定阐明了导游人员的导游活动不是导游人员的个人行为，而是代表旅行社的职务行为。

3. 为旅游者提供向导、讲解及相关的旅游服务

这是成为导游人员的核心条件。导游人员的工作既要为旅游者担任向导，还要为旅游者担任讲解员，又要为旅游者提供相应的服务，例如安排就餐、住宿、订票等服务。假如导游人员不为旅游者提供合同约定的各项服务，就不是合格的导游。

只有同时满足上述三个条件的才是真正意义上的导游人员。

按照不同的标准，可以将导游人员分为不同的类别，例如按照导游人员为旅游

者提供服务时使用的语言不同，可将导游分为外语导游员和中文导游员；以导游人员的职业性质为标准，可将导游分为专职导游员和兼职导游员。

二、导游人员资格考试制度

（一）参加导游人员资格考试的条件

《管理条例》对参加导游资格考试的条件作出了明确规定：

1. 具有高级中学、中等专业学校或者以上学历

导游人员应当为旅游者提供讲解服务，这就要求导游人员必须具备一定的文化知识。学历是参加资格考试人员具备文化知识的客观标准。

2. 身体健康

导游人员的工作一方面要求导游具有较为丰富的文化知识，另一方面也要求导游具有较为充沛的体力。导游人员的工作具有较大的流动性，体力消耗大，没有健康的体魄，就难以为旅游者提供优质服务。

3. 具有适应导游需要的基本知识和语言表达能力

基本知识体现在文化程度和学历上。没有基本知识，就难以通过导游人员的资格考试。语言是导游人员为旅游者服务、和旅游者沟通的重要手段和桥梁。不论是中文导游员还是外语导游员，语言表达能力是衡量导游人员业务能力的重要标志之一。

4. 必须是中华人民共和国公民

就是指参加导游人员资格考试的人员必须拥有我国国籍。对导游人员作出国籍限制并不是我国所特有，在世界上许多国家和地区，都要求导游人员具有本国国籍。

（二）导游人员资格考试的组织

国家实行全国统一的导游人员资格考试制度。目前，国家旅游行政管理部门侧

重对导游人员资格考试进行宏观指导和管理。导游人员资格考试的具体工作，如考试时间的确定、教材的选用、考试的出题和阅卷等均由各省、直辖市、自治区旅游行政管理部门自行确定，但考取的导游人员资格在全国范围内有效。

（三）导游人员资格证书的取得

经考试合格的，由国务院旅游行政管理部门或者国务院旅游行政管理部门委托省、自治区、直辖市人民政府旅游行政管理部门颁发导游人员资格证。

经授权，目前全国导游人员资格考试由各省、直辖市、自治区直接管理，国务院旅游行政管理部门只是对考试进行宏观的指导。全国各地根据当地的实际情况制定不同的导游人员资格考试，因而全国导游人员资格考试的课程不尽相同，考试的时间也有所差异，但考试的范围基本相同：书面考试包括导游基础知识、导游业务和政策法规等，口头考试包括面试或模拟考试。不论考试的程序如何，但导游资格的获得途径相同：参加的考试成绩必须合格。导游人员资格证书由国家旅游行政管理部门委托省级旅游行政管理部门颁发。同时，只要参加当地导游人员资格的统一考试，导游人员资格证在全国范围内有效。导游人员跨地域流动时，应当办理相关手续。

三、导游证的申领和颁发

根据我国法律规定，获得导游证分两个步骤：通过国家旅游局组织实施的资格考试；凭导游人员资格证书办理相关的手续。

（一）导游证的申领条件

《管理条例》规定：取得导游人员资格证书的，经与旅行社订立劳动合同或者在导游服务公司登记，方可持所订立的劳动合同或者登记证明材料，向省、自治区、直辖市人民政府旅游行政管理部门申请领取导游证。

1. 取得导游人员资格证书

导游人员资格考试合格后，参加考试人员可以从省级以上旅游行政管理部门领取导游人员资格证书。按照我国法律规定，获得导游人员资格证书后，并不能自然领取导游证，仍然必须办理有关手续，但导游人员资格证书的取得是申领导游证书的先决条件。

2. 旅行社订立劳动合同

具有导游人员资格证书的人员申领导游证的途径之一，是申领者与所在旅行社签订劳动合同。获得资格证书的人员必须与旅行社订立劳动合同或者在导游服务公司登记，这是为了规范导游人员从业行为，加强对导游人员的管理。

3. 在导游服务公司登记

在一些旅游热点城市基本上都建立了导游服务公司，导游员可以和导游服务公司签约，以导游服务公司的名义向旅游行政管理部门申领导游证，这是旅游热点城市申领导游证最为重要和基本的途径。尽管如此，通过导游服务公司申领导游证仍面临一些问题。由于目前大部分导游服务公司隶属于行政管理部门，离真正市场化运作尚有不少距离，因而在实际操作中存在不少问题，例如如何确保导游人员的个人切身利益、如何保护从导游服务公司借用导游的旅行社的利益等问题都亟待解决。否则，不仅将损害导游人员和旅行社的权益，而且将影响导游服务公司的进一步的壮大和发展。

（二）临时导游证的申领条件

具有特定语种语言能力的人员，虽未取得导游人员资格证书，旅行社需要聘请临时从事导游活动的，由旅行社向省、自治区、直辖市人民政府旅游行政管理部门申请领取临时导游证。

1. 没有取得导游人员资格证书

按照《管理条例》的规定，要申领导游证，首先必须具备导游人员资格证书，申领临时导游证的规定可以看成一个特例，这主要取决于我国旅游发展现状的需要。

2. 具有特定语言能力

所谓"特定语言"应当区别不同情况予以界定，不能一概而论。一个地区为特定语言，在另一个地区并不意味着一定为特定语言。例如朝鲜语，东北的许多地方都有朝鲜族居民，对他们来说，朝鲜语是一种普通的语言，而对我国其他地区来说，朝鲜语就有可能成为特定语言。在这些地区，能够讲朝鲜语的人就属于具有特定语言能力。因此，并不能因为旅行社缺少导游，就可以随意向旅游行政管理部门申请办理临时导游证。例如，对绝大部分地区而言，旅游行政管理部门就不得向旅行社颁发普通话临时导游证。

3. 旅行社特别需要

导游人员必须为旅游者提供讲解服务，并保持和旅游者的随时沟通。由于来我国的国外旅游者使用的语言千差万别，外语导游员的储备差异也很大。当旅行社组织了特定语种的旅游团，旅行社就应当向当地旅游行政管理部门提出申领临时导游证，以解燃眉之急。

（三）导游证和临时导游证的区别

虽然导游证和临时导游证均属于旅游行政管理部门颁发给导游人员的合法带团的证书，但两者存在较大的区别。

1. 获得证书的途径不同

导游证必须参加全国导游人员资格的统一考试，获取资格证书，并办理相应手续。临时导游证针对旅行社的特殊需要，向省、自治区、直辖市人民政府的旅游行政管理部门申请，经审核批准方可获得，颁发给具有特定语言能力的人员。

2. 有效期不同

虽然《管理条例》规定导游证的有效期为 3 年，但这里所称的有效期仅仅是指导游证的本身；导游证到期后，只要导游人员办理有关手续，导游证的合法性和有效性将得以顺利延续，除非导游人员严重违规，被吊销了导游证。而临时导游证的有效期最长为 3 个月，而且不得展期。

3. 语种要求不同

导游证对语种语言能力无特殊要求，只要导游人员具备和旅游者交流的语言能力即可。而临时导游证只适用于具有特定语种语言能力的人员。

（四）导游人员资格证书和导游证的关系

导游证是导游人员资格证书获得者办理有关手续后获得的证书。其实质是导游人员从业能力的证明，也是导游人员合法从事导游工作身份的外在标志。导游人员资格证书是获得导游证的先决条件。持有导游证书的人员，必定具有导游人员资格证书；通过考试获得导游人员资格证书的人员，不一定都能够申领导游证。因为根据《管理条例》的规定，持有资格证书后，不仅需要和旅行社签订劳动合同或者在导游公司登记，而且必须符合申领的其他项条件，才能获得导游证。

（五）导游证的颁发

1. 导游证颁发期限

《管理条例》规定，省、自治区、直辖市人民政府旅游行政管理部门应当自收到申请领取导游证之日起 15 天内，颁发导游证。除非申请人有《管理条例》明确规定不予颁发导游证的情形，省、自治区、直辖市人民政府旅游行政管理部门应当书面通知申请人。

旅游行政管理部门为导游人员颁发导游证是一种行政许可行为。《管理条例》的规定，主要是为了规范旅游行政管理部门颁发导游证行为程序，也符合《行政许可法》的规定，使颁发导游证走上了规范化、法制化的轨道，提高了旅游行政管理部门的工作效率，为旅游行政管理部门树立勤政高效形象奠定基础。

2. 禁止颁发导游证的人员

即使是通过严格的考试获得了导游人员资格证书，仍然有部分人员不可以申领导游证。《管理条例》对此作了明确的规定：

（1）无民事行为能力或者限制民事行为能力的。导游人员的职责是为旅游者提供各种服务，如果导游人员没有完全民事行为能力或者限制民事行为能力，连自己照顾自己的能力都不够，怎么谈得上担任为"旅游者提供向导、讲解及相关旅游服务"的重任？如果导游人员不具备完全民事行为能力，不仅不能为旅游者提供服务，维护旅游者的合法权益，而且无法确保他自己的合法权益。显然，无民事行为能力或者限制民事行为能力人员不适合从事导游工作。

（2）患有传染性疾病的。传染性疾病就是在一定条件下，容易相互传染的疾病。导游服务较为特殊，导游人员在导游活动中与旅游者朝夕相处，接触密切，为旅游者提供讲解等服务。如果导游人员患有传染病，很容易把自己的病传染给旅游者，造成交叉感染，危害旅游者的身心健康。这样的人员也不能成为导游人员。

（3）受过刑事处分的，过失犯罪的除外。受过刑事处分的人，是指其行为触犯刑事法律并受过刑罚制裁的人员。我国法律将犯罪分为故意犯罪和过失犯罪，虽然两者均受到了刑事处分，但由于两者在主观恶意、社会危害性程度上有本质的区别，《管理条例》对过失犯罪采取较为宽容的态度，只要是过失犯罪，具有导游资格的人员仍然可以向旅游行政管理部门申领导游证。

（4）被吊销导游证的。根据有关规定，被吊销导游证，就意味着在其担任导游员期间，严重违反了旅游行业的规定和标准，被旅游行政管理部门吊销了导游证。这类人员，即使重新通过了导游人员资格考试，由于曾经的不良记录，表明已经不再适合担任导游员工作，因而也不能再次颁发导游证。

四、导游人员的权利和义务

导游人员在从事导游工作时，其合法权利受法律保护，应当得到旅行社和旅游者的尊重；同时，导游人员应当按照服务标准和旅游合同约定，为旅游者提供服务，履行合同义务，确保旅游行程顺利完成。

由于《管理条例》针对导游人员这一特定的群体而言，赋予导游人员的权利仅仅局限于导游人员行使职务时，因此导游人员被赋予的权利较少，大量的是导游人员的义务。

（一）导游人员的权利

（1）导游人员进行导游活动时，其人格尊严应当受到尊重，其人身安全不受侵犯。导游人员有权拒绝旅游者提出的侮辱其人格尊严或者违反其职业道德的不合理要求。导游人员是受旅行社委派、为旅游者提供向导、讲解及相关服务的人员。在旅游行程中，和旅游者扮演不同的社会角色，但绝不意味着导游人员的人格低于旅游者，他们的人格尊严、人身安全应当受到保护。在实际工作中，总有那么一些旅游者，不尊重导游人员的人格，提出一些非分的要求，导游人员应当学会妥善处理保护自己和提供优质服务的关系。假如旅游者的行为损害了导游人员的人身财产，导游人员也有权利要求旅游者作出赔偿。

（2）导游人员在引导旅游者旅行、游览过程中，遇到可能危及旅游者人身安全的紧急情形时，经征得多数旅游者的同意，可以调整或者变更接待计划，但是应当立即报告旅行社。通常情况下，导游人员是旅游计划的执行者，只能严格按照接待计划为旅游者提供服务，不得擅自对旅游接待计划进行调整或变更，否则就要承担民事责任。《管理条例》赋予导游调整或变更行程的权利，仅仅局限于可能危及旅游者人身财产安全的特殊时期。例如，旅游目的地发生了地震，旅游接待设施被严重损毁。如果旅游团继续如期前往旅游目的地，不仅不能得到合同约定的服务，而且还可能对旅游者的人身财产造成伤害。所以，《管理条例》对导游人员调整或变更旅游计划作出了严格的限定：

第一，在旅行、游览过程中。这是对导游人员行使权利时间上的限定。只有旅游团已经前往旅游目的地或者在游览中，导游人员才有行使调整或变更旅游计划的权利，如果旅游团尚未踏上旅游行程，旅游计划调整或变更权利在旅行社。

第二，遇到可能危及旅游者人身安全的紧急情形时。导游人员必须保证旅游者在旅途中的人身财物安全，因此，当遇到可能危及旅游者人身安全的紧急情形时，如不可抗力造成的自然灾害等，导游人员应当机立断，采取果断措施，调整或变更旅游计划，确保旅游者人身财产安全。

第三，征得多数旅游者的同意。当旅游团遇到可能危及旅游者人身安全的紧急情形时，导游人员应及时将情况向旅游者说明，征得多数旅游者的同意，可以调整或变更旅游计划。虽然《管理条例》中没有明确规定，但导游人员在出现上述情况时，应当立即把旅游接待计划变更的原因、变更后的旅游接待计划、旅游者的反应等情况向旅行社作详细的报告，这是导游人员的职责所在。因为，旅游计划是旅行社与旅游者协商一致的产物，导游人员本无调整或变更旅游计划的权利，当导游人员与旅游者达成调整或变更旅游计划协议后，应及时报告旅行社，得到旅行社的认可。

（3）导游人员享有行政复议、行政诉讼的权利。《管理条例》直接为导游人员设定的权利并不多，但事实上，导游人员还享受着其他公民能够享受的权利，诸如行政复议、行政诉讼等。导游人员如果对旅游管理部门作出的行政处罚持有异议，完全可以通过行政复议、行政诉讼等手段，保护自身的合法权益。

（二）导游人员的义务

（1）导游人员应当不断提高自身业务素质和职业技能。国家对导游人员实行等级考核制度。导游人员等级考核标准和考核办法，由国务院旅游行政管理部门制定。导游是实践性极强的职业。导游证的获得，主要取决于导游的理论考试，而非导游的带团实践活动。导游证仅仅能证明该导游人员基本具备了从事导游工作的业务知识和技能，而如何将理论知识运用于带团实践，就需要导游人员在实践中不断提高自身业务素质和职业技能。一些旅游投诉的发生，就是因为导游自己业务不够熟练，在讲解过程中发布了错误信息，引起旅游者误会，进而导致投诉。

（2）导游人员进行导游活动时，应当佩戴导游证。导游证的有效期为 3 年。导游证持有人员需要在有效期满后继续从事导游活动的，应当在有效期限届满 3 个月前，向省、自治区、直辖市人民政府旅游行政管理部门申请办理换发导游证手续。临时导游证的有效期限最长不超过 3 个月，并不得展期。导游证是导游人员合法从事导游工作的标志，也是对其参加全国导游人员资格考试付出辛勤劳动的肯定，更是区别无证导游的根本所在。进行导游活动时佩戴导游证既是导游人员的义务，又是规范导游人员市场、保护导游人员合法权益最有效的手段，同时为旅游行政管理部门的监管提供了方便。

（3）导游人员进行导游活动，必须经旅行社委派。导游人员不得私自承揽或者以其他任何方式直接承揽导游业务，进行导游活动。我们可以从三个层面来理解本法条：

第一，导游人员进行导游活动时，必须经旅行社委派。从表面看，在旅游行程中，旅游团的各项安排均由导游人员安排，导游人员带团游览似乎是导游人员的个人行为；但实际上，导游人员之所以能够带团游览，是受旅行社的委派，代表旅行社为旅游者提供服务。对导游人员来说，接受导游任务是被动的，委派谁为旅游者提供服务的主动权掌握在旅行社的手里。导游人员只有在接到旅行社的指派，才可以进行导游活动，否则就会受到旅游行政管理部门的查处。如何区别是旅行社的委派，还是导游人员的个人行为，主要看导游人员在接待旅游团时，是否携带正规的旅游接待计划：有正规的旅游接待计划，说明该导游人员受旅行社委派；相反，如果没有携带正规的旅游接待计划，则说明导游人员的行为属于个人行为。

第二，导游人员必须以旅行社的名义进行导游活动。在旅游旺季，由于大量组团和接待旅游团，旅行社之间相互借用导游人员、向导游服务公司聘用兼职导游现象司空见惯。不论是旅行社之间的借用还是直接聘用兼职导游，借用旅行社和被借用旅行社、兼职导游之间必须签订合同，明确责任和义务，避免产生纠纷后纠缠不清。

第三，导游人员不得利用工作之便，私自做团。导游人员在带团过程中，很容易和旅游者建立良好的关系，而旅游者中不乏潜在的旅游客户。这些旅游者由于对旅行社的安排和导游的服务满意，自然产生和旅行社或导游人员再合作的想法。有些导游人员就会以旅行社的名义，私自操作旅游业务，从联络、协商价格、计调安排到随团导游等各个环节，均以旅行社的名义进行，但旅行社对此一无所知，导游人员从中赚取非法收入。导游人员这样的行为，不论是否损害旅游者的利益，也不论旅游者是否投诉，都是法律所禁止的。

（4）导游人员进行导游活动时，应当自觉维护国家利益和民族尊严，不得有损害国家利益和民族尊严的言行。任何一个公民，其言行必须自觉维护国家利益和民族尊严。导游人员更是被尊称为民间的"外交大使"，其言行不仅代表他个人的素质和修养，而且代表了他所在的旅行社、所在地、所在国的形象，导游人员应当自觉地把自己的言行和国家利益与民族尊严相联系。导游人员除了自己不发表有损害国家利益和民族尊严的言行之外，还要和极少数散发有损害国家利益和民族尊严的言行作斗争，在原则问题上不能含糊其辞。

（5）导游人员进行导游活动时，应当遵守职业道德，着装整洁，礼貌待人，尊重旅游者的宗教信仰、民族风俗和生活习惯。导游人员进行导游活动时，应当向旅游者讲解旅游地点的人文和自然情况，介绍风土人情和习俗。但是，不得迎合个别旅游者的低级趣味，在讲解、介绍中掺杂庸俗下流的内容。任何行业都有相应的职业道德，导游人员遵守职业道德，着装整洁，礼貌待人，是其职业规范所需，是对旅游者的尊重，也是对自己的尊重。由于旅游者来自不同的国家、地区，其文化背景不同，宗教信仰各异，自然产生各自颇具民族特色的风俗、生活习惯，导游人员也许难以接受截然不同的风俗和生活习惯，但必须尊重这些风俗和生活习惯，绝对不可以歧视或嘲笑。导游人员在向旅游者介绍时，应当侧重于旅游地点的人文和自然情况，特别应介绍当地的风土人情和习俗，向旅游者讲清当地人的禁忌，以防旅游者的言行引起当地居民的误解，影响了旅游活动的顺利开展。当然，旅游者素质的高低决定了旅游者不同的兴趣爱好。即使有旅游者要求导游人员讲庸俗下流的笑话或故事，甚至希望导游人员帮助其做有伤风化的事，导游人员应明确予以拒绝，导游人员始终必须在《管理条例》及有关法规范围内开展工作。

（6）导游人员应当严格按照旅行社确定的接待计划，安排旅游者的旅行、游览活动，不得擅自增加、减少旅游项目或者中止导游活动。旅游接待计划是经组团社、旅游者双方协商一致的产物，是旅游合同重要的组成部分，旅行社及其从业人员与旅游者必须共同遵守。导游人员作为旅行社委派的服务人员，必须认真执行旅游接待计划，没有擅自更改、中止旅游接待计划的权利，否则就是违约，要承担向旅游者赔偿损失的民事责任。除非在旅游行程中遇到《管理条例》规定的特殊情形。

在实际中，"擅自减少"可以分为"质的擅自减少"和"量的擅自减少"。所谓"质的擅自减少"，是指导游人员擅自减少合同约定的服务项目。例如，旅游团在北京旅游期间，导游人员不按旅游合同的约定，擅自做主，不带旅游团前往故宫博物院游览，就属于"质的擅自减少"。此类违约行为一目了然，纠纷相对较容易解决。相比之下，"量的擅自减少"就显得较为隐蔽，导游人员出于各种目的，没有按照常规操作方式，尽可能地压缩旅游者在景点的时间，把几天的行程集中在一两天内完成，把其余时间用在购物和推荐的自费项目上。旅游者觉得游览时间太短，而购物时间和自费项目时间过长，即使向旅游行政管理部门投诉，有时也难以得到满意的答复。

在旅游投诉的处理中，"擅自增加"是旅游者投诉的焦点，主要有三种基本类型：第一，导游人员没有在协商一致的基础上，擅自增加服务项目（诸如按摩、保健、品茶等），并向旅游者收取额外的旅游费用，违背了旅游者的意愿。第二，导游人员临时为旅游者增加服务项目或景点等，但不向旅游者收费。尽管旅游者没有直接的经济损失，但旅游者仍然为此付出很多时间。导游人员的行为仍然属于违约行为，应负擅自变更旅游行程的责任。第三，导游人员擅自增加购物次数、延长购物时间等。

导游人员的基本职责是：从上团后就必须和旅游者在一起活动，直至旅游计划的完全实施，"擅自中止导游活动"就是指在旅游过程中，导游人员擅自做主，中止了旅游活动，使旅游者处于无人问津的状态。在旅游计划完成前，如果出现了特殊情况，导游人员接受旅行社的指令，中止旅游活动，就不属"擅自中止导游活动"，由此而产生的后果直接由旅行社妥善处理，和导游人员没有任何关系。

（7）导游人员在引导旅游者旅行、游览过程中，应当就可能发生危及旅游者人身、财物安全的情况，向旅游者作出真实说明和明确警示，并按照旅行社的要求采取防止危害发生的措施。旅游团从行程开始到行程结束期间，为旅游者提供服务的重任就落到了导游人员的身上。确保旅游者人身财产安全，是导游人员的最基本而且是最重要的职责。虽然在旅游活动开始前，旅行社有时会召集所有旅游者，召开旅游行前说明会，对旅游行程中和旅游目的地的具体情况给予说明，提醒旅游者注意安全。即使如此，导游人员在旅游活动中，应当随时随地强调旅游者的人身安全和财物安全。在游览时，导游人员一定要提醒旅游者有哪些注意事项，并照顾好整个旅游团，防止旅游者掉队、受伤；在游览景点前，如登山、游溶洞、漂流等游览项目，都要向旅游者讲解安全事项，告诫旅游者不要争强好胜，量力而行，并采取一定的防范措施；导游人员在带旅游团横穿马路时，应当走人行横道线；入住饭店时，导游人员应提醒旅游者，贵重物品寄存在饭店总台；离开房间，关好门窗；对有警示标志的地区要特别小心；贵重物品、金钱要随身携带；晚间外出要结伴而行，夜间活动注意安全等。

（8）导游人员进行导游活动，不得向旅游者兜售物品或者购买旅游者的物品，或者以明示或者暗示的方式向旅游者索要小费。导游人员的工作职责是按接待计划执行任务，为旅游者提供优质服务，但不能和旅游者个人发生商品交易关系，向旅游者兜售当地的纪念品、特产，或者向旅游者购买商品都属违规。这一规定，主要是防止导游人员不务正业，不为旅游者提供优质服务，而是一门心思向旅游者兜售或购买商品，以赚取利润。更主要是防止旅游者从导游人员手中购买商品后，出现对商品的质量、价格等不满意，最终导致投诉。

在西方国家，小费是服务行业服务人员获取报酬的主要渠道之一，也是消费者对服务人员优质服务的一种肯定方式，而在我国，对于服务人员收取小费有明确的规定。1987 年 8 月 17 日，经国务院批准，国家旅游局发布了《关于严格禁止在旅游业务中私自收受回扣和收取小费的规定》，规定导游人员不得向旅游者收取小费，目前该《规定》已经废止；《管理条例》则明确规定，不得以明示或者暗示的方式向旅游者索要小费。

所谓的明示方式，就是导游人员用语言等明确的信号告诉旅游者，必须向导游人员给付小费，以示对导游人员辛勤工作的感谢。旅游者可能出于无奈，在被迫而非自愿的情况下把小费交给导游。所谓暗示方式，就是导游人员以较为委婉的语言，表达了他们希望旅游者付给他们小费的方式。例如，导游人员往往会告诉旅游者，导游人员工作如何辛苦，而生活待遇没有保障，旅游者出于一种复杂的心理，付出小费。导游人员不论是采取明示还是暗示方式，其共同点是这些导游人员没有以优质服务赢得旅游者的赞赏，而是以获取小费为目的。《管理条例》和《旅行社质量保证金赔偿试行标准》对此都有明确的处罚办法。

按照《管理条例》的规定，仅仅禁止导游人员以不同的方式向旅游者索要小费，而当旅游者完全出于自愿，向导游人员支付小费以示谢意时，导游人员是否可以接受？接受的后果又将如何？值得进一步探讨。

（9）导游人员进行导游活动，不得欺骗、胁迫旅游者消费或者与经营者串通欺骗、胁迫旅游者消费。每到一个旅游目的地，导游人员除了对当地的风土人情、自然景观等作介绍外，肯定会介绍当地著名的菜肴、丰富的物产，这些介绍往往容易激起旅游者的购买欲望。导游人员对当地商品的性能、产地、价格的介绍应当实事求是，不得夸大其词，无中生有，欺骗旅游者，更不能胁迫旅游者消费。旅游者具有完全民事行为能力，有是否购买商品的独立思考能力。购物应由旅游者和商家自由平等地协商，无须导游人员热心插手，导游人员的任务就是按接待计划将旅游者带到商场。当然，导游人员"与经营者串通胁迫旅游者消费"更是大错特错。

（五）罚则

《管理条例》第18条至第24条，对导游人员违规行为的处罚做了具体的规定。这些处罚措施不仅对导游人员违反上述导游人员义务的惩戒，而且根据不同情况，对违规导游人员所在的相关旅行社也作出了处罚规定。

（1）无导游证进行导游活动的，由旅游行政管理部门责令改正并予以公告，处1000元以上3万元以下的罚款；有违法所得的，并没收违法所得。

（2）导游人员未经旅行社委派，私自承揽或者以其他任何方式直接承揽导游业务，进行导游活动的，由旅游行政管理部门责令整改，处1000元以上3万元以下的罚款；有违法所得的，并处没收违法所得；情节严重的，由省、自治区、直辖市人民政府旅游行政管理部门吊销导游证并予以公告。

（3）导游人员进行导游活动时，有损害国家利益和民族尊严的言行的，由旅游行政管理部门责令改正；情节严重的，由省、自治区、直辖市人民政府旅游行政管理部门吊销导游证并予以公告；对该导游人员所在的旅行社给予警告直至责令停业整顿。

（4）导游人员进行导游活动时未佩戴导游证的，由旅游行政管理部门责令改正；拒不改正的，处500元以下的罚款。

（5）导游人员有下列情形之一的，由旅游行政管理部门责令改正，暂扣导游证3至6个月；情节严重的，由省、自治区、直辖市人民政府旅游行政管理部门吊销导游证并予以公告：①擅自增加或者减少旅游项目的；②擅自变更接待计划的；③擅自中止导游活动的。

（6）导游人员进行导游活动，向旅游者兜售物品或者购买旅游者的物品的，或者以明示或者暗示的方式向旅游者索要小费的，由旅游行政管理部门责令改正，处1000元以上3万元以下的罚款；有违法所得的，并处没收违法所得；情节严重的，由省、自治区、直辖市人民政府旅游行政管理部门吊销导游证并予以公告；对委派该导游人员的旅行社给予警告直至责令停业整顿。

（7）导游人员进行导游活动，欺骗、胁迫旅游者消费或者与经营者串通欺骗、胁迫旅游者消费的，由旅游行政管理部门责令改正，处1000元以上3万元以下的罚款；有违法所得的，并处没收违法所得；情节严重的，由省、自治区、直辖市人民政府旅游行政管理部门吊销导游证并予以公告；对委派该导游人员的旅行社给予警告直至责令停业整顿；构成犯罪的，依法追究刑事责任。

另外，《管理条例》第二十五条对旅游行政管理人员的违规行为的处罚也做了规定：旅游行政管理部门工作人员玩忽职守、滥用职权、徇私舞弊构成犯罪的，依法追究刑事责任；尚不构成犯罪的，依法给予行政处分。

2009年5月1日实施的《旅行社条例》对部分处罚内容作了修订。

案 例

导游私人带团受罚案

某旅行社组团到某市旅游，该市某旅行社导游员未经所在旅行社的委派，以私人名义带领该团游客游览景点，为旅游者提供导游服务。当地旅游行政管理部门接到举报并经查实后，对该导游员作出了行政处罚。该导游员认为自己的行为合法，将当地旅游行政管理部门告上了当地人民法院，请求法院撤销旅游局的行政处罚决定书。法院经过审理后认为，旅游行政管理部门的行政行为事实清楚、程序适当、适用法律正确，驳回了该导游员的诉讼请求。

所谓导游人员，并非指获得导游证的自然人，而是指获得导游证且接受旅行社的委派，为旅游者担任讲解等服务的人员。上述导游员把导游人员的个人行为和职务行为混为一谈，当然会受到旅游行政管理部门的处罚。人民法院的判决进一步说明了该导游员的行为违法，旅游行政管理部门的处罚行为得当。

——资料来源：浙江旅游品质保障网.

第二节　《导游人员管理实施办法》

由于导游人员在旅行社行业的特殊地位和作用，强化对导游人员的管理，规范旅游市场经营秩序，切实保护旅游者的合法权益，是各级旅游行政管理部门的职责所在。2001 年 12 月 27 日，国家旅游局第 15 号局长令发布了《导游人员管理实施办法》（以下简称《办法》），进一步明确了对导游人员管理的各种措施和办法，该《办法》自 2002 年 1 月 1 日起施行。

一、管理总则

《办法》规定，旅游行政管理部门对导游人员实行分级管理；旅游行政管理部门对导游人员实行资格考试制度和等级考核制度；旅游行政管理部门对导游人员实行计分管理制度和年度审核制度。简而言之，旅游行政管理部门通过 5 种制度，加强和完善对导游人员的管理。

二、对导游人员资格和导游人员资格证的管理

（一）导游人员资格的管理

（1）国家实行统一的导游人员资格考试制度。经考试合格者，方可取得导游人员资格证。

（2）国务院旅游行政管理部门负责制定全国导游人员资格考试的政策、标准和对各地考试工作的监督管理。省级旅游行政管理部门负责组织、实施本行政区域内导游人员资格考试工作。直辖市、计划单列市、副省级城市负责本地区导游人员的考试工作。

（3）坚持考试和培训分开、培训自愿的原则，不得强迫考生参加培训。

（二）导游人员资格证的管理

（1）经考试合格的，由组织考试的旅游行政管理部门在考试结束之日起30个工作日内颁发导游人员资格证。

（2）获得导游人员资格证3年未从业的，资格证自动失效。

由于3年没有从事导游工作，导游人员资格证自动失效是个颇受争议的规定。立法者可能更多地考虑到导游行业的特殊性，特别注重导游人员业务的连贯性，故要求考取导游人员资格证后，必须有连续从业的经验。但问题是，从目前国家对各类资格证的有效期的规定看，几乎没有因为未直接从业资格证自动失效的规定。

三、导游证的申领、更换和制作

（一）导游证的申领程序

（1）获得导游人员资格证，并在一家旅行社或导游管理服务机构注册的，持劳动合同或导游管理服务机构登记证明材料向所在地旅游行政管理部门申请办理导游证。所在地旅游行政管理部门是指直辖市、计划单列市、副省级城市旅游行政管理部门以及有相应的导游规模、有相应的导游管理服务机构、有稳定的执法队伍的地市级以上旅游行政管理部门。

（2）取得导游人员资格证的人员申请办理导游证，须参加颁发导游证的旅游行政管理部门举办的岗前培训考核。按照此规定，导游证申领前的法定义务是，必须参加颁发导游证的旅游行政管理部门的岗前培训考核，也就是说，岗前培训并且考核及格是申领导游证的先决条件。如果申领人不参加岗前培训，或者即使参加了岗前培训，而考核不及格，就不能申领导游证，这是《办法》中对申领导游证人员在申领前的特别规定。而在《管理条例》中规定：取得导游人员资格证书的，经与旅行社订立劳动合同或者在导游服务公司登记，方可持所订立的劳动合同或者登记证明材料向省、自治区、直辖市人民政府旅游行政管理部门申请领取导游证。即只要凭借导游资格证和与旅行社或者导游服务公司签订的合同，在15日内，旅游行政管理部门必须无条件地办理导游证。根据上位法效力高于下位法原理，如果申领人按照《管理条例》办理了有效手续，提供了相关凭证，但没有参加岗前培训，或者即使参加了岗前培训，而考核不及格，旅游行政管理部门不向其颁发导游证，只要申领人提起行政诉讼，旅游行政管理部门就面临败诉风险。

（二）导游证更换程序

导游证更换程序较为简便，导游人员应当自觉履行更换导游证的义务：导游证使用3年后，持证人员希望继续从事导游工作，应当在有效期限届满3个月前，向省、自治区、直辖市人民政府旅游行政管理部门申请办理换发导游证手续。如果不及时办理更换手续，导游证就将作废。假如导游人员持已经作废的导游证从事导游工作，其性质等同于无证导游，同样会受到旅游行政管理部门的查处。

《管理条例》对临时导游证颁发和使用有严格的规定。临时导游证的取得不需要经过全国考试，旅行社可以根据实际需要聘请有关人员，并为他们申请临时导游证，这往往给人误解：临时导游证可以轻而易举地获得，那就没有必要辛辛苦苦地考试。为了避免出现这种局面，《管理条例》规定了临时导游证颁发的对象是"具有特定语种语言能力的人员"。这样，临时导游证颁发仅仅针对特定的旅游市场，其范围就十分狭小，而且临时导游证的有效期最长不超过3个月，不得展期。

"不得展期"，就是说临时导游证3个月的有效期过后，其合法性自然消亡，不可以顺延。尽管如此，《管理条例》没有对一个临时导游员一年内可以办理几次临时导游证作出明确规定，给实际工作带来一定的困难。因为按照上述规定，虽然临时导游证有效期仅仅为3个月，但等到临时导游证失效后，该临时导游员似乎又可以进行申请，再次办理临时导游证。那么，一个临时导游只要在一年内办理4次临时导游证，就可以解决没有导游证的困扰，这显然不是立法者的初衷。

（三）导游证的印制

导游人员资格证和导游证由国务院旅游行政管理部门统一印制，在中华人民共和国全国范围内使用。任何单位不得另行颁发其他形式的导游证。

四、导游人员的计分管理

国务院旅游行政管理部门负责制定全国导游人员计分管理政策并组织实施、监督检查。省级旅游行政管理部门负责本行政区域内导游人员计分管理的组织实施和监督检查。所在地旅游行政管理部门在本行政区域内负责导游人员计分管理的具体执行。导游人员计分办法实行年度 10 分制。按照导游违规行为的性质及其危害性，国家旅游行政管理部门制定了不同的扣分标准。

（1）导游人员在导游活动中有下列情形之一的，扣除 10 分：①有损害国家利益和民族尊严的言行的；②诱导或安排旅游者参加黄、赌、毒活动项目的；③有殴打或谩骂旅游者行为的；④欺骗、胁迫旅游者消费的；⑤未通过年审继续从事导游业务的；⑥因自身原因造成旅游团重大危害和损失的。

（2）导游人员在导游活动中有下列情形之一的，扣除 8 分：①拒绝、逃避检查，或者欺骗检查人员的；②擅自增加或者减少旅游项目的；③擅自终止导游活动的；④讲解中掺杂庸俗、下流、迷信内容的；⑤未经旅行社委派私自承揽或者以其他任何方式直接承揽导游业务的。

（3）导游人员在导游活动中有下列情形之一的，扣除 6 分：①向旅游者兜售物品或购买旅游者物品的；②以明示或者暗示的方式向旅游者索要小费的；③因自身原因漏接漏送或误接误送旅游团的；④讲解质量差或不讲解的；⑤私自转借导游证供他人使用的；⑥发生重大安全事故不积极配合有关部门救助的。

（4）导游人员在导游活动中有下列情形之一的，扣除 4 分：①私自带人随团游览的；②无故不随团活动的；③在导游活动中未佩戴导游证或未携带计分卡；④不尊重旅游者宗教信仰和民族风俗。

（5）导游人员在导游活动中有下列情形之一的，扣除 2 分：①未按规定时间到岗的；② 10 人以上团队未打接待社社旗的；③未携带正规接待计划的；④接站未出示旅行社标识的；⑤仪表、着装不整洁的；⑥讲解中吸烟、吃东西的。

五、导游人员被扣分后的管理

（1）导游人员 10 分分值被扣完后，由最后扣分的旅游行政执法单位暂时保留其导游证，并出具保留导游证证明，并于 10 日内通报导游人员所在地旅游行政管理部门和登记注册单位。正在带团过程中的导游人员可持旅游执法单位出具的保留证明完成团队剩余行程。

（2）对导游人员的违法、违规行为除扣减其相应分值外，依法应予处罚的，依据有关法律给予处罚。导游人员通过年审后，年审单位应核销其遗留分值，重新输入初始分值。

六、对旅游行政执法人员的监督

旅游行政执法人员玩忽职守、不按照规定随意进行扣分或处罚的，由上级旅游行政管理部门提出批评和通报，本级旅游行政管理部门给予行政处分。

七、对导游人员的年审管理

（1）国家对导游人员实行年度审核制度。导游人员必须参加年审。国务院旅游行政管理部门负责制定全国导游人员年审工作政策，组织实施并监督检查。省级旅游行政管理部门负责组织、指导本行政区域内导游人员年审工作并监督检查。所在地旅游行政管理部门具体负责组织实施对导游人员的年审工作。

（2）年审以考评为主，考评的内容应包括：当年从事导游业务情况、扣分情况、接受行政处罚情况、游客反映情况等。考评等级为通过年审、暂缓通过年审和不予通过年审三种。①一次扣分达到10分，不予通过年审。②累计扣分达到10分的，暂缓通过年审。③一次被扣8分的，全行业通报。④一次被扣6分的，警告批评。⑤暂缓通过年审的，通过培训和整改后，方可重新上岗。

（3）导游人员必须参加所在地旅游行政管理部门举办的年审培训。培训时间应根据导游业务需要灵活安排。每年累计培训时间不得少于56小时。

（4）旅行社或导游管理服务机构应为注册的导游人员建立档案，对导游人员进行工作培训和指导，建立对导游人员工作情况的检查、考核和奖惩的内部管理机制，接受并处理对导游人员的投诉，负责对导游人员年审的初评。

课堂思考

哪些情形下导游人员将受到暂缓通过年审和不予通过年审的处理？

第三节　导游员等级评定制度

一、导游员的等级

根据《导游员等级评定意见》规定，导游员等级标准适用于我国境内从事导游工作的专、兼职人员。导游员等级分为外语和中文两个系列、四个级别，即特级导游员、高级导游员、中级导游员和初级导游员。

二、导游员等级的评定方法

（1）特级导游员的评定采取以评审考核为主，以考试为辅的方式。评审采用论文答辩、跟团实查和专家审议三种形式；考核工作表现、导游技能、遵纪守法和游客反映；考试科目为第二外语或一种方言。评定工作不定期进行。工作步骤为省（自治区、直辖市）旅游局初评，国家旅游局最终评定。

（2）高级导游员的评定采用考试、考核和评审相结合的方式。考试科目为导游词创作和口译（中文导游员不考）两科。考核、评定方式和工作步骤与特级导游员相同。对高级导游员的评定每三年进行一次。

（3）中级导游员的评定采用考试和考核相结合的方式。考试科目为导游专业知识（含政策与法规、导游基础知识、汉语言文学知识三部分内容）、现场导游两科。考核方式与高级导游员相同。中级导游员的评定每两年组织一次。考试以国家旅游局为主组织实施，考核以省（自治区、直辖市）旅游局为主组织实施。

（4）初级导游员的评定采取考核方式。凡取得导游资格证书后工作满1年，经考核合格者，即可成为初级导游员。

案　例

导游服务质量问题引发争议

　　某旅行社组织旅游团去某市旅游。在前往某著名景点的路上，导游员说旅游费中已含该景点的门票，大家可以选择乘缆车或者步行，都不必增加费用，大部分旅游者选择乘坐缆车。在缆车入口处被告知，如果乘坐缆车，必须补足差价。旅游者马上出现了分歧：有的游客愿意补差价乘坐缆车，有的游客不愿意乘坐缆车，也有游客犹豫不决的。这次游览的时间比正常安排延长了两个小时。旅游者认为，时间延误纯粹是由于导游员的业务不熟造成的，要求导游员作出解释。事后，导游员经过反复解释和说明，才取得了旅游者的谅解，平息了旅游者的不满。

　　导游人员自身业务素质和职业技能的高低不仅代表导游员个人，而且直接关系到其带团的服务质量。我们难以想象，一个自身素质很差的导游员，能够为旅游者提供优质服务。我们同样难以想象，一个缺乏职业技能的导游员，能够顺利完成旅游计划。所以，为了不断提高导游人员的业务素质和职业技能，国家对导游人员实行等级考核制度，把导游人员划分为特级、高级、中级、初级四个等级，鼓励导游人员参加等级考试。

——资料来源：浙江旅游品质保障网

三、导游员等级的组织管理

　　（1）导游员等级的组织管理采取由国家旅游局统一政策、统一管理，与地方旅游局分工负责组织实施的办法。

　　（2）逐步建立导游员等级注册登记制度。各级资格有效期一般为 5 年。有效期满，持证者要按有关规定主动到发证机关办理注册登记，并进行相应的培训和考核。逾期不办理的其证件自行作废。

四、政策和措施

　　（1）每次等级考试后通过新闻媒介向国内外公布特级、高级和中级导游员名单及旅行社、导游公司导游员的等级构成情况。

（2）各旅行社、导游公司应在待遇方面对不同级别的导游员加以区别，拉开档次。已实行岗位技能工资的单位，应以导游员等级作为岗位技能工资的评定依据。这是旅行社、导游公司鼓励导游员不断充实自己、提高服务技巧和技能、积极参加导游员等级考试的奖励和激励机制。

？复习与思考

一、名词解释

导游人员

二、填空题

1.导游人员是指依照本条例的规定取得＿＿＿＿，接受旅行社委派，为旅游者提供向导、讲解及相关旅游服务的人员。

2.经考试合格的，由国务院旅游行政管理部门或者国务院旅游行政管理部门委托省、自治区、直辖市人民政府旅游行政管理部门颁发＿＿＿＿。

3.导游人员进行导游活动，必须经旅行社＿＿＿＿。

4.导游人员在导游活动中有损害国家利益和民族尊严的言行的，扣除＿＿＿＿分。

5.导游人员通过年审后，年审单位应核销其遗留分值，重新输入＿＿＿＿。

6.累计扣分达到10分的，暂缓通过＿＿＿＿。

7.导游人员进行导游活动时未佩戴导游证的，由旅游行政管理部门责令改正；拒不改正的，处＿＿＿＿元以下的罚款。

8.导游人员擅自增加或者减少旅游项目的，由旅游行政管理部门责令改正，暂扣导游证＿＿＿＿；情节严重的，由省、自治区、直辖市人民政府旅游行政管理部门吊销导游证并予以公告。

9.导游员等级分为＿＿＿＿和＿＿＿＿两个系列。

10.导游人员进行导游活动时，应当佩戴导游证。导游证的有效期为＿＿＿＿。

三、选择题（请选择一个正确答案，填在相应的位置）

1. 导游人员未经旅行社委派，私自承揽或者以其他任何方式直接承揽导游业务，进行导游活动，由旅游行政管理部门责令整改，处（　　）的罚款。

　　A. 1000 元以上 3 万元以下　　　　B. 1000 元以下

　　C. 500 元以下　　　　　　　　　　D. 1000 元到 5000 元

2. 获得导游资格证（　　）年未从业的，资格证自动失效。

　　A. 3　　　　　　　B. 2　　　　　　　C. 4　　　　　　　D. 1

3. 导游人员在导游活动中有（　　）情形，扣除 10 分。

　　A. 欺骗、胁迫旅游者消费的　　　B. 讲解中掺杂庸俗、下流、迷信内容的

　　C. 讲解质量差或不讲解的　　　　D. 私自带人随团游览的

4. 导游人员在导游活动中有（　　）情形，扣除 8 分。

　　A. 有殴打或谩骂旅游者行为的

　　B. 拒绝、逃避检查，或者欺骗检查人员的

　　C. 在导游活动中未佩戴导游证或未携带计分卡的

　　D. 仪表、着装不整洁的

5. 旅行社的导游人员在带团游览过程中，如果发生旅游安全事故，导游人员应及时向所属旅行社和（　　）报告。

　　A. 旅行社所在地旅游行政管理部门　B. 当地旅游行政管理部门

　　C. 旅行社所在地公安部门　　　　　D. 当地公安部门

6. 导游人员计分办法实行年度（　　）分制。

　　A. 4　　　　　　　B. 6　　　　　　　C. 8　　　　　　　D. 10

7. 导游人员享有（　　）的权利。

　　A. 导游人员进行导游活动时，其人格尊严应当受到尊重，其人身安全不受
　　　　侵犯

　　B. 不断提高自身业务素质和职业技能

　　C. 利用工作之便私自带团

　　D. 进行导游活动时佩戴导游证

8. 导游人员在引导旅游者旅行、游览过程中，遇到可能危及（　　）的紧急情形时，经征得多数旅游者的同意，可以调整或者变更接待计划，但是应当立即报告

旅行社。

    A. 旅游者人身安全　　　　　　　B. 旅游者财务安全

    C. 旅游者利益　　　　　　　　　D. 旅行社利益

9. 导游人员进行导游活动，（　　）。

    A. 可以私自承揽业务　　　　　　B. 可以直接承揽导游业务

    C. 必须经旅行社委派　　　　　　D. 必须经旅行社管理部门批准

10. 导游人员资格证和导游证由（　　）统一印制，在中华人民共和国范围内使用。

    A. 国务院旅游行政管理部门

    B. 省、直辖市、自治区人民政府旅游行政管理部门

    C. 市人民政府旅游行政管理部门

    D. 县人民政府旅游行政管理部门

11. 年审以考评为主，考评的内容应包括：当年从事导游业务情况、扣分情况、接受行政处罚情况、游客反映情况等。（　　），不予通过年审。

    A. 一次扣分达到 10 分的　　　　B. 累计扣分达到 10 分的

    C. 一次被扣 8 分的　　　　　　　D. 一次被扣 6 分的

12. 导游人员谢某违反导游管理法规，被旅游行政管理部门处以吊销导游证的处罚，其又参加导游人员资格考试并合格，遂与某旅行社订立劳动合同。对此，旅游行政管理部门（　　）。

    A. 可以重新对谢某颁发导游证　　B. 必须在 15 日内对谢某颁发导游证

    C. 不得对谢某颁发导游证　　　　D. 不存在不可以颁发的情形

13. 导游证有效期为 3 年，到期后可以更换；临时导游证最长为 3 个月，而且（　　）。

    A. 可以更换　　B. 可以延期　　C. 不得延期　　D. 不必年审

14. 导游员王某在带团过程中将导游证放在旅行包内。旅游局执法人员在检查时发现王某未佩戴导游证，再三要求其佩戴。王某不听劝告，旅游局可以对导游员王某处以（　　）元的罚款。

    A. 300　　　　　B. 800　　　　　C. 600　　　　　D. 1000

15. 导游人员临时为旅游者增加服务项目，但不收费，导游的行为属于（　　）行为。

    A. 合理　　　　B. 正常　　　　C. 合法　　　　D. 违约

四、判断题

1. 在中华人民共和国境内从事导游活动，必须取得导游证。（　　）

2. 导游人员进行导游活动时，应当自觉维护国家利益和民族尊严，不得有损害国家利益和民族尊严的言行。（　　）

3. 导游资格证书和培训可以不分开，考试机构可以要求应试人员参加培训。（　　）

4. 取得《导游人员资格证》和导游证可以在任何地方使用。（　　）

5. 暂缓通过年审的，经过暂缓期限后即可以重新上岗。（　　）

6. 受过刑事处罚的人员一律不能取得导游证。（　　）

7. 国家对导游人员实行年度审核制度。导游人员必须参加年审。（　　）

8. 凡取得导游资格证书后工作满 1 年，经考核合格者，即可以成为初级导游员。（　　）

9. 依法获得的全国导游资格证终身有效。（　　）

10. 导游人员通过年审后，年审单位应核其遗留分值，累计入下一年的初始分值。（　　）

五、简答题

1. 什么是导游人员？

2. 获得导游资格证、导游证的程序是什么？

3. 简述导游证和临时导游证的区别。

4. 导游人员的权利和义务有哪些？

5. 对违规导游人员有哪些处罚措施？

6. 举例说明导游人员在哪些情况下将被扣 10 分。

7. 哪些情形下导游人员将受到暂缓通过年审和不予通过年审的处理？

8. 导游员有哪几个等级？各级导游员应具备哪些条件？

六、案例分析

案例1：导游员私自增加项目引发争议

1998 年 7 月，北京某国内旅行社组织接待了从外地某市来北京旅游的一行 34 人的团队。在参观游览过程中，作为地陪导游的高某为了节省时间以增加计划以外的游览项目，私自减少了两个计划景点，并一再对客人说，大家到北京来一次不容易，既然来了就应多看一些景点。在征得大多数客人同意并对每位客人加收了 50 元钱的基础上，增加了四个景点。在团队活动期间，高某还向客人兜售了纪念邮票册 8 套。由于夏天气候炎热，加上团队老人较多，故此，许多客人感到在计划景点的参观时间太短、太仓促，并对高某额外增加景点的行为表示不满。旅游结束后，该团客人集体签名向旅游行政管理部门投诉，并要求对导游员高某进行处罚。

——资料来源：中国导游信息网论坛．

根据以上案例，回答如下问题：

1. 导游员高某的行为违反了哪些规定？

2. 应给予该导游员及委派的旅行社怎样的处罚？

案例 2：王某可以再次申请领取导游证吗？

1997 年某国际旅行社导游人员王某因犯过失伤害罪被人民法院审理，因其行为情节轻微，被判处免予刑事处罚。1998 年因该导游人员在带团过程中胁迫旅游者消费，情节严重，被旅游行政管理部门依法吊销导游证。1999 年，王某又参加导游人员资格考试并合格，取得导游人员资格证书。但当其向旅游行政管理部门申请领取导游证时，被旅游行政管理部门拒绝。王某对旅游行政管理部门的这一具体行政行为不服，依法向上一级旅游行政机关申请复议。

——资料来源：http://www.cctv268.com.

根据以上案例，回答如下问题：

1. 王某是否可以就旅游行政管理部门拒绝对其颁发导游证的行为向上一级旅游行政机关申请复议？

2. 其法律依据是什么？

七、实践与训练

1. 调查与访问：访问当地旅行社、景区，了解"野导"情况。学生自愿组成小组，每组 6~8 人。组织一次课堂交流与讨论，时间为 1 节课。

讨论问题：为什么会存在"野导"？如何治理"野导"？

2. 活动：由一学生模仿导游员带团讲解的不规范行为（如未佩戴导游证并且边吃东西边讲解等），其他同学根据《导游人员管理实施办法》，模拟进行计分管理。

📖 推荐阅读

1. 中国导游信息网论坛（导游的栖息地）.

2. 浙江旅游品质保障网.

3. 导游考试网.

4. 黄恢月. 常见旅游纠纷防范与应对指南［M］. 北京：旅游教育出版社，2011.

旅游饭店管理法规制度

　　旅游饭店是旅游业三大支柱之一。旅游饭店为游客在旅游行程中提供住宿、餐饮和娱乐服务，其服务质量是整个旅游服务质量的重要组成部分，也直接影响到旅游者对旅游行程的感受。涉及旅游饭店的法律关系广泛而复杂，相关的法律规定分别属于民法、行政法等法律部门。

　　目前，我国对旅游饭店业的规范还没有一部专门的管理法规，仅由有关部门制定的一系列法规来进行调整，本章阐述了《中华人民共和国评定旅游涉外饭店星级的规定》、《旅游饭店星级的划分与评定》、《旅馆业治安管理办法》、《娱乐场所管理条例》、《中华人民共和国消防法》的主要内容。

学习目标　》

知识目标

1. 了解旅游饭店及其星级划分。
2. 明确旅游饭店的治安、消防管理规定。
3. 掌握旅游饭店星级划分评定规则。

能力目标

能运用旅游饭店管理的相关法规、国家标准，掌握旅游饭店星级评定的方法，规范旅游饭店的各项服务。

星级饭店的星级评定

广州某饭店欲申请评定三星级饭店，并责成饭店工作人员小李全权负责此事。可是在工作刚开始进行时，小李就遇到了麻烦：他不了解饭店的星级评定程序，因而不知道如何开展此项工作。

——资料来源：江少华.律师答疑——旅游纠纷［M］.中国法制出版社，2009.

案 例 分 析

旅游饭店星级评定的程序是如何规定的？

旅游饭店是旅游业重要的组成部分，在旅游业中占有相当的地位。为了科学、规范地管理旅游饭店，便于旅游者选择，国际上采用通行的旅游饭店星级评定制度，我国旅游饭店的评定标准在此大背景下应运而生。1988年8月，国家旅游局参照国际标准，结合我国旅游饭店的发展现状和具体国情，发布了《中华人民共和国旅游涉外饭店星级标准》、《中华人民共和国评定旅游涉外饭店星级的规定》。1993年9月，国家技术监督局发布了《旅游涉外饭店星级的划分和评定》（GB/T14308—93）。1997年10月，经过首次修改，国家技术监督局发布了《旅游涉外饭店星级的划分和评定》（GB/T14308—1997）。国家旅游局又发布了《中华人民共和国评定旅游涉外饭店星级的规定》、《中华人民共和国旅游涉外饭店星级评定检查员制度》等相关制度和措施。2004年，国家质量监督检验检疫总局再次对评定标准做出修订，颁布了《旅游饭店星级的划分和评定》（以下简称《划分和评定》），构成了具有中国特色的旅游涉外饭店的星级评定制度。

第一节 《旅游饭店星级的划分和评定》

一、旅游饭店

旅游饭店就是能够以夜为时间单位向旅游客人提供配有餐饮及相关服务的住宿设施，按不同习惯它也被称为宾馆、酒店、旅馆、旅社、宾舍、度假村、俱乐部、大厦、中心等。

二、星级

用星的数量和设色表示旅游饭店的星级。旅游饭店星级分为五个等级，即一星级、二星级、三星级、四星级、五星级（含白金五星级）。星级越高，表示旅游饭店的档次越高。预备星级作为星级的补充，其等级与星级相同。

星级以镀金五角星为符号，用一颗五角星表示一星级，两颗五角星表示二星级，三颗五角星表示三星级，四颗五角星表示四星级，五颗五角星表示五星级，五颗白金五角星表示白金五星级。

三、星级评定总则

由若干建筑物组成的饭店其管理使用权应当一致，饭店内包括出租营业区域在内的所有区域应当是一个整体，评定星级时不能因为某一区域财产权或经营权的分离而区别对待。

饭店开业 1 年后可以申请星级，经星级评定机构评定批复后，可以享受 5 年有效的星级及其标志使用权。开业不足 1 年的饭店可以申请预备星级，有效期为 1 年。

除非本标准有更高要求，饭店的建筑、附属设施、服务项目和运行管理必须符合安全、消防、卫生、环境保护等现行的国家有关法规和标准。

四、星级的评定规则

（一）星级评定的责任分工

旅游饭店星级评定工作由全国旅游饭店星级评定机构统筹负责，其责任是制定星级评定工作的实施办法和检查细则，授权并监督省级以下旅游饭店星级评定机构开展星级评定工作，组织实施五星级饭店的评定与复核工作，保有对各级旅游饭店星级评定机构所评饭店星级的否决权。

省、自治区、直辖市旅游饭店星级评定机构按照全国旅游饭店星级评定机构的授权和督导，组织本地区旅游饭店星级评定与复核工作，保有对本地区下级旅游饭店星级评定机构所评饭店星级的否决权，并承担推荐五星级饭店的责任。同时，负责将本地区所评星级饭店的批复和评定检查资料上报全国旅游饭店星级评定机构备案。

其他城市或行政区域旅游饭店星级评定机构按照全国旅游饭店星级评定机构的授权和所在地区省级旅游饭店星级评定机构的督导，实施本地区旅游饭店星级评定与复核工作，保有对本地区下级旅游饭店星级评定机构所评饭店星级的否决权，并承担推荐较高星级饭店的责任。同时，负责将本地区所评星级饭店的批复和评定检查资料逐级上报全国旅游饭店星级评定机构备案。

（二）星级的申请

申请星级的旅游饭店均须执行《旅游统计调查制度》，承诺履行向全国旅游饭店星级评定机构提供不涉及本饭店商业机密的经营管理数据的义务。

旅游饭店申请星级，应向相应评定权限的旅游饭店星级评定机构递交星级申请资料；申请四星级以上的饭店，应按属地原则逐级递交申请资料。申请资料包括：饭店星级申请报告、自查自评情况说明及其他必要的文字和图片资料。

（三）星级的评定规程

1. 受理

接到饭店星级申请报告后，相应评定权限的旅游饭店星级评定机构应在核实申请材料的基础上，于14天内做出受理与否的答复。对申请四星级以上的饭店，其所在地旅游饭店星级评定机构在逐级递交或转交申请材料时应提交推荐报告或转交报告。

2. 检查

受理申请或接到推荐报告后，相应评定权限的旅游饭店星级评定机构应在 1 个月内以明察和暗访的方式安排评定检查。检查合格与否，检查员均应提交检查报告。对检查未予通过的饭店，相应星级评定机构应加强指导，待接到饭店整改完成并要求重新检查的报告后，于 1 个月内再次安排评定检查。对申请四星级以上的饭店，检查分为初检和终检。

（1）初检。初检由相应评定权限的旅游饭店星级评定机构组织，委派检查员以暗访或明察的形式实施检查，并将检查结果及整改意见记录在案，供终检时对照使用；初检合格，方可安排终检。

（2）终检。终检由相应评定权限的旅游饭店星级评定机构组织，委派检查员对照初检结果及整改意见进行全面检查；终检合格，方可提交评审。

3. 评审

评审的主要内容有：审定申请资格、核实申请报告、认定本标准的达标情况、查验违规及事故、投诉的处理情况等。

4. 批复

对于评审通过的饭店，旅游饭店评定机构应给予评定星级的批复，并授予相应星级的标志和证书。对于经评审认定达不到标准的饭店，旅游饭店星级评定机构不予批复。

（四）星级的评定办法

星级评定按照本标准及附录 A、附录 B 和附录 C 中给出的最低得分和得分率执行，服务与管理制度评价表参见附录 D。星级评定和复核的检查工作由星级标准检查员承担。

（五）星级的评定原则

饭店所取得的星级表明该饭店所有建筑物、设施设备及服务项目均处于同一标准。如果饭店由若干座不同建筑水平或设施设备标准的建筑物组成，旅游饭店评定机构应按每座建筑物的实际标准评定星级。评定星级后，不同星级的建筑物不能继续使用相同的饭店名称。否则，旅游饭店评定机构应不予批复或收回星级标志和证书。

也就是说，星级评定是以饭店软、硬件为依据。即使是同一家饭店，只要该饭店是由不同建筑物组成的，如果饭店的软、硬件不同，应当根据其实际被评定为不同的星级。例如，"湖滨饭店"由两座不同档次的建筑物组成，其中一座建筑物被评定为四星级，另一座建筑物被评定为二星级。根据此项规定，二星级的建筑物不能使用"湖滨饭店"的名称，否则湖滨饭店的四星级无效。

案　例

旅游饭店的等级认定

某旅行社组织了一个会议旅游团入住某四星级饭店。事先旅行社与饭店已约定付款方式：团队到达后预付部分旅游团款，团队离开后按实际使用的房间数结算。由于旅行社不知道该饭店由几座建筑设施组成，而他们入住的四楼没有电梯，给客人带来不便。客人入住时就有抱怨，再加上其他因素的影响，导致了旅游团款纠纷，饭店和旅行社发生了激烈的争执，进而饭店扣留了旅行社的总经理，引起了旅行社的强烈不满。

本例涉及几个问题，其中之一是旅行社认为，该饭店未达到四星级饭店的标准。对照《划分和评定》标准，该饭店的星级标志的确值得探讨。

——资料来源：浙江旅游品质保障网

饭店取得星级后，因改造发生建筑规格、设施设备和服务项目的变化，关闭或取消原有设施设备、服务功能或项目，导致达不到原星级标准的，必须向原旅游饭店星级评定机构申报，接受审核或重新评定。否则原旅游饭店星级评定机构应收回该饭店的星级证书和标志。

某些特色突出或极其个性化的饭店，若其自身条件与本标准规定的条件有所区别，可以直接向全国旅游饭店星级评定机构申请星级。全国旅游饭店星级评定机构应在接到申请后1个月内安排评定检查，根据检查和评审结果给予评定星级的批复，并授予相应星级的证书和标志。

（六）星级的复核及处理

星级复核是星级评定工作的重要补充部分，其目的是督促已取得星级的饭店持续达标，其责任划分完全依照星级评定的责任分工。对已经评定星级的饭店，旅游饭店星级评定机构应按照本标准及其附录 A、附录 B 和附录 C 进行复核，每年一次。

复核工作应在饭店对照星级标准自查自纠，并将自查结果报告旅游饭店星级评定机构的基础上，由旅游饭店星级评定机构以明察或暗访的形式安排抽查验收。旅游饭店星级评定机构应于本地区复核工作结束后进行认真总结，并逐级上报复核结果。

对严重降低或复核认定达不到本标准相应星级的饭店，按以下办法处理：

（1）旅游饭店星级评定机构根据情节轻重给予签发警告通知书、通报批评、降低或取消星级的处理，并在相应范围内公布处理结果。

（2）凡在 1 年内接到警告通知书 3 次以上或通报批评 2 次以上的饭店，旅游饭店星级评定机构应降低或取消其星级，并向社会公布。

（3）被降低或取消星级的饭店，自降低或取消星级之日起 1 年内，不予恢复或重新评定星级；1 年后，方可重新申请星级。

（4）已取得星级的饭店如发生重大事故，造成恶劣影响，其所在地旅游饭店星级评定机构应立即反映情况或在权限范围内做出降低或取消星级的处理。

饭店接到警告通知书、通报批评、降低星级的通知后，必须认真整改并在规定期限内将整改情况报告处理机构。旅游饭店星级评定机构对星级饭店进行处理的责任分工依照星级评定的责任分工办理。全国旅游饭店星级评定机构保留对各星级饭店的直接处理权。凡经旅游饭店星级评定机构决定提升或降低、取消星级的饭店，应立即将原星级标志和证书交还授予机构，由旅游饭店星级评定机构做出更换或没收的处理。

（七）星级的标志和证书

旅游饭店星级的标志和证书由全国旅游饭店星级评定机构统一制作、核发。旅游饭店星级的标志须置于饭店前厅最明显位置。

第二节　旅游饭店的治安、消防管理规定

　　旅游饭店既为旅游者提供安全舒适的物质享受，又为旅游者提供各具风情的精神享受。旅游者除了观光游览外，大部分时间是在旅游饭店度过的。旅游饭店的治安、消防成为旅游管理者和旅游者共同关心的问题，我国政府对此十分重视，制定了一系列的法律、法规。尽管这些法律、法规的出台并非专门针对旅游饭店，但客观上对旅游饭店的规范发展起到了积极的作用。

一、旅游饭店的治安管理

（一）旅游饭店治安管理制度的主要内容

　　经国务院批准，1987 年 11 月 10 日，公安部发布了《旅馆业治安管理办法》，对旅馆业的治安管理做出了明确规定。

　　（1）经营旅馆必须建立各项安全制度，设置治安保卫组织或指定安全保卫人员。

　　（2）接待客人住房必须登记，旅客住店登记时，旅馆必须查验旅客的身份证件，并要求旅客按规定的项目如实登记。在接待境外旅客住宿时，除了要履行上述查验身份证件、如实登记规定项目外，旅馆还应当在 24 小时内向当地公安机关报送住宿登记表。

　　（3）应当设置旅客财物保管箱、柜或保管室，指定专人负责保管工作，对寄存的财物要建立登记、领取和交接制度。

　　（4）对客人遗留的物品应当妥善保管，设法归还原主或公示招领，经招领 3 个月无人认领的，要登记造册，送当地公安机关按拾遗物品处理。

　　（5）对违禁物品和可疑物品，应当及时报告公安机关处理。

（6）饭店工作人员发现违法犯罪分子、形迹可疑人员和被公安机关通缉的罪犯，应当立即向当地公安机关报告，不得知情不报或隐瞒包庇。

（7）在旅馆内开办舞厅、音乐茶座等娱乐服务场所的，应当按照国家和当地政府的有关规定管理。

（8）严禁旅客将易燃、易爆、剧毒、腐蚀性和放射性等危险物品带入旅馆。

（9）旅馆内严禁卖淫、嫖宿、赌博、吸毒、传播淫秽物品等违法犯罪活动。

（二）旅游饭店的娱乐场所管理的主要内容

旅游饭店在为旅游者提供食宿服务的同时，也为旅游者提供娱乐服务。2006 年 1 月 29 日，国务院第 458 号令发布了《娱乐场所管理条例》，2006 年 3 月 1 日开始施行。《娱乐场所管理条例》第 2 条规定，所谓娱乐场所，是指以营利为目的，并向公众开放、消费者自娱自乐的歌舞、游艺等场所。

娱乐场所管理的主要内容是：

1. 合法经营

任何单位未经文化行政主管部门、公安机关、卫生行政主管部门依照条例审核合格，并领取营业执照的，不得从事娱乐场所经营活动。

2. 娱乐场所禁止从事的经营活动

包括禁止在娱乐场所从事的活动、严禁娱乐场所经营单位及其人员从事的活动、娱乐场所的治安规定三方面的内容。

（1）禁止娱乐场所内的娱乐活动含有下列内容：①违反宪法确定的基本原则的。②危害国家统一、主权或者领土完整的。③危害国家安全，或者损害国家荣誉、利益的。④煽动民族仇恨、民族歧视，伤害民族感情或者侵害民族风俗、习惯，破坏民族团结的。⑤违反国家宗教政策，宣扬邪教、迷信的。⑥宣扬淫秽、赌博、暴力以及与毒品有关的违法犯罪活动，或者教唆犯罪的。⑦违背社会公德或者民族优秀文化传统的。⑧侮辱、诽谤他人，侵害他人合法权益的。⑨法律、行政法规禁止的其他内容。

（2）严禁娱乐场所经营单位及其人员从事下列活动：①贩卖、提供毒品，或者组织、强迫、教唆、引诱、欺骗、容留他人吸食、注射毒品。②组织、强迫、引诱、容留、介绍他人卖淫、嫖娼。③制作、贩卖、传播淫秽物品。④提供或者从事以营利为目的的陪侍。⑤赌博。⑥从事邪教、迷信活动。⑦其他违法犯罪行为。

（3）娱乐场所的治安规定：①娱乐场所的从业人员不得吸食、注射毒品，不得卖淫、嫖娼。娱乐场所及其从业人员不得为进入娱乐场所的人员实施上述行为提供条件。②任何人不得非法携带枪支、弹药、管制器具或者携带爆炸性、易燃性、毒害性、放射性、腐蚀性等危险物品和传染病病原体进入娱乐场所。③每日凌晨2时至上午8时，娱乐场所不得营业。

3. 娱乐场所包厢、包间设置的规定

《娱乐场所管理条例》对娱乐场所包厢、包间的设置做出了规定：歌舞娱乐场所设置的包厢、包间应当安装展现室内整体环境的透明门窗，并不得有内锁装置。

（三）罚则

1. 对违反《旅馆业治安管理办法》的处罚

（1）开办旅馆未经当地公安机关同意的，公安机关可以酌情给予警告或者处以200元以下罚款；未经登记私自开业的，公安机关应当协助工商行政管理部门依法处理。

（2）旅馆工作人员发现违法犯罪分子、形迹可疑人员和被公安机关通缉的罪犯，未向当地公安机关报告，知情不报或隐瞒包庇的，公安机关可酌情给予警告或处以200元以下罚款，情节严重构成犯罪的，依法追究刑事责任。

（3）旅馆负责人参与违法犯罪活动，其所经营的饭店已成为犯罪活动场所的，公安机关除依法追究其责任外，还应当会同工商行政管理部门依法处理该旅馆。

（4）旅馆违反住宿登记制度，违反严禁旅客将易燃、易爆、剧毒、腐蚀性、放射性等危险物品带入饭店的规定，违反严禁在饭店内卖淫、嫖宿、赌博、吸毒、传播淫秽物品等违法犯罪活动的规定，依照《中华人民共和国治安管理处罚条例》有关条款规定，处罚有关人员；发生重大事故，造成严重后果构成犯罪的，依法追究刑事责任。

2. 对违反《娱乐场所管理条例》的处罚

（1）娱乐场所实施本条例第十四条禁止行为的，由县级公安部门没收违法所得和非法财物，责令停业整顿3个月至6个月；情节严重的，由原发证机关吊销娱乐经营许可证，对直接负责的主管人员和其他直接责任人员处1万元以上2万元以下

的罚款。

（2）娱乐场所违反本条例规定，有下列情形之一的，由县级公安部门责令改正，给予警告；情节严重的，责令停业整顿1个月至3个月：①照明设施、包厢、包间的设置以及门窗的使用不符合本条例规定的。②未按照本条例规定安装闭路电视监控设备或者中断使用的。③未按照本条例规定留存监控录像资料或者删改监控录像资料的。④未按照本条例规定配备安全检查设备或者未对进入营业场所的人员进行安全检查的。⑤未按照本条例规定配备保安人员的。

（3）娱乐场所违反本条例规定，有下列情形之一的，由县级公安部门没收违法所得和非法财物，并处违法所得2倍以上5倍以下的罚款；没有违法所得或者违法所得不足1万元的，并处2万元以上5万元以下的罚款；情节严重的，责令停业整顿1个月至3个月：①设置具有赌博功能的电子游戏机机型、机种、电路板等游戏设施设备的。②以现金、有价证券作为奖品，或者回购奖品的。

（4）娱乐场所指使、纵容从业人员侵害消费者人身权利的，应当依法承担民事责任，并由县级公安部门责令停业整顿1个月至3个月；造成严重后果的，由原发证机关吊销娱乐经营许可证。

二、旅游饭店的消防管理

我国非常重视消防工作，早在1957年就颁布了《消防监督条例》。1984年5月13日又将该条例充实完善，颁布了《中华人民共和国消防条例》，同年3月12日还颁布了《古建筑消防管理规则》。1986年6月颁布了《高层建筑消防管理规则》。2008年10月28日修订通过《中华人民共和国消防法》正式公布，自2009年5月1日起施行。修订后的《中华人民共和国消防法》进一步阐明消防工作贯彻预防为主、防消结合的方针，按照政府统一领导、部门依法监管、单位全面负责、公民积极参与的原则，实行消防安全责任制，建立健全社会化的消防工作网络。

（一）与旅游饭店有关的消防管理具体要求

（1）高层建筑的防火设计图纸，必须经当地公安消防监督机关审核批准，方可交付施工。施工中不得擅自变更防火设计内容，确需变更的，必须经当地公安消防监督机关核准。

（2）高层建筑的高级宾馆、饭店和医院病房楼的室内装修，应当采用非燃或难熔材料。

（3）餐厅、舞厅、酒吧间以及游乐场、礼堂、剧院和体育馆等公共场所，必须按额定人数售票，场内不准超员。

（4）居住宾馆、饭店的旅客，不得将易燃易爆化学物品带入建筑物内；宾馆、饭店的客房内，不准使用电炉、电熨斗、电烙铁等电热器具，不得安装复印机、电传打字机等办公设备，确因工作需要，应经消防安全机构审批。

（5）建筑物内的走道、楼梯、出口等部位，要经常保持畅通，严禁堆放物品，疏散标志和指示灯，要保持完整好用。

（6）高级宾馆和饭店要设有与附近公安消防队直通的火警电话，宾馆、饭店各楼层服务台的值班人员，在火灾紧急情况下，必须负责引导住客迅速安全转移，客房内应有安全疏散路线指导图。

（7）餐厅、各楼层服务台、走道等应当配置相应种类的轻便灭火器材，宾馆、饭店的各楼层宜配备供住客自救用的安全门或缓降器、软梯、救生袋等避难救生器具等。

（二）对违反消防管理要求的处罚

凡有下列情形之一的，情节较轻的，由经营或使用单位给予经济处罚、行政纪律处分；情节严重的，由公安机关依照治安管理处罚条例的有关规定给予处罚；构成犯罪的，依法追究刑事责任：（1）擅自将消防设备、器材挪作他用或损坏的。（2）违反消防法规和制度的。（3）对存在火险隐患拒不整改的。（4）造成火灾事故的直接责任人。（5）贯彻消防法规不力，管理不严或因玩忽职守而引起火灾事故的单位领导人。

案　例

游客住宿时财物遭窃，损失由谁承担？

2002年6月17日，24名游客由旅行社组织前往武夷山、三清山游览。6月19日晚9时，旅游团由地接社江西玉山某旅行社安排下榻于玉山某宾馆。次日清晨，游客王某、周某一觉醒来发现自己所住的房间被盗。报案后几分钟，玉山刑警大队赶到宾馆，经清点和询问发现，游客王某被盗700元现金，一个价值500元的皮包；游客周某被盗一部2500元的手机，一张 100 元招商卡，一条 200 元的皮带以及 1120 元现金，二人共计损失 5120 元。刑警人员经侦查发现，窃贼是沿着二楼雨棚爬到窗外，然后从外打开窗子爬进客房（窗子的锁扣已坏）窃取钱物的。6 月 20 日晚 6 时，游客、地接社、宾馆王经理和当地保险公司就失窃案处理协商。无锡游客提出此次失窃是由于宾馆防盗设施不完善造成的，故 5120 元钱物应由宾馆全赔，但王经理却提出："宾馆大堂及客房内均有'贵重物品请寄存'的告示。你不寄存，责任不在我方，再说现金失窃多少谁也说不清，考虑到宾馆客房窗户是有问题，宾馆出于人道主义的考虑可以出 1000 元表示一下。"游客坚决不同意，协商未果。2002 年 12 月，组团社无锡某旅行社经过与游客谈判，同意赔偿游客钱物损失 3600 元，并将此赔款从给玉山某旅行社的团款中扣除。玉山某旅行社在遭受损失 3600 元、同时协调不成的前提下，将宾馆作为被告，上诉至玉山县人民法院。

分析：首先，根据公安部发布的《旅馆业治安管理办法》第 3 条的规定："开办旅馆，其房屋建筑、消防设备、出入口和通道等，必须符合《消防法》等有关规定，并且应具备必要的防盗安全设施。"本案中，宾馆客房的窗户无反扣，小偷可以从窗外打开窗户，显然宾馆未按照法律规定安装必要的防盗安全设施，因此，应就游客的损失承担一定的责任。其次，游客在住店期间往往随身带有财物，为保障游客财物的安全，减少失窃被盗等治安案件的发生，游客应将贵重物品寄存。本案中，宾馆具备相应的寄存客人贵重物品的设施，游客应将贵重物品寄存，所以，本案中的游客也有过错，但主要责任在玉山某宾馆。

——资料来源：浙江旅游品质保障网.

复习与思考

一、名词解释

旅游饭店　娱乐场所　星级

二、填空题

1._____ 就是能够以夜为时间单位向游客提供配有餐饮及相关服务的住宿设施。

2._____ 作为星级的补充，其等级与星级相同。

3.旅游饭店星级评定工作由_____星级评定机构统筹负责。

4. 凡在_____年内接到警告通知书3次以上或通报批评2次以上的饭店，旅游饭店星级评定机构应降低或取消其星级，并向社会公布。

5. 对客人遗留的物品应当妥善保管，设法归还原主或公示招领，经招领_____无人认领的，要登记造册，送当地公安机关按拾遗物品处理。

6. 每日凌晨2时至上午8时，娱乐场所不得_____。

7. 所谓_____，是指以营利为目的，并向公众开放、消费者自娱自乐的歌舞、游艺等场所。

8. 饭店工作人员发现_____、形迹可疑人员和被公安机关通缉的罪犯，应当立即向当地公安机关报告，不得知情不报或隐瞒包庇。

9. 《消防法》进一步阐明消防工作贯彻_____、防消结合的方针。

10. 宾馆、饭店的客房内，不准使用电炉、电熨斗、电烙铁等_____。

三、选择题（请选择一个正确答案，填在相应的位置上）

1. 在我国境内，正式开业（ ）以上的饭店，可申请饭店星级评定。

A. 3个月　　　　　B. 6个月　　　　　C. 1年　　　　　D. 3年

2. 凡是被降低或取消星级的饭店，（ ）后，方可申请重新评定星级。

A. 3个月　　　　　B. 6个月　　　　　C. 1年　　　　　D. 2年

3. 某些特色突出或（ ）的饭店，若其自身条件与星级评定标准规定的条件不相符合，可以直接向全国旅游饭店星级评定机构申请星级。

A. 极其个性化　　　B. 非常豪华　　　C. 环境幽雅　　　D. 装修漂亮

4. 根据《旅馆业治安管理办法》，在接待境外旅客住宿时，除履行查验身份证件，如实登记规定项目外，旅馆还应该在（ ）小时内向当地公安机关报送住宿登记表。

A. 12　　　　　　　B. 24　　　　　　C. 36　　　　　　D. 48

5. 如果饭店由若干不同建筑水平或设施设备标准的建筑物组成，旅游饭店评定机构应按每座建筑物的实际标准评定星级，评定星级后，不同星级的建筑物（ ）。

A. 不能继续使用相同的饭店名称　　B. 可以继续使用相同的饭店名称

C. 可以使用相同的星级等级标志　　D. 可以同时使用相同的饭店品牌

6. 一家名为"豪城"的饭店是由主楼和附楼的建筑物构成。在星级评定中，该饭店主楼被评为三星级，附楼被评为二星级。在这种情况下，评为二星级的附楼（　）使用"豪城"饭店名称，否则"豪城"饭店的三星级无效。

A. 可以　　　　　　B. 不得　　　　　C. 经批准后可以　　D. 无须批准便可以

7. 旅馆对旅客遗留的物品，经招领（　）后仍无认领的，应当登记注册，并送当地公安机关按拾遗物处理。

A.15 天　　　　　B.1 个月　　　　　C.3 个月　　　　　D.6 个月

8. 旅游者张军带了下列物品进饭店，其中（　）属于《旅馆业治安管理办法》严禁之列。

A. 2000 毫升医用酒精　　　　　B. 2 个丁烷打火机

C. 2 万元现金　　　　　　　　D. 几件衣服样品

9. 根据《旅馆业治安管理办法》规定，旅馆负责人参与违法犯罪活动，其所经营的饭店已经成为犯罪活动的场所的，公安机关除依法追究其责任外，还应当会同（　）依法处理该旅馆。

A. 该旅馆的上级主管部门　　　　　B. 旅游行政管理部门

C. 工商行政管理部门　　　　　　　D. 人民法院

10. 根据《旅游饭店星级的划分与评定》规定，省级旅游局设立的星级饭店评定机构，负责本行政区域内的（　）的评定工作。

A. 各个星级饭店　　　　　　　　B. 二星级以下饭店

C. 三星级以下饭店　　　　　　　D. 四星级以下饭店

11. 根据《评定旅游涉外饭店星级的规定》，（　）可以申请评定星级。

A. 准备开业或试营业的饭店　　　　B. 正式开业半年以上的饭店

C. 正式开业 1 年以上的饭店　　　　D. 正式开业不满 2 年的饭店

12. 四星级、五星级饭店若达不到规定标准，省、自治区、直辖市旅游局星级评定机构有权（　）。

A. 签发警告通知书，通报批评并报国家旅游局饭店星级评定机构备案

B. 降低其星级，并报国家旅游局饭店星级评定机构备案

C. 取消其星级，并报国家旅游局饭店星级评定机构备案

D. 有权重新评定其星级，并报国家旅游局饭店星级评定机构备案

13. 根据《娱乐场所管理条例》的规定，经营娱乐场所，必须经过（　　）审核合格。

A. 文化行政主管部门、公安机关、卫生行政部门

B. 文化行政主管部门、公安机关、工商行政管理部门

C. 文化行政主管部门、旅游行政管理部门、公安机关

D. 公安机关、工商行政管理部门、税务部门

14. 重大、特大旅游安全事故发生后，不仅口头报告上级归口管理部门和所在地的人民政府，并报告所在地的省、自治区、直辖市人民政府和国务院归口管理部门。在（　　）小时内，向上述管理部门送达书面报告。省、自治区、直辖市人民政府和国务院归口管理部门在接到特大事故报告后，应当立即报告国务院。

A. 12　　　　　　　B. 24　　　　　　　C. 48　　　　　　　D. 72

15. 某旅行社组织的团队游客，在乘坐登山缆车时，因严重超载发生旅游安全事故，造成 10 余名游客死亡，20 余人受伤，对此事故的调查处理应当适用（　　）。

A.《旅游安全管理暂行办法》

B.《旅游安全管理暂行办法实施细则》

C.《旅行社办理旅游意外保险暂行规定》

D.《特别重大事故调查程序暂行规定》

四、判断题

1. 全国旅游饭店星级评定机构有对各级旅游饭店星级评定机构所评饭店星级的否决权。（　　）

2. 饭店所取得的星级表明该饭店的所有建筑物、设施设备及服务项目均处于同一标准。（　　）

3. 餐厅、舞厅、酒吧间以及游乐场所等公共场所，必须按核定人数售票，场内不准超员。（　　）

4. 开业不足 1 年的饭店可以申请预备星级，有效期为 3 年。（　　）

5. 旅游饭店用星的数量和设色表示饭店的等级。星级分为预备星级、一星级、二星级、三级、四星级、五星级、白金五星级，共七个星级，级别最高的等级称

为七星级饭店。（　）

6. 旅游饭店就是以夜间为时间单位向旅游客人提供配有餐饮及相关服务的住宿设施。（　）

7. 《娱乐场所管理条例》规定：歌舞娱乐场所设置的包厢、包间应当安装展现室内整体环境的透明门窗，并不得有内锁装置。（　）

8. 被降低或取消星级的饭店，自降低或取消星级之日起一年后，方可重新申请星级。（　）

9. 特色突出或极具个性化的饭店，可以直接向全国旅游饭店星级评定机构申请星级。（　）

10. 已取得星级的饭店如果发生重大事故，造成恶劣影响，其所在地旅游饭店星级评定机构应立即降低或取消其星级。（　）

五、简答题

1. 饭店星级评定的范围和总则是什么？

2. 饭店治安管理制度的主要内容是什么？

3. 饭店娱乐场所管理制度的主要内容是什么？

4. 饭店消防管理制度的主要内容是什么？

5. 根据《娱乐场所管理条例》的规定，禁止在娱乐场所从事哪些活动？

六、案例分析

案例 1：饭店开业不满 1 年是否可以申报星级

天津市某饭店于 2005 年 6 月 29 日正式开业。8 月 5 日，主管领导赵彬就为该饭店申报星级一事电话咨询了刘律师，刘律师的答复是：因该饭店正式开业不满 1 年，不能申报星级，须于 2006 年 6 月 29 日后再考虑申报一事。

——资料来源：杨富斌，王天星. 旅游法学案例 [M].
北京：中国旅游出版社，2006.

根据以上案例，回答如下问题：

饭店开业不满 1 年是否可以申报星级？

案例 2：旅游饭店如何评定星级

日月饭店由甲、乙两座不同档次的建筑物组成，甲建筑符合四星级饭店的标准，乙建筑只能被评为二星级。对该饭店该如何评定星级？

——资料来源：杨富斌，王天星．旅游法学案例［M］.

北京：中国旅游出版社，2006.

根据以上案例，回答如下问题：

如果一家饭店由若干座不同设施和不同设备标准的建筑物组成，饭店星级评定机构应按什么标准对其评定星级？

七、实践与训练

1. 参观一家旅游饭店（星级），判断其星级。

2. 模拟申请评定三星级饭店的程序。

📖 推荐阅读

1. 江少华．律师答疑——旅游纠纷［M］．北京：中国法制出版社，2010.

2. 浙江旅游品质保障网

3. 杨富斌，王天星．旅游法学案例［M］．北京：中国旅游出版社，2006.

4. 梁智．旅游投诉与旅游事故案例精选解析［M］．北京：旅游教育出版社，2009.

5. 刘敢生．WTO与旅游服务贸易的法律问题［M］．广州：广东旅游出版社，2000.

旅游安全管理法规制度

旅游安全是旅游的"生命线"。旅游安全事故往往造成旅游消费者人身、财产的损害，甚至付出生命的代价。目前调整我国旅游安全关系的法律规范主要是部门规章。

本章内容涉及我国旅游安全法律制度，主要介绍我国旅游安全管理方针、旅游安全管理机关及其职责、旅游安全事故分类、处理事故的一般程序、处理重大和特大旅游安全事故的一般程序、外国旅游者发生伤亡的处理程序。

学习目标 »

知识目标

1. 了解旅游安全事故的含义。
2. 明确旅游安全管理职责。
3. 掌握旅游安全事故等级的认定和事故处理程序。

技能目标

1. 认知旅游安全事故的基本知识，有意识地培养解决争议的技能。
2. 应用旅游安全法规处理旅游安全事故的能力。

巨石砸车案

　　2005年7月，由天马旅行社组团，襄十高速公路经营有限公司职工25人，前往神农架和宜昌旅游。旅游团乘坐的东风旅游客车由神农架木鱼镇沿209国道向宜昌方向行驶。车行至兴山县南阳镇湘坪路段时，山上突然落下3块巨石，正好击中行驶中的客车顶篷，致使顶篷塌陷，车架被击垮。当地警方闻讯赶到现场，撬开已被砸瘪的车体，救出不少乘客。这次意外事故，造成5人死亡，其中4名为女性，另有10人受伤。该事故经兴山县公安局交通警察大队认定，是由于当地接连几天连降暴雨，造成山体开裂，风化沙石偶然自动崩裂脱落，砸中行经山区道路客车所致。

　　——资料来源：找法网（Findlaw.cn）. 巨石砸车案索赔40万元被驳回.

 案 例 分 析

　　1. 本案例中的安全事故属于何种等级？
　　2. 本案例中造成安全事故的原因是什么？

　　旅游安全是旅游得以进行的前提，是发展旅游的先决条件。"没有安全，就没有旅游"，这是旅游实践的经验和教训的总结。为了使旅游安全管理工作规范化和制度化，1989年10月，国家旅游局专门召开了全国旅游安全管理工作座谈会；1990年2月，国家旅游局发布了《旅游安全管理暂行办法》；1993年发布了《重大旅游安全事故报告制度试行办法》和《重大旅游安全事故处理程序试行办法》；1994年1月，发布了《旅游安全管理暂行办法实施细则》。

第一节　旅游安全管理职责

一、旅游安全工作方针

根据《旅游安全管理暂行办法》规定，旅游安全遵循"安全第一，预防为主"的方针。所谓"安全第一"，就是指旅游行政管理部门、旅游企业管理人员以及所有旅游行业从业人员牢固树立旅游安全意识，制定安全制度和措施，严格按照规定开展旅游业务。所谓"预防为主"，主要是指在日常工作中，旅游从业人员按照旅游安全规定的要求，采取预防措施，把旅游安全事故消灭在萌芽状态，杜绝旅游安全事故的发生。

二、旅游安全管理职责

旅游安全管理工作应遵循统一指导、分级管理、以基层为主的原则；实行在国家旅游行政管理部门的统一领导下，各级旅游行政管理部门分级管理的体制。各级旅游行政管理部门必须建立和完善旅游安全管理机构。各级旅游行政管理部门，在当地政府的领导下，会同有关部门，对旅游安全进行管理。各级旅游行政管理部门依法保护旅游者的人身、财物安全。

（一）国家旅游行政管理部门安全管理工作的职责

（1）制定国家旅游安全管理规章，并组织实施。

（2）会同国家有关部门对旅游安全实行综合治理，协调处理旅游安全事故和其他安全问题。

（3）指导、检查和督促各级旅游行政管理部门和旅游企事业单位的旅游安全管理工作。

（4）负责全国旅游安全的宣传、教育工作，组织旅游安全管理人员的培训工作。

（5）协调重大旅游安全事故的处理工作。

（6）负责全国旅游安全管理方面的其他有关事项。

（二）县级以上（含县级）地方旅游行政管理部门的职责

（1）贯彻执行国家旅游安全法规。

（2）制定本地区旅游安全管理的规章制度，并组织实施。

（3）协同工商、公安、卫生等有关部门，对新开业的旅游企事业单位的安全管理机构、规章制度及其消防、卫生防疫等安全设施、设备进行检查，参加开业前的验收工作。

（4）协同公安、卫生、园林等有关部门，开展对旅游安全环境的综合治理工作，防止向旅游者敲诈、勒索、围堵等不法行为的发生。

（5）组织和实施对旅游安全管理人员的宣传、教育和培训工作。

（6）参与旅游安全事故的处理工作。

（7）受理本地区涉及旅游安全的投诉。

（8）负责本地区旅游安全管理的其他事项。

（三）旅游企业单位安全管理工作职责

旅行社、旅游饭店、旅游车船公司、旅游购物商店、旅游景区景点、旅游娱乐场所和其他旅游经营企业是旅游安全工作的基层单位，其安全管理工作的职责是：

（1）设立安全管理机构，配备安全管理人员。

（2）建立安全规章制度，并组织实施。

（3）建立安全管理制度，将安全管理的责任落实到每个部门、每个岗位、每个职工。

（4）接受当地旅游行政管理部门对旅游安全管理工作的行业管理和检查、监督。

（5）把安全教育、职工培训制度化、经常化，培养职工的安全意识，普及安全常识，提高安全技能，对新招聘的职工，必须经过安全培训，合格后才能上岗。

（6）新开业的旅游企事业单位，在开业前必须向当地旅游行政管理部门申请对安全设施设备、安全管理机构、安全规章制度的检查验收；检查验收不合格者，不得开业。

（7）坚持日常的安全检查工作，重点检查安全规章制度的落实情况和安全管理漏洞，及时消除安全隐患。

（8）对用于接待旅游者的汽车、游船和其他设施要定期进行维修和保养，使其始终处于良好的安全技术状况，在运营前进行全面的检查，严禁带故障运行。

（9）对旅游者的行李要有完备的交接手续，明确责任，防止损坏或丢失。

（10）在安排旅游团队的游览活动时，要认真考虑可能影响安全的诸项因素，制定周密的行程计划，并注意避免司机处于过分疲劳状态。

（11）负责为旅游者投保。

（12）直接参与处理涉及本单位的旅游安全事故，包括事故处理、善后处理及赔偿事项等。

（13）开展登山、汽车、狩猎、探险等特殊旅游项目时，要事先制定周密的安全保护预案和急救措施，重要团队需按规定报有关部门审批。

相关链接　　搜索

蹦极的安全风险

1998 年 10 月，天津某旅行社组织一旅游团在野三坡风景区旅游，其中有一个游乐项目是蹦极。导游员再三强调：有心脏病、高血压病史的客人不要参加这个项目。但一位患有高血压的游客隐瞒实情，参加了这项游乐活动，由于刺激过度导致血压骤增而送医院抢救。

——资料来源：导游栖息地论坛

第二节　旅游安全事故的处理

一、旅游安全事故

旅游安全事故，是指在旅游活动过程中，涉及旅游者人身、财物安全的事故。旅游安全事故分为轻微、一般、重大和特大事故四个等级。轻微事故是指一次事故造成旅游者轻伤，或经济损失在 1 万元以下者。一般事故是指一次事故造成旅游者重伤，或经济损失在 1 万元至 10 万元（含 1 万元）者。重大事故是指一次事故造成旅游者死亡或旅游者重伤致残，或经济损失在 10 万元至 100 万元（含 10 万元）者。特大事故是指一次事故造成多名旅游者死亡，或经济损失在 100 万元以上者，或性质特别严重，产生重大影响者。

表10-1　旅游安全事故的等级划分

安全事故等级	旅游者身体伤害	经济损失
轻微事故	轻　伤	1 万元以下（不包含 1 万元）
一般事故	重　伤	1 万元至 10 万元（不包含 10 万元）
重大事故	重伤残疾或死亡	10 万元至 100 万元（不包含 100 万元）
特大事故	死亡多人	100 万元以上

相关链接 🔍搜索

旅游项目安排不当导致游客伤害，旅行社应负什么责任

某年厦门某公司多位退休老员工组团到厦门野山谷旅游景点游玩。景区经营者野山谷生态乐园有限公司没有考虑到旅游者年龄较大、身体承受能力差等因素，安排游客进行岩壁攀爬。在攀爬过程中，一位 70 岁的旅游者从 2 米多高的岩壁上摔下受重伤，肋骨 8 处骨折，昏迷 2 天，住院 70 多天。事后老人家属向消费者协会投诉，要求景区赔偿老人住院期间产生的费用。

经消费者协会多次调解，双方达成一致，由野山谷生态乐园有限公司支付老人全部住院费用 3.8 万元。

厦门消费者协会会认为野山谷景区安全设施较差，采取的防护措施不足以保护消费者人身安全，应对老人摔伤事故负全部责任。消费者协会的处理是正确的。

——资料来源：新华网

二、事故处理程序

（一）《旅游安全管理暂行办法》规定的事故处理程序

根据《旅游安全管理暂行办法》规定，事故发生单位在事故发生后应按下列程序处理：

（1）陪同人员应当立即上报主管部门，主管部门应当及时报告归口管理部门。旅行社的导游人员在带旅游团游览过程中如果发生旅游安全事故，导游人员应及时向所属旅行社和当地旅游行政管理部门报告。当地旅游行政管理部门不能以不是本地旅游企业发生的事故为由推脱，而应在接到一般、重大、特大安全事故报告后，尽快向当地人民政府报告；对重大、特大安全事故，要同时向国家旅游行政管理部门报告。

1993 年 4 月 15 日，国家旅游局发布了《重大旅游安全事故报告制度试行办法》，该办法所称重大旅游安全事故是指：①造成海外旅游者人身重伤、死亡的事故；②涉外旅游住宿、交通、游览、餐饮、娱乐、购物场所的重大火灾及其他恶性事故；③造成其他经济损失严重的事故。

上述三类重大旅游安全事故须上报国家旅游局。重大、特大旅游安全事故发生后，不仅口头报告上级归口管理部门和所在地的人民政府，并报告所在地的省、自治区、直辖市人民政府和国务院归口管理部门。在 24 小时内，向上述管理部门送达书面报告。省、自治区、直辖市人民政府和国务院归口管理部门在接到特大事故报告后，应当立即报告国务院。

（2）会同事故发生地的有关单位严格保护现场。在事故发生现场的有关人员，包括全陪、地陪、领队、司机以及旅游者等，都有责任和义务配合公安或其他部门保护好事故现场。完整的事故现场直接关系到将来有关部门对事故性质、责任的认定、处理、赔偿事宜，事故现场的保护十分重要。

（3）协同有关部门进行抢救、侦查。不论是旅行社、旅游汽车公司、司陪人员，还是当地旅游行政管理部门，都必须在可能的范围内，尽最大的努力，抢救受伤的旅游者。

（4）有关单位负责人应及时赶赴现场处理。有关单位负责人包括组团社、地接社、旅游汽车公司、事故发生地和组团社的旅游行政管理部门的负责人都必须赶赴事故现场进行现场组织协调。这一方面表示有关单位对事故处理的重视，另一方面有助于事故的处理。

（5）为伤残者和死亡者家属出具证明。在伤亡事故的处理过程中，责任方及其主管部门要认真做好伤亡家属的接待、遇难者遗体和遗物的处理以及其他善后工作，并负责联系有关部门为伤残者和死亡者家属提供以下证明文件：①为伤残人员提供医疗部门出具的《伤残证明书》。②为骨灰遣返者提供法医出具的《死亡鉴定书》；丧葬部门出具的《火化证明书》。③为遗体遣返者提供法医出具的《死亡鉴定书》；医院出具的《尸体防腐证明书》；防疫部门检疫后出具的《棺柩出境许可证》。

（6）责任方及其主管部门要认真做好伤亡的赔偿工作。主要是协助伤亡者家属向有关保险公司索取保险赔偿。

（7）事故处理后，立即写出事故调查报告，其内容包括：①事故经过及处理；②事故原因及责任；③事故教训；④今后防范措施。

（二）特别重大事故处理程序

对特别重大事故，应当严格按照国务院《特别重大事故调查程序暂行规定》进行处理。

（1）调查组的组成。《特别重大事故调查程序暂行规定》规定：特别重大事故发生后，按照事故发生单位的隶属关系，由省、自治区、直辖市人民政府或者国务院归口管理部门组织成立特大事故调查组，负责特大事故的调查工作。国务院认为应当由国务院调查的特大事故，由国务院或者国务院授权的部门组织成立特大事故调查组。涉及军民两个方面的特大事故，组织事故调查的单位应当邀请军队派员参加事故的调查工作。

（2）调查组的职责：①查明事故发生的原因、人员伤亡及财产损失情况；②查明事故的性质和责任；③提出事故处理及防止类似事故再次发生所采取措施的建议；④提出对事故责任者的处理建议；⑤检查控制事故的应急措施是否得当和落实；⑥写出事故调查报告。

三、外国旅游者重大伤亡事故的处理

（一）处理外国旅游者重大伤亡事故的注意事项

（1）立即通过外事管理部门通知有关国家驻华使领馆和组团单位。

（2）为前来了解、处理事故的外国使领馆人员和组团单位及伤亡者家属提供方便。

（3）与有关部门协调，为国际急救组织前来参与对在国外投保的旅游者（团）的伤亡处理提供方便。

（4）对在华死亡的外国旅游者严格按照外交部《外国人在华死亡后的处理程序》进行处理。

（二）《外国人在华死亡后的处理程序》的主要内容

（1）来华旅游者死亡的分类。来华旅游者的死亡分正常死亡和非正常死亡。因健康原因自然死亡的，为正常死亡；因意外事故或突发事件死亡的，为非正常死亡。旅游者正常死亡，善后处理由接待单位负责。无接待单位的（包括零散游客），由公安机关会同有关部门共同处理。如属非正常死亡，应保护好现场，由公安机关进行取证并处理。尸体在处理前应妥为保存。

（2）向有关人员、部门发通知。外国旅游者死亡得到确定后，应尽快通知死者家属、组团社及所属国家驻华使领馆，邀请他们赶往旅游者死亡地，共同妥善处理后事。

（3）尸体解剖。正常死亡者或死因明确的非正常死亡者，如疾病、交通意外事故等，一般不需作尸体解剖。若应死者家属或其所属国家驻华使领馆有关官员签字的书面要求，我方可对尸体进行解剖。死因不明的非正常死亡者，为查明死因，需进行解剖时由公安、司法机关按有关规定办理，并出具《解剖结果证明书》。

（4）出具证明。正常死亡，由县级或县级以上医院出具《死亡证明书》。非正常死亡，由公安机关的法医出具《死亡鉴定书》。《死亡证明书》、《死亡鉴定书》、《解剖结果证明书》的内容应当一致，对死因的陈述不得相互抵触。

（5）尸体的处理。在华死亡外国人的尸体可在当地火化，亦可运回其国内。处理时，应尊重死者家属或所属国家驻华使领馆的意愿。尸体火化应由死者家属或所属国家驻华使领馆提出书面要求并签字。将尸体运回其国内，运输手续和费用原则上均由外方自理，接待或聘用单位可在办理手续等方面给予必要的协助。一般来说，外国旅游者不得葬在我国境内。

（6）骨灰、骸骨和遗体运输出境。有关部门和接待单位为死者家属提供必要的证明文件，在可能的情况下提供帮助。

（7）遗物的清点和处理。清点死者遗物应有死者家属或其所属国家驻华使领馆官员和我方人员在场。如家属或者驻华使领馆官员明确表示不能到场时，可请公证处人员到场，并由公证员将上述人员不能到场的事实和原因注明。遗物清点必须造册，列出清单，清点人均应签字。移交遗物要开出移交书，一式两份，注明移交时间、地点、在场人、物品件数、种类和特征等。签字后办理公证手续。如死者有遗嘱，应将遗嘱拍照或复制，原件交死者家属或其所属的国家驻华使、领馆。

（8）写出《死亡善后处理情况报告》。该报告应包括死亡原因、抢救措施、诊断结果、善后处理情况，以及外方反应等，并报告有关部门。

案　例

外国游客意外死亡的处理程序

日本某公司董事长 A 先生组织本公司代表团来华旅游，入住上海某五星级饭店后饮用了一整瓶烈性白酒。不久，A 先生一头栽倒，失去知觉。该饭店服务员发现后，立即将其送往附近著名的一家大医院进行抢救，经抢救无效死亡。事故发生后，该饭店立即报告市公安局及外事办公室。该市外事办公室迅速通知日本驻上海领事及 A 先生家属来华处理后事。请问：（1）外国人在华死亡的处理程序有哪些？（2）若 A 先生所属国领事馆要求查明死因，解剖尸体，如何处理？

分析：（1）对外国人在华死亡后的处理程序一般包括：①确定死亡后，立即报告当地公安局和外事部门，并在上述部门同意后通知死者所属的旅游组团负责人；②通知外国使、领馆及死者家属；③如需尸体解剖，按公安司法机关有关规定办理；④出具死亡相关证明；⑤对死者尸体及骨灰进行处理；⑥清点处理死者遗物；⑦写出《死亡善后处理情况报告》。

（2）正常死亡者或者死因明确的非正常死亡者，一般不需作尸体解剖。若死者家属或其所属驻华使领馆要求解剖，我方可同意，但必须要有死者家属或使领馆有关官员签字的书面请求。对于非正常死亡者，为查明死因，需要进行解剖时，由公安司法机关按有关规定办理。

——资料来源：http://www.lovekao.com/shiti/d86040fa-b621-4fd5-90bc-021af50ef948.

四、惩罚

对违反有关安全法规而造成旅游者伤亡事故和不履行《旅游安全管理暂行办

法》的，由旅游行政管理部门会同有关部门分别给予直接责任人和责任单位以下处罚：警告；罚款；限期整改；停业整顿；吊销营业执照。触犯刑律者，由司法机关依法追究。

对在旅游安全管理工作中有下列情形之一者，由各级旅游行政管理部门检查落实，对当事人或当事单位负责人给予批评或处罚：严重违反旅游安全法规，发生一般、重大、特大安全事故者；对可能引发安全事故的隐患，长期不能发现和消除，导致重大、特大安全事故发生者；旅游安全设施、设备不符合标准和技术要求，长期无人负责，不予整改者；旅游安全管理工作混乱，造成恶劣影响者。

 # 复习与思考

一、名词解释

旅游安全事故　旅游安全事故的等级划分　漂流旅游

二、填空题

1．"没有_____，就没有旅游"，这是旅游实践的经验和教训的总结。

2．1998 年国家旅游局发布了《_____安全管理暂行办法》。

3．旅游安全遵循"_____，预防为主"的方针。

4．_____是指一次事故造成旅游者轻伤，或经济损失在 1 万元以下者。

5．_____负责全国范围内漂流旅游活动的安全监督管理工作。

6．事故发生单位在事故发生后，应按下列程序处理：_____应当立即上报主管部门，主管部门应当及时报告归口管理部门。

7．旅行社的_____在带旅游团游览过程中，如果发生旅游安全事故，导游人员应及时向所属旅行社和当地旅游行政管理部门报告。

8．旅游安全管理工作应遵循统一指导、分级管理、_____的原则。

9．一般事故是指一次事故造成旅游者重伤，或经济损失在_____元者。

三、选择题（请选择一个正确答案，填在相应的位置上）

1. 一次事故造成旅游者重伤，或经济损失在 1 万元（含 1 万元）至 10 万元的为（　）事故。

A. 特大　　　　B. 轻微　　　　C. 一般　　　　D. 重大

2. 造成海外旅游者人身重伤、死亡重大旅游安全事故的，必须上报（　）。

A. 国家旅游局　　　　　　　　B. 省旅游局

C. 地（市）旅游局　　　　　　D. 县级旅游局

3. 一次事故造成旅游者死亡或旅游者重伤致残，或经济损失在 10 万元（含 10 万元）至 100 万元的为（　）事故。

A. 特大　　　　B. 轻微　　　　C. 一般　　　　D. 重大

4. 外国旅游者正常死亡，善后处理由（　）负责。

A. 接待单位　　B. 旅游者亲属　　C. 组团单位　　D. 外事部门

5. 重大、特大旅游安全事故发生后，不仅口头报告上级归口管理部门和所在地人民政府，而且报告所在地的省、自治区、直辖市人民政府和国务院归口管理部门。在（　）小时内，向上述管理部门送达书面报告。省、自治区、直辖市人民政府和国务院归口管理部门在接到特大事故报告后，应当立即报告国务院。

A. 12　　　　　B. 24　　　　　C. 48　　　　　D. 72

6. 正常死亡和死因明确的非正常死亡，一般都不必再进行死检。但经外国使领馆、死者家属的（　），可对死者进行解剖。

A. 要求　　　　B. 口头请求　　C. 书面请求　　D. 同意

7. 旅游者正常死亡，经当地公安、外事部门同意后，善后工作由（　）。

A. 接待单位负责　　　　　　　B. 外国组团单位负责

C. 公安部门　　　　　　　　　D. 外事部门

8. 协调重大旅游安全事故的处理工作属于（　）安全管理工作的职责。

A. 县级旅游行政管理部门　　　B. 市级旅游行政管理部门

C. 省级旅游行政管理部门　　　D. 国家旅游行政管理部门

四、判断题

1. 如发生重大、特大安全事故，要及时向国家旅游行政管理部门报告。（　）

2.加强旅游安全管理，保障旅游者人身、财物安全，是旅游行政管理部门和旅游经营者的义务和责任。（　　）

3.来华旅游者的死亡分正常死亡和非正常死亡。（　　）

4.根据《外国人在华死亡后的处理程序》，非正常死亡的，由县级或县级以上医院出具《死亡鉴定书》。（　　）

5.在华死亡的外国人的尸体可在当地火化，也可以运回其国内。（　　）

6.建立安全规章制度并组织实施是属于县级以上旅游行政管理部门的职责。（　　）

五、简答题

1.旅游安全管理工作的方针是什么？

2.事故的处理程序是什么？

3.处理外国旅游者重大伤亡事故应当注意哪些方面？

4.对违反有关安全法规而造成旅游者伤亡事故和不履行《旅游安全管理暂行办法》的直接责任人和责任单位，承担行政责任的形式有哪些？

六、案例分析

游客自费骑马受伤案

原告姜某与被告泰州市某旅行社签订了旅游合同，由被告安排旅游的行程及食宿等事宜。具体游玩项目包括参观、游览内蒙古著名景点及参加"品尝奶制品、自费骑马、观看蒙古男儿技艺表演"等草原活动。姜某在自费骑马参观景点的回程途中，从马背坠落地面受伤。经诊断，原告的右踝骨开放性骨折。后经司法鉴定：原告右胫腓骨骨折，治疗后，遗留右踝关节部分功能丧失，属九级残疾。原告向法院提起诉讼，以被告违约为由，请求判令被告赔偿医疗费、误工费等损失合计人民币近22万元。

根据以上案例，回答如下问题：

1.何为旅游安全事故？

2.案例中所发生的旅游安全事故为何种等级？

七、实践与训练

1. 调查与访问：访问 5 位导游员，了解其在旅游过程中遇到的旅游安全情况。学生自愿组成小组，每组 6~8 人。组织一次课堂交流与讨论，时间为 1 节课。

讨论问题：在旅游过程中哪些环节容易发生旅游安全事故？

2. 收集旅游安全事故案例，认定其旅游安全事故等级和模拟旅游安全事故处理程序。

推荐阅读

1. 杨富斌，王天星. 旅游法学案例［M］. 北京：中国旅游出版社，2010.

2. 浙江旅游品质保障网.

3. 江少华. 律师答疑——旅游纠纷［M］. 北京：中国法制出版社，2010.

4. 王静. 旅游事故索赔指南［M］. 北京：中国法制出版社，2009.

旅游者入境、出境管理法律制度

　　全球一体化促进国际交往不断深入，进出国境不仅关系到各国的主权、安全、人民的健康等，而且直接关系到旅游者的合法权益。为了维护正常的国际交往秩序，保护旅游者的合法权益，对于旅游业的从业人员，了解和掌握出入境管理法的知识和技能是不可或缺的。

　　本章阐述了入出境管理法律、法规制度是旅游法律制度的重要组成部分，主要涉及入出境或者出入境证件管理、人员管理、边防检查、卫生检疫等制度，以及违反这些制度所应当承担的法律责任。

学习目标

知识目标

1 了解入出境或者出入境法律制度、边防检查和卫生检疫制度。

2 明确入出境或者出入境旅游者享有的权利和应当履行的义务。

3 掌握办理签证、入关或者出关手续，了解违反入出境或者出入境旅游者应当承担的法律责任。

技能目标

1 能够判断入出境或者出入境受限制的条件，能够熟练办理签证、入关、出关手续。

2 理解并能解释说明入出境或者出入境旅游者享有的权利和应当履行的义务，以及违法应当承担的法律责任。

3 培养进行法律救济途径的能力。

护照过期案

德国旅游者杰克在结束日本旅行后，偶然发现自己的护照快要过期了，但他未办理更新护照手续，继续前往中国旅行，我国边检民警发现其护照已过期，便依法将杰克阻留在口岸。

在本案中，边检民警阻止汤姆入境是合法的。根据外国人出境管理法第二十四条规定，有下列情形之一的外国人，边防检查机关有权阻止其出境，并依法处理：（1）持用无效出境证件的；（2）持用他人出境证件的；（3）持用伪造或者涂改的出境证件的。

——资料来源：作者收集整理．

案 例 分 析

1. 外国人入境应当持有哪些有效证件？
2. 边检人员对哪些人员有权阻止其入境？

随着改革开放、经济全球化和区域经济一体化的发展，以及我国对外开放不断深化、提高，出境、入境管理势必朝着规范化、法制化、现代化方向迈进。我国先后颁布了一系列的出境、入境管理法律、法规和规章：全国人大常委会通过的《中华人民共和国外国人入境出境管理法》（以下简称《外国人入境出境管理法》）、公安部和外交部发布的《中华人民共和国外国人入境出境管理法实施细则》（以下简称《外国人入境出境管理法实施细则》）、全国人大常委会通过的《中华人民共和国公民出境入境管理法》（以下简称《中国公民出境入境管理法》）和《中华人民共和国护照法》（以下简称《护照法》），公安部、外交部和交通部发布的《中华人民共和国公民出境入境管理法实施细则》（以下简称《中国出境入境管理法实施细则》）、国务院常委会通过的《中华人民共和国出境入境边防检查条例》（以下简称《边防检查条例》）、全国人大常委会通过的《中华人民共和国国境卫生检疫法》（以下简称《卫生检疫法》）和国务院颁布的《中华人民共和国国境卫生检疫法实施细则》等。这些法律、法规在旅游行业必须无条件遵守，特别是对那些经营入境旅游接待、出境旅游组团的旅行社来说，尤其具有现实的重要的意义。

第一节　《外国人入境出境管理法》

一、总则

为维护中华人民共和国的主权、安全和社会秩序，有利于发展国际交往，外国人入、出、通过中华人民共和国国境和在中国居留、旅行，必须：

（1）经中国政府主管机关许可。

（2）指定口岸通行。从对外国人开放的或者指定的口岸通行，接受边防检查机关的检查。外国的交通工具入境、出境、过境，必须从对外国人开放的或者指定的口岸通行，接受边防检查机关的检查和监护。中国政府保护在中国境内的外国人的合法权利和利益。

（3）人身自由不受侵犯。外国人的人身自由不受侵犯，非经人民检察院批准或者决定或者人民法院决定，并由公安机关或者国家安全机关执行，不受逮捕。

（4）遵守中国法律、维护中国国家安全、社会公共利益和公共秩序。外国人在中国境内必须遵守中国法律，不得危害中国国家安全、损害社会公共利益、破坏社会公共秩序。

二、入境出境证件管理

（一）管理机关

外国人入境，应当向中国的外交代表机关、领事机关或者外交部授权的其他驻外机关申请办理签证。中国政府在国内受理外国人入境、过境、居留、旅行申请的机关，是公安部、公安部授权的地方公安机关和外交部、外交部授权的地方外事部门。公安部和外交部在必要时，可以改变各自授权的机关所作出的决定。

受理外国人入境、过境、居留、旅行申请的机关有权拒发签证、证件；对已经发出的签证、证件，有权吊销或者宣布作废。

根据外国人来中国的身份和所持护照的种类，分别发给外交签证、礼遇签证、公务签证、普通签证。中国政府主管机关根据外国人申请入境的事由，发给相应的签证。同中国政府订有签证协议的国家的人员入境，按照协议执行。外国对中国公民入境、过境有专门规定的，中国政府主管机关可以根据情况采取相应措施。

在特定情况下，依照国务院规定，外国人也可以向中国政府主管机关指定口岸的签证机关申请办理签证。外国人持有中国国内被授权单位的函电，并持有与中国有外交关系或者官方贸易往来国家的普通护照，因下列事由确需紧急来华而来不及在上述中国驻外机关申办签证的，也可以向公安部授权的口岸签证机关申请办理签证：

（1）中方临时决定邀请来华参加交易会的。

（2）应邀来华参加投标或者正式签订经贸合同的。

（3）按约来华监装出口、进口商检或者参加合同验收的。

（4）应邀参加设备安装或者工程抢修的。

（5）应中方要求来华解决索赔问题的。

（6）应邀来华提供科技咨询的。

（7）应邀来华团组办妥签证后，经中方同意临时增换的。

（8）看望危急病人或者处理丧事的。

（9）直接过境人员由于不可抗拒的原因不能在 24 小时内乘原机离境或者需改乘其他交通工具离境的。

（10）其他被邀请确实来不及在上述中国驻外机关申请签证，并持有指定的主管部门同意在口岸申办签证的函电的。

不属上述情况者，口岸签证机关不得受理其签证申请。

（二）外国人在中国免签证的条件

持联程客票搭乘国际航班直接过境，在中国停留不超过 24 小时不出机场的外国人，免办签证。要求临时离开机场的，需经边防检查机关批准。要求离开机场的,须向边防检查站申请办理停留许可手续。

(三)旅游签证的特征

来华外国旅游者的签证属于普通签证。L 字签证发给来中国旅游、探亲或因其他私人事务入境的外国人,其中 9 人以上组团来中国旅游的,可以发给团体签证。申请 L 字签证来华旅游的,须有中国旅游部门的接待证明,必要时须提供离开中国后前往国家(地区)的飞机票、车票或者船票。

(四)签证、居留证和旅行证的适用

外国人持有效的签证或者居留证件,可以前往中国政府规定的对外国人开放的地区旅行。

外国人前往不对外国人开放的地区旅行,必须向当地公安机关申请旅行证件。外国人旅行证的有效期最长为 1 年,但不得超过外国人所持签证居留证件的有效期限。

外国人未经允许,不得进入不对外国人开放的场所。外国人前往不对外国人开放的市、县旅行,须事先向所在市、县公安局申请旅行证,获准后方可前往。申请旅行证须履行下列手续:(1)交验护照或居留证件;(2)提供与旅行事由有关的证明;(3)填写旅行申请表。

外国人领取旅行证后,如要求延长旅行证有效期、增加不对外国人开放的旅行地点、增加偕行人数,必须向公安局申请延期或者变更。

外国人在宾馆、饭店、旅店、招待所、学校等企业、事业单位或者机关、团体及其他中国机构内住宿,应当出示有效护照或者居留证件,并填写临时住宿登记表。在非开放地区住宿还要出示旅行证。外国人在中国居民家中住宿,在城镇的,须于抵达后 24 小时内,由留宿人或者本人持住宿人的护照、证件和留宿人的户口簿到当地公安机关申报,填写临时住宿登记表;在农村的,须于 72 小时内向当地派出所或者户籍办公室申报。外国人在中国的外国机构内或者在中国的外国人家中住宿,须于住宿人抵达后 24 小时内,由留宿机构、留宿人或者本人持住宿人的护照或者居留证件,向当地公安机关申报,并填写临时住宿登记表。外国人在移动性住宿工具内临时住宿,须于 24 小时内向当地公安机关申报。为外国人的移动性住宿工具提供场地的机构或者个人,应于 24 小时前向当地公安机关申报。

三、入境出境受限制的条件

（1）《外国人入境出境管理法实施细则》规定：下列外国人不准入境：①被中国政府驱逐出境，未满不准入境年限的；②被认为入境后可能进行恐怖、暴力、颠覆活动的；③被认为入境后可能进行走私、贩毒、卖淫活动的；④患有严重精神病、传染性肺结核病或者有可能对公共卫生造成重大危害的其他传染病的；⑤不能保障其在中国期间所需费用的；⑥被认为入境后可能进行危害我国国家安全和利益的其他活动的。

（2）《外国人入境出境管理法》规定：有下列情形之一的外国人不准出境：①刑事案件的被告人和公安机关或者人民检察院或者人民法院认定的犯罪嫌疑人；②人民法院通知有未了结民事案件不能离境的；③有其他违反中国法律的行为尚未处理，经有关主管机关认定需要追究的。

（3）《外国人入境出境管理法》规定：有下列情形之一的外国人，边防检查机关有权阻止出境，并依法处理：①持用无效出境证件的；②持用他人出境证件的；③持有伪造或者涂改的出境证件的。

四、法律责任

（1）对非法入出中国国境的外国人，可以处1000元以上1万元以下的罚款，或者处3日以上10日以下的拘留，也可以并处限期出境或者驱逐出境；情节严重，构成犯罪的，依法追究刑事责任。

（2）不随身携带护照或者居留证件，或者拒绝民警查验证件的外国人，可以处警告或者500元以下的罚款；情节严重的，并处限期出境。

（3）不办理住宿登记或者不向公安机关申报住宿登记或者留宿未持有效证件外国人的责任者，可以处警告或者50元以上500元以下的罚款。

（4）未经批准前往不对外国人开放地区旅行的外国人，可以处警告或者500元以下的罚款；情节严重的，并处限期出境。

（5）对伪造、涂改、冒用、转让、买卖签证、证件的外国人，在吊销或者收缴原签证、证件并没收非法所得的同时，可以处1000元以上1万元以下的罚款，或者处 3 日以上 10 日以下的拘留，也可以并处限期出境；情节严重，构成犯罪的，依法追究刑事责任。

（6）由于不可抗拒的原因而违反《外国人入境出境管理法》及本实施细则的，可免予处罚。外国人无力缴纳罚款的，可以改处拘留。

（7）《外国人入境出境管理法实施细则》规定的各项罚款、拘留处罚，也适用于协助外国人非法入境或出境、造成外国人非法居留或停留、聘雇私自谋职的外国人、为未持有旅行证件的外国人前往不对外国人开放的地区旅行提供方便的有关责任人。

第二节 《中国公民出境入境管理法》

一、总则

为保障中国公民出入中国国境的正当权利和利益，促进国际交往，公民必须：

（1）持有效证件，但无须签证。中国公民凭国务院主管机关及其授权的机关签发的有效护照或者其他有效证件出境、入境，无须办理签证。

（2）指定口岸通行。中国公民出境、入境，从对外开放的或者指定的口岸通行，向边防检查站出示中华人民共和国护照或者其他出境入境证件，填交出境、入境登记卡，接受边防检查机关的检查。

（3）维护国家安全、荣誉、利益。中国公民出境后，不得有危害祖国安全、荣誉和利益的行为。

二、申请护照

（一）国内申请护照

公民因前往外国定居、探亲、学习、就业、旅行、从事商务活动等非公务原因出国的，由本人向户籍所在地的县级以上地方人民政府公安机关出入境管理机构申请普通护照。公民申请普通护照，应当提交本人的居民身份证、户口簿、近期免冠照片以及申请事由的相关材料。国家工作人员因非公务原因出境申请普通护照的，还应当按照国家有关规定提交相关证明文件。

公安机关出入境管理机构应当自收到申请材料之日起 15 日内签发普通护照；对不符合规定不予签发的，应当以书面形式说明理由，并告知申请人享有依法申请行政复议或者提起行政诉讼的权利。在偏远地区或者交通不便的地区或者因特殊情况，不能按期签发护照的，经护照签发机关负责人批准，签发时间可以延长至 30 日。

公民因合理紧急事由请求加急办理的，公安机关出入境管理机构应当及时办理。

（二）境外申请护照

中国公民在境外申请护照，应当直接向我国驻外使领馆、外交代表机关及外交部授权的其他驻外机关提出申请，由这些机关或部门进行审核和颁发护照。

（三）申请换发或者补发护照

有下列情形之一的，护照持有人可以按照规定申请换发或者补发护照：①护照有效期即将届满的。②护照签证页即将使用完毕的。③护照损毁不能使用的。④护照遗失或者被盗的。⑤有正当理由需要换发或者补发护照的其他情形。

护照持有人申请换发或者补发普通护照，在国内，由本人向户籍所在地的县级以上地方人民政府公安机关出入境管理机构提出；在国外，由本人向中华人民共和国驻外使馆、领馆或者外交部委托的其他驻外机构提出。定居国外的中国公民回国后申请换发或者补发普通护照的，由本人向暂住地的县级以上地方人民政府公安机关出入境管理机构提出。

（四）不予签发护照

（1）申请人有下列情形之一的，护照签发机关不予签发护照：①不具有中华人民共和国国籍的；②无法证明身份的；③在申请过程中弄虚作假的；④被判处刑罚正在服刑的；⑤人民法院通知有未了结的民事案件不能出境的；⑥属于刑事案件被告人或者犯罪嫌疑人的；⑦国务院有关主管部门认为出境后将对国家安全造成危害或者对国家利益造成重大损失的。

（2）申请人有下列情形之一的，护照签发机关自其刑罚执行完毕或者被遣返回国之日起 6 个月至 3 年以内不予签发护照：①因妨害国（边）境管理受到刑事处罚的；②因非法出境、非法居留、非法就业被遣返回国的。

三、出入境证件管理

（1）普通护照有效期。普通护照有效期为：护照持有人未满 16 周岁的 5 年，16 周岁以上的 10 年。

（2）旅行证。中华人民共和国旅行证分 1 年一次有效和 2 年多次有效两种，由中国驻外国的外交代表机关、领事机关或者外交部授权的其他驻外机关颁发。

（3）入出境通行证。中华人民共和国入出境通行证，是入出中国国（边）境的通行证件。由省、自治区、直辖市公安厅（局）及其授权的公安机关签发。这种证件在有效期内一次或者多次入出境有效。一次有效的，在出境时由边防检查站收缴。

（4）签证。中国公民凭国务院主管机关及其授权的机关签发的有效护照或者其他有效证件出境、入境，无须办理签证。但中国公民作为旅游者前往一个国家或者中途停留，则旅游者在获取护照和出境登记卡后，必须申办前往国的签证或者入境许可证。在境外护照遗失后，旅游者必须报告中国的主管机关，在登报声明或挂失后，由中国驻外国的外交代表机关、领事机关或者外交部授权的其他驻外机关办理。

（5）出境入境证件的吊销或者宣布作废。公安部、外交部、港务监督局和原发证机关，各自对其发出的或者其授权的机关发出的护照和证件，有权吊销或者宣布作废。护照、出境入境证件被吊销或者宣布作废的情形有下列几种：①持证人因非法进入前往国或者非法居留被送回国内的。②公民持护照、证件招摇撞骗的。③从事危害国家安全、荣誉和利益活动的。

定居国外的中国公民短期回国，要按照户口的管理规定，办理暂住登记。在宾馆、饭店、旅店、招待所、学校等企业、事业单位或者机关、团体及其它机构内住宿的，就当填写临时住房登记表；住在亲友家的，由本人或者亲友在 24 小时内（农村可在 72 小时内）到住地公安派出所或者户籍办公室办理暂住登记。

```
案　例
```

护照的有效期案

某边检总站民警在为中国旅客张某办理入境手续时，发现其护照内签证页中的照片有被换过的迹象。张某辩解：看到签证页上的照片是 5 年前的，与现在的自己不同，随即进行了替换。护照是私人物品，替换护照纯属个人行为，况且是为了使照片与本人一致，只要护照真实有效，这是合法的。

分析：张某的行为违法。护照不是私人物品，公民可以持有护照，但不享有护照的所有权。根据我国护照法的规定，护照是我国公民出入国境和在国外证明国籍和身份的证件，个人不能擅自损毁护照，否则将需承担相应的法律后果。

——资料来源：http://www.17u.cn/about/about17u/info-80697.html.

四、出境受限制的中国公民

（1）有下列情形之一的，不批准出境：①刑事案件的被告人和公安机关或者人民检察院或者人民法院认定的犯罪嫌疑人；②人民法院通知有未了结民事案件不能离境的；③被判处刑罚正在服刑的；④正在被劳动教养的，⑤国务院有关主管机关认为出境后将对国家安全造成重大损失的。

（2）有下列情形之一的，边防检查机关有权阻止出境，并依法处理：①持用无效出境证件的；②持用他人出境证件的；③持用伪造或者涂改的出境证件的。

五、法律责任

（1）持用伪造、涂改等无效证件或者冒用他人证件出境、入境的，除收缴证件外，处以警告或者 5 日以下拘留；情节严重、构成犯罪的，依照《全国人民代表大会常务委员会关于严惩组织、运送他人偷越国（边）境犯罪的补充规定》有关条款的规定追究刑事责任。

（2）伪造、涂改、转让、买卖出境入境证件的，处 10 日以下拘留；情节严重、构成犯罪的，依照《中华人民共和国刑法》和《全国人民代表大会常务委员会关于严惩组织、运送他人偷越国（边）境犯罪的补充规定》的有关条款的规定追究刑事责任。

（3）编造情况，提供假证明，或者以行贿等手段，获取出境入境证件，情节较轻的，处以警告或者5日以下拘留；情节严重、构成犯罪的，依照《中华人民共和国刑法》和《全国人民代表大会常务委员会关于严惩组织、运送他人偷越国（边）境犯罪的补充规定》的有关条款的规定追究刑事责任。

受公安机关拘留处罚的公民对处罚不服的，在接到通知之日起15日内，可以向上一级公安机关提出申诉，由上一级公安机关作出最后的裁决，也可以直接向当地人民法院提起诉讼。

相关链接 🔍 搜索

北京边检连续查获数起旅客持损毁护照入境案件

2009年1月，北京出入境边防检查总站在首都国际机场T2航站楼内连续查获了数起旅客持损毁护照入境的案件。据北京边检总站的民警介绍，在这些被查获的旅客中，大部分人明知损毁护照是违法行为，但出于掩盖某种非法行为的目的而故意为之，同时也有少数人由于护照知识的缺乏和法律意识的淡薄无意中造成了护照的损毁。

案件一：2009年1月10日，北京边检总站民警小孙在办理中国旅客章某的入境手续时，发现该旅客护照签证页上的3枚验讫章有被涂改过的痕迹，其中包括2枚韩国验讫章和1枚中国验讫章。经过仔细核查，章某承认和交代了故意涂改签证的违法事实。2008年初，章某欲去韩国打工，由于害怕申请不到签证，便打着观光的幌子参加了某赴韩旅游团，准备在韩旅游期间伺机离团。成功离团后，为产生其已经随团回国的假象，以便在消签时顺利取回报团时所缴纳的保证金，章某便在其护照上伪造了2枚韩国入境验讫章和1枚中国入境验讫章。章某原本打算长期在外打工不再回国，但由于母亲突然病危，必须回国探望。但是，章某又担心伪造的验讫章在入境时被识破，于是便将3枚伪造的验讫章涂掉。孰料，聪明反被聪明误，正是由于签证页上明显的涂改痕迹才引起了检查人员的注意，从而将其查获。

案件二：2009年1月7日，北京边检总站民警小王在办理中国旅客陈某入境手续时，发现该旅客所持护照比其他旅客的护照薄，经仔细检查，小王发现该护照缺损了5页。经进一步调查，陈某交代了护照缺损的事实。原来，陈某在荷兰期间因逾期居留而被罚过款，由于担心回国时会因此再次受到行政处罚，他便将盖有荷兰逾期居留字样的签证页撕掉，以为这样便可以蒙混过关。殊不知，这种故意损毁护照的行为非但没能达到自己的预期目的，反而因为触犯中国的法律法规受到了相应的处罚。

案件三：2009年1月5日，北京边检总站民警小高在为中国旅客张某办理入境手续时，发现其护照内签证页中的名字有被涂改过的痕迹。张某解释说，由于看到签证页上自己的名字不是十分清晰，便自作主张用笔进行了描涂。他认为，护照是私人物品，描涂护照纯属个人行为，况且也是为了使名字清晰可见，只要护照真实有效，这些涂描都是无关紧要的。事实上，根据我国相关法律规定，护照是我国公民出入国境和在国外证明国籍和身份的证件，具有严肃性，个人不能擅自损毁护照，否则将会承担相应的法律后果。

——资料来源：http://www.mps.gov.cn/n16/n1252/n1702/n2347/1805742.html.

第三节 《边防检查条例》

为维护中华人民共和国的主权、安全和社会秩序，便利出境、入境的人员和交通运输工具的通行，出境、入境边防检查工作由公安部主管。在对外开放的港口、航空港、车站和边境通道等口岸设立出境入境边防检查站（以下简称边防检查站）。

一、边防检查站的职责

边防检查站为维护国家主权、安全和社会秩序，履行下列职责：

（1）对出境、入境的人员及其行李物品、交通运输工具及其载运的货物实施边防检查。

（2）按照国家有关规定对出境、入境的交通运输工具进行监护。

（3）对口岸的限定区域进行警戒，维护出境、入境秩序。

（4）执行主管机关赋予的其他法律、行政法规规定的任务。

二、对出入境人员的检查和管理

出境、入境的人员必须按照规定填写出境、入境登记卡，向边防检查站交验本人的有效护照或者其他出境、入境证件（以下简称出境、入境证件），经查验核准后，方可出境、入境。

1. 人身检查

边防检查站认为必要时，可以对出境、入境的人员进行人身检查。人身检查应当由两名与受检查人同性别的边防检查人员进行。

2. 阻止出入境、拒绝登陆

出境、入境的人员有下列情形之一的，边防检查站有权阻止其出境、入境或者拒绝其登陆：①未持出境、入境证件的；②持有无效出境、入境证件的；③持用他人出境、入境证件的；④持用伪造或者涂改的出境、入境证件的；⑤拒绝接受边防检查的；⑥未在限定口岸通行的；⑦国务院公安部门、国家安全部门通知不准出境、入境的；⑧法律、行政法规规定不准出境、入境的。

出境、入境的人员有上述第③项、第④项或者中国公民有上述第⑦项、第⑧项所列情形之一的，边防检查站可以扣留或者收缴其出境、入境证件。

3. 限制出境入境人员的活动范围

出境、入境的人员有下列情形之一的，边防检查站有权限制其活动范围，进行调查或者移送有关机关处理：①有持用他人出境、入境证件嫌疑的；②有持用伪造或者涂改的出境、入境证件嫌疑的；③国务院公安部门、国家安全部门和省、自治区、直辖市公安机关、国家安全机关通知有犯罪嫌疑的；④有危害国家安全、利益和社会秩序嫌疑的。

三、出境入境人员的义务

出境、入境的人员和交通运输工具必须经对外开放的口岸或者主管机关特许的地点通行，接受边防检查、监护和管理。出境、入境的人员，必须遵守中华人民共和国的法律、行政法规。

（1）出境、入境的人员必须按照规定填写出境、入境登记卡，向边防检查站交验本人的有效护照或者其他出境、入境证件（以下简称出境、入境证件），经查验核准后，方可出境、入境。

（2）上下外国船舶的人员必须向边防检查人员交验出境、入境证件或者其他规定的证件，经许可后，方可上船、下船。

四、边境地区出境入境的人员的管理

《边防检查条例》规定：中华人民共和国与毗邻国家（地区）接壤地区的双方公务人员、边境居民临时出境、入境的边防检查，双方订有协议的，按照协议执行；没有协议的，适用本条例的规定。毗邻国家的边境居民按照协议临时入境的，限于在协议规定范围内活动；需要到协议规定范围以外活动的，应当事先办理入境手续。

五、行李物品的检查

边防检查站根据维护国家安全和社会秩序的需要，可以对出境、入境人员携带的行李物品和交通运输工具载运的货物进行重点检查。

出境、入境的人员和交通运输工具不得携带、载运法律、行政法规规定的危害国家安全和社会秩序的违禁物品；携带、载运违禁物品的，边防检查站应当扣留违禁物品，对携带人、载运违禁物品的交通运输工具负责人依照有关法律、行政法规的规定处理。

任何人不得非法携带属于国家秘密的文件、资料和其他物品出境；非法携带属于国家秘密的文件、资料和其他物品的，边防检查站应当予以收缴，对携带人依照有关法律、行政法规规定处理。

出境、入境的人员携带或者托运枪支、弹药，必须遵守有关法律、行政法规的规定，向边防检查站办理携带或者托运手续；未经许可，不得携带、托运枪支、弹药出境、入境。

六、交通运输工具的检查和监护

（一）检查

出境、入境的交通运输工具离、抵口岸时，必须接受边防检查。对交通运输工具的入境检查，在最先抵达的口岸进行。出境检查，在最后离开的口岸进行。在特殊情况下，经主管机关批准，对交通运输工具的入境、出境检查，也可以在特许的地点进行。对交通运输工具实施边防检查时，其负责人或者代理人应当到场协助边防检查人员进行检查。出境、入境的交通运输工具在中国境内必须按照规定的路线、航线行驶。外国船舶未经许可不得在非对外开放的港口停靠。出境的交通运输工具自出境检查后到出境前，入境的交通运输工具自入境后到入境检查前，未经边防检查站许可，不得上下人员、装卸物品。

交通运输工具的负责人或者有关交通运输部门，应当事先将出境、入境的船舶、航空器、火车离、抵口岸的时间，停留地点和载运人员、货物情况，向有关的边防检查站报告。交通运输工具抵达口岸时，船长、机长或者其代理人必须向边防检查站申报员工和旅客的名单；列车长及其他交通运输工具的负责人必须申报员工和旅客的人数。

（二）监护

边防检查站对处于下列情形之一的出境、入境交通运输工具，有权进行监护：（1）离、抵口岸的火车、外国船舶和中国客船在出境检查后到出境前、入境后到入境检查前和检查期间；（2）火车及其他机动车辆在国（边）界线距边防检查站较远的区域内行驶期间；（3）外国船舶在中国内河航行期间；（4）边防检查站认为有必要进行监护的其他情形。

被监护的交通运输工具和上下该交通运输工具的人员应当服从监护人员的检查。对随交通运输工具执行监护职务的边防检查人员，交通运输工具的负责人应当提供必要的办公、生活条件。

未实行监护措施的交通运输工具，其负责人应当自行管理，保证该交通运输工具和员工遵守本条例的规定。

发现出境、入境的交通运输工具载运不准出境、入境人员，偷越国（边）境人员及未持有效出境、入境证件的人员的，交通运输工具负责人应当负责将其遣返，并承担由此发生的一切费用。

（三）推迟或者阻止出境、入境

出境、入境的交通运输工具有下列情形之一的，边防检查站有权推迟或者阻止其出境、入境：（1）离、抵口岸时，未经边防检查站同意，擅自出境、入境的；（2）拒绝接受边防检查、监护的；（3）被认为载有危害国家安全、利益和社会秩序的人员或者物品的；（4）被认为载有非法出境、入境人员的；（5）拒不执行边防检查站依法作出的处罚或者处理决定的；（6）未经批准擅自改变出境、入境口岸的。

边防检查站在前款所列情形消失后，对有关交通运输工具应当立即放行。

（四）对外开放口岸以外地区的检查和监护

出境、入境的船舶、航空器，由于不可预见的紧急情况或者不可抗拒的原因，驶入对外开放口岸以外地区的，必须立即向附近的边防检查站或者当地公安机关报告并接受检查和监护；在驶入原因消失后，必须立即按照通知的时间和路线离去。

七、处罚

对违反《边防检查条例》规定的处罚，由边防检查站执行。

（1）出境、入境的人员有下列情形之一的，处以 500 元以上 2000 元以下的罚款或者依照有关法律、行政法规的规定处以拘留：①未持出境、入境证件的；②持用无效出境、入境证件的；③持用他人出境、入境证件的；④持用伪造或者涂改的出境、入境证件的。

（2）协助他人非法出境、入境，情节轻微尚不构成犯罪的，处以 2000 元以上 1 万元以下的罚款；有非法所得的，没收非法所得。

（3）未经批准携带或者托运枪支、弹药出境、入境的，没收其枪支、弹药，并处以 1000 元以上 5000 元以下的罚款。

（4）有下列情形之一的，处以警告或者 500 元以下罚款：①未经批准进入口岸的限定区域或者进入后不服从管理，扰乱口岸管理秩序的；②污辱边防检查人员的；③未经批准或者未按照规定登陆、住宿的。

（5）出境、入境的交通运输工具载运不准出境、入境人员，偷越国（边）境人员及未持有效出境、入境证件的人员出境、入境的，对其负责人按每载运 1 人处以 5000 元以上 1 万元以下的罚款。

（6）交通运输工具有下列情形之一的，对其负责人处以 1 万元以上 3 万元以下的罚款：①离、抵口岸时，未经边防检查站同意，擅自出境、入境的；②未按照规定向边防检查站申报员工、旅客和货物情况的，或者拒绝协助检查的；③交通运输工具在入境后到入境检查前、出境检查后到出境前，未经边防检查站许可，上下人员、装卸物品的。

（7）交通运输工具有下列情形之一的，对其负责人给予警告并处 500 元以上 5000 元以下的罚款：①出境、入境的交通运输工具在中国境内不按照规定的路线行驶的；②外国船舶未经许可停靠在非对外开放港口的；③中国船舶未经批准擅自搭靠外国籍船舶的。

（8）出境、入境的船舶、航空器，由于不可预见的紧急情况或者不可抗拒的原因，驶入对外开放口岸对外地区，没有正当理由不向附近边防检查站或者当地公安机关报告的；或者在驶入原因消失后，没有按照通知的时间和路线离去的，对其负责人处以 1 万元以下的罚款。

出境、入境的人员违反《边防检查条例》的规定，构成犯罪的，依法追究刑事责任。

第四节 《卫生检疫法》

为了防止传染病由国外传入或者由国内传出，实施国境卫生检疫，保护人体健康，在中华人民共和国国际通航的港口、机场以及陆地边境和国界江河的口岸（以下简称国境口岸），设立国境卫生检疫机关，依法实施传染病检疫、监测和卫生监督。国务院卫生行政管理部门主管全国国境卫生检疫工作。

传染病是指检疫传染病和监测传染病。检疫传染病，是指鼠疫、霍乱、黄热病以及国务院确定和公布的其他传染病。监测传染病，由国务院卫生行政管理部门确定和公布。

中华人民共和国边防机关与邻国边防机关之间在边境地区的往来，居住在两国边境接壤地区的居民在边境指定地区的临时往来，双方的交通工具和人员的入境、出境检疫，依照双方协议办理，没有协议的，依照中国政府的有关规定办理。

国境卫生检疫机关实施卫生检疫，按照国家规定收取费用。

一、检疫的范围

卫生检疫机关在国境口岸工作的范围，是指为国境口岸服务的涉外宾馆、饭店、俱乐部，为入境、出境交通工具提供饮食、服务的单位和对入境、出境人员、交通工具、集装箱和货物实施检疫、监测、卫生监督的场所。

入境、出境的人员、交通工具和集装箱，以及可能传播检疫传染病的行李、货物、邮包等，均应当按照卫生检疫法实施细则的规定接受检疫，经卫生检疫机关许可，方准入境或者出境。

二、检疫与监测

（一）检疫地点

入境的交通工具和人员，必须在最先到达的国境口岸的指定地点接受检疫。除引航员外，未经国境卫生检疫机关许可，任何人不准上下交通工具，不准装卸行李、货物、邮包等物品。具体办法由本法实施细则规定。

出境的交通工具和人员，必须在最后离开的国境口岸接受检疫。

（二）临时检疫

在国境口岸发现检疫传染病、疑似检疫传染病，或者有人非因意外伤害而死亡并死因不明的，国境口岸有关单位和交通工具的负责人，应当立即向国境卫生检疫机关报告，并申请临时检疫。

（三）签发检疫证

国境卫生检疫机关依据检疫医师提供的检疫结果，对未染有检疫传染病或者已实施卫生处理的交通工具，签发入境检疫证或者出境检疫证。

入境、出境的旅客、员工个人携带或者托运可能传播传染病的行李和物品，应当接受卫生检查。卫生检疫机关对来自疫区或者被传染病污染的各种食品、饮料、水产品等应当实施卫生处理或者销毁，并签发卫生处理证明。海关凭卫生检疫机关签发的卫生处理证明放行。

（四）对染疫人或者染疫嫌疑人的管理

国境卫生检疫机关必须立即对检疫传染病染疫人进行隔离。隔离期限根据医学检查结果确定；对检疫传染病染疫嫌疑人应当将其留验，留验期限根据该传染病的潜伏期确定。

对患检疫传染病而死亡的尸体，必须就近火化，不准移运。

（五）入境检疫的交通工具

接受入境检疫的交通工具有下列情形之一的，应当实施消毒、除鼠、除虫或者其他卫生处理：①来自检疫传染病疫区的；②被检疫传染病污染的；③发现有与人类健康有关的啮齿动物或者病媒昆虫的。

如果外国交通工具的负责人拒绝接受卫生处理，除有特殊情况外，准许该交通工具在国境卫生检疫机关的监督下，立即离开中华人民共和国国境。

（六）物品检疫

国境卫生检疫机关对来自疫区的、被检疫传染病污染的或者可能成为检疫传染病传播媒介的行李、货物、邮包等物品应当进行卫生检查，实施消毒、除鼠、除虫或者其他卫生处理。

入境、出境的尸体、骸骨的托运人或者其代理人，必须向国境卫生检疫机关申报，经卫生检查合格后，方准运进或者运出。

课 堂 思 考

我国为什么要在国境口岸对出入境人员实施卫生检疫？

二、传染病检测

国境卫生检疫机关对入境、出境的人员实施传染病监测，并且采取必要的预防、控制措施。

国境卫生检疫机关有权要求入境、出境的人员填写健康申明卡，出示某种传染病的预防接种证书、健康证明或者其他有关证件。

对患有监测传染病的人、来自国外监测传染病流行区的人或者与监测传染病人密切接触的人，国境卫生检疫机关应当区别情况，发给就诊方便卡，实施留验或者采取其他预防、控制措施，并及时通知当地卫生行政管理部门。各地医疗单位对持有就诊方便卡的人员，应当优先诊治。

三、处罚

卫生检疫机关在收取罚款时，应当出具正式的罚款收据。罚款全部上交国库。

（一）出境或者入境人员的法律责任

（1）对有下列情形之一的，处以警告或者100元以上5000元以下的罚款；①应当受入境检疫的船舶，不悬挂检疫信号的；②入境、出境的交通工具，在入境检疫之前或者在出境检疫之后，擅自上下人员，装卸行李、货物、邮包等物品的；③拒绝接受检疫或者抵制卫生监督，拒不接受卫生处理的；④伪造或者涂改检疫单、证、不如实申报疫情的；⑤瞒报携带禁止进口的微生物、人体组织、生物制品、血液及其制品或者其他可能引起传染病传播的动物和物品的。

（2）对有下列情形之一的，处以1000元以上1万元以下的罚款；①未经检疫的入境、出境交通工具，擅自离开检疫地点，逃避查验的；②隐瞒疫情或者伪造情节的；③未经卫生检疫机关实施卫生处理，擅自排放压舱水，移下垃圾、污物等控制的物品的；④未经卫生检疫机关实施卫生处理，擅自移运尸体、骸骨的。

（3）对有下列情形之一的，处以5000元以上3万元以下的罚款：①废旧物品、废旧交通工具，未向卫生检疫机关申报，未经卫生检疫机关实施卫生处理和签发卫生检疫证书而擅自入境、出境或者使用、拆卸的；②未经卫生检疫机关检查，从交通工具上移下传染病病人造成传染病传播危险的。

（二）对检疫部门工作人员的处罚

根据《卫生检疫法》规定，国境卫生检疫机关的工作人员，应当秉公执法，忠于职守，对入境、出境的交通工具和人及时进行检疫；违法失职的，给予行政处分，情节严重构成犯罪的，依法追究刑事责任。

复习与思考

一、名词解释

签证　护照　边防检查　卫生检疫

二、填空题

1. 外国人入、出、通过中华人民共和国国境和在中国居留、旅行，必须从对外国人开放的或者_____的口岸通行，接受边防检查机关的检查。

2. 外国人的人身自由不受侵犯，非经人民检察院批准或者决定或者_____决定，并由公安机关或者国家安全机关执行，不受逮捕。

3. 外国人前往不对外国人开放的市、县旅行，须事先向所在市、县_____申请旅行证，获准后方可前往。

4. 外国人在移动性住宿工具内临时住宿，须于_____小时内向当地公安机关申报。

5. 由于不可抗拒的原因而违反《外国人入境出境管理法》及本实施细则的，可免予处罚。外国人无力缴纳罚款的，可以改处_____。

6. 被处罚人对公安机关的罚款、拘留处罚不服的，在接到通知之日起 15 日内，可以通过原裁决机关或者直接向上一级公安机关申诉，上一级公安机关自接到申诉之日起 15 日内作出_____。

7. 公民因前往外国定居、探亲、学习、就业、旅行、从事商务活动等非公务原因出国的，由本人向_____的县级以上地方人民政府公安机关出入境管理机构申请普通护照。

8. 护照持有人16周岁以上的，其普通护照有效期为_____。

9. 中国公民作为旅游者前往一个国家或者中途停留，则旅游者在获取护照和出境登记卡后，必须申办_____的签证或者入境许可证。

10. 入境的交通工具和人员，必须在_____的国境口岸的指定地点接受检疫。

三、选择题（请选择一个正确答案，填在相应的位置上）

1. 持联程客票搭乘国际航班直接过境，在中国停留不超过（ ）小时不出机场的外国人，免办签证。要求临时离开机场的，需经边防检查机关批准。

A. 48　　　　　　B. 24　　　　　　C. 36　　　　　　D. 72

2. 根据外国人来中国的身份和所持护照的种类，来华外国旅游者的签证属于（ ）。

A. 外交签证　　　B. 礼遇签证　　　C. 公务签证　　　D. 普通签证

3. 签发普通签证时，根据外国人申请来中国的事由，在签证上标明相应的汉语拼音字母。给来中国旅游、探亲或因其他私人事务入境的外国人发（ ）。

A. J字签证　　　B. Lv字签证　　　C. Jn字签证　　　D. L字签证

4. 签发普通签证时，根据外国人申请来中国的事由，可以发给团体签证的，组团人数须在（ ）。

A. 9人以上　　　B. 15人以上　　　C. 18人以上　　　D. 20人以上

5. 外国人旅行证的有效期最长为（ ），但不得超过外国人所持签证居留证件的有效期限。

A. 3年　　　　　　B. 6年　　　　　　C. 1年　　　　　　D. 2年

6. 根据《外国人入境出境管理法实施细则》规定，下列外国人可以准入境（ ）。

A. 被中国政府驱逐出境，未满不准入境年限的

B. 被认为入境后可能进行恐怖、暴力、颠覆活动的

C. 被认为入境后可能进行走私、贩毒、卖淫活动的

D. 患有精神病、传染性肺结核病或者其他传染病的

7. 未经批准前往不对外国人开放地区旅行的外国人，可以处警告或者（　）元以下罚款；情节严重的，并处限期出境。

A. 1000　　　　　B. 2000　　　　　C. 3000　　　　　D. 500

8. 在通常情况下，公安机关出入境管理机构应当自收到申请材料之日起（　）日内签发普通护照。

A. 12　　　　　B. 15　　　　　C. 24　　　　　D. 30

9. 在偏远地区或者交通不便的地区或者因特殊情况，不能按期签发护照的，经（　）批准，签发时间可以延长至30日。

A. 护照签发机关法定代表人　　　　B. 护照签发机关经办人

C. 护照签发机关的上一级机关　　　　D. 公安部

10. 护照持有人未满16周岁的，其普通护照的有效期为（　）年。

A. 5　　　　　B. 15　　　　　C. 24　　　　　D. 30

11. 根据《中国公民出境入境管理法》规定，非法出境、入境、伪造、涂改、冒用、转让出境、入境证件的，公安机关可以处以警告或者（　）日以下的拘留处罚；情节严重，构成犯罪的，依法追究刑事责任。

A. 5　　　　　B. 10　　　　　C. 24　　　　　D. 30

12. 出境、入境的人员和交通运输工具，必须经（　）通行，接受边防检查、监护和管理。

A. 对外开放的口岸或者主管机关特许的地点

B. 对外开放的口岸和主管机关特许的地点

C. 对外开放的口岸　　　　D. 主管机关特许的地点

13. 根据《边防检查条例》规定：未持出境、入境证件的，持用无效出境、入境证件的，持用他人出境、入境证件的，或者持用伪造或者涂改的出境、入境证件的；由边防检查站对其处以（　）的罚款或者依照有关法律、行政法规的规定处以拘留。

A. 500元以上　　　　　　　　B. 2000元以下

C. 500元以上2000元以下　　　　D. 2000元以上

14. 根据《边防检查条例》规定：未经批准进入口岸的限定区域或者进入后不服从管理，扰乱口岸管理秩序的；污辱边防检查人员的；或者未经批准或者未按照规定登陆、住宿的；由边防检查站对其处以（　　）的罚款。

A. 100 元以上 　　　　　　　　　　　B. 200 元以下

C. 200 元以上 500 元以下 　　　　　　D. 500 元以下

15. 卫生检疫机关处以警告或者 100 元以上 5000 元以下的罚款的情形是（　　）。

A. 未经检疫的入境、出境交通工具，擅自离开检疫地点，逃避查验的

B. 隐瞒疫情或者伪造情节的

C. 未经卫生检疫机关实施卫生处理，擅自排放压舱水，移下垃圾、污物等控制的物品的

D. 入境、出境的交通工具，在入境检疫之前或者在出境检疫之后，擅自上下人员，装卸行李、货物、邮包等物品的

四、判断题

1. 外国人入境、过境和在中国境内居留，必须经公安机关许可。（　　）

2. 外国人的入境、出境、过境，必须从任何口岸通行，接受边防检查机关的检查。（　　）

3. 中国政府保护在中国境内外国人的所有的权利和利益。（　　）

4. 外国人在中国境内，应当自觉遵守中国法律，不得危害中国国家安全，损害社会公共利益，破坏社会公共秩序。（　　）

5. 曾被追究刑事责任的中国公民刑满释放后申请护照的，护照签发机关不得向其签发护照。（　　）

6. 中华人民共和国旅行证由旅游行政机关颁发。（　　）

7. 对出境、入境的人员及其行李物品、交通运输工具及其载运的货物实施边防检查。（　　）

8. 边防检查站可以随时对出境、入境的人员进行人身检查。人身检查应当由两名与受检查人同性别的边防检查人员进行。（　　）

9. 边防检查站根据维护国家安全和社会秩序的需要，可以对出境、入境人员携带的行李物品和交通运输工具载运的货物进行重点检查。（　　）

10. 入境、出境的人员、交通工具、运输设备以及可能传播检疫传染病的行李、

货物、邮包等物品，都应当接受检疫，经国境卫生检疫机关许可，方准入境或者出境。（　）

11. 入境的交通工具和人员，必须在最后目的地的国境口岸的指定地点接受检疫。（　）

12. 出境的交通工具和人员，必须在始发地的国境口岸接受检疫。（　）

五、简答题

1. 哪些外国人在出入境时将受到限制？

2. 中国公民如何申请因私出境？

3. 中国公民出入境的证件有哪几类？

4. 中国公民申请护照时，在哪些情形下不得签发护照？

5. 中国公民在哪些情形下可以申请换发或者补发护照？

6. 出入境人员的义务是什么？

六、案例分析

外国人到非开放区旅游案

某一俄罗斯旅客自费来华旅游，在领取有效护照和取得我国 L 字普通签证后，即委托黑龙江某国际旅行社负责接待。在旅游过程中，该旅客提出要到某一非开放区旅游，并希望能够在该地中国居民家中留宿一夜。对此要求，该国际旅行社表示同意。但到达旅游目的地后，该旅客被当地公安机关处以 300 元罚款，原因是该旅客只携带着有效的居留证件，没有办理旅行证。

根据以上案例，回答如下问题：

1. 外国人到我国非开放地区旅游，应办理哪些手续？

2. 我国公安机关对该俄罗斯旅客进行处罚的依据是什么？

3. 边防检查站有哪些权力？

4. 在办理出入境手续时，旅游者应当履行哪些义务？

七、实践与训练

模拟办理入出境或者出入境签证、边防检查、卫生检疫手续，学生自愿组成小组，每组6~8人。组织一次课堂交流与讨论，时间为1节课。

讨论问题：在办理入出境或者出入境手续过程中，领队、旅游者应当注意哪些方面的问题？

📖 推荐阅读

1. http://www.mps.gov.cn/n16/n84147/.

2. http://www.17u.cn/about/about17u/info-80697.html.

3. http://www.mps.gov.cn/n16/n1252/n1702/n2347/1805742.html.

4. 仉向明，黄恢月.出境旅游领队工作案例解析［M］.北京：旅游教育出版社，2008.

旅游资源管理法律制度

　　旅游资源是旅游业发展的基础和重要的组成部分，必须从法律制度上保护和管理旅游资源，以保障旅游业的可持续发展。掌握旅游资源管理法律、法规制度，不仅能够合法地利用旅游资源，而且还能够有意识地保护旅游资源。

　　本章阐述了旅游资源管理法律、法规制度，包括《文物保护法》、《风景名胜区条例》以及《旅游景区质量等级的划分与评定》标准等。

学习目标

知识目标

❶了解《文物保护法》、《风景名胜区条例》规定的基本原则和基本制度以及《旅游景区质量等级的划分与评定》标准。

❷明确文物的归属、文物管理的内容、风景名胜区的保护和旅游景区质量等级的划分与评定标准。

❸掌握违反旅游资源法律应当承担的法律责任。

能力目标

❶能够辨别违反旅游资源管理法律制度的行为。

❷能够引导旅游者遵守旅游资源管理法的规定。

❸能够准确选择解决纠纷的途径。

游客拣选古钱币案

　　某旅游团在导游员带领下到一溪水边自由活动。有的游客在涉水玩耍时，发现一些古钱币，拾起装入自己的包中。所在地文化市场行政执法大队得到消息后，立即派人员赴现场调查处理，会同所在地公安局进行处理，发布关于追缴出土文物的通告，同时通过反复宣传文物保护政策，使游客们提高了文物保护意识。除了张某外，其他游客均缴纳捡到的古钱币。

　　张某的行为违法，依法应当追究相应的法律责任。因为张某无权占有古钱币。根据文物保护法的规定，凡在中华人民共和国境内地下、内水和领海中遗存的一切文物，均属国家所有。

——资料来源：www.tczj.net/jp/jt/kj/18.ppt.

 案 例 分 析

　　1. 国家、集体或者私人分别对哪些文物享有所有权？
　　2. 如何判定文物？

　　旅游资源是旅游业发展的前提和基础。旅游资源主要包括自然风景旅游资源和人文景观旅游资源。自然风景旅游资源包括地貌、水文、气候、生物四大类。人文景观旅游资源包括人文景物、文化传统、民情风俗、体育娱乐四大类。我国幅员辽阔，蕴含着丰富的自然风景资源和人文景观资源，这是我国旅游业发展的优势条件。

　　为了保障旅游业的可持续发展，保护旅游资源的可持续利用，从法律制度上对旅游资源进行有效的保护和管理，我国制定了一系列的法律、法规和规章，主要包括《中华人民共和国文物保护法》（以下简称《文物保护法》），《风景名胜区条例》以及《旅游景区质量等级的划分与评定》标准等。

第一节　《文物保护法》

当代世界，保持民族文化特性，保护人类共同创造的文化遗产，是国际社会各个国家的共同要求。许多国家都为此而制定了保护文物的法律和法规，加强了文物的保护和管理。为了加强对文物的保护，继承中华民族优秀的历史文化遗产，促进科学研究工作，进行爱国主义和革命传统教育，建设社会主义精神文明和物质文明，1982 年 11 月 19 日第五届全国人民代表大会常务委员会第二十五次会议通过了《中华人民共和国文物保护法》；1991 年 6 月 29 日第七届全国人民代表大会常务委员会第二十次会议《关于修改〈中华人民共和国文物保护法〉第三十条、第三十一条的决定》修正；2002 年 10 月 28 日第九届全国人民代表大会常务委员会第三十次会议修订；2007 年 12 月 29 日第十届全国人民代表大会常务委员会第三十一次会议《关于修改〈中华人民共和国文物保护法〉的决定》第二次修正。文物工作贯彻"保护为主、抢救第一、合理利用、加强管理"的方针。

一、文物的概念及其范围

文物，是指人类在历史发展过程中遗留下来的遗物、遗迹。受国家法律保护的文物有下列五类：

根据《文物保护法》规定，在中华人民共和国境内，下列文物受国家保护：①具有历史、艺术、科学价值的古文化遗址、古墓葬、古建筑、石窟寺和石刻、壁画；②与重大历史事件、革命运动或者著名人物有关的以及具有重要纪念意义、教育意义或者史料价值的近代现代重要史迹、实物、代表性建筑；③历史上各时代珍贵的艺术品、工艺美术品；④历史上各时代重要的文献资料以及具有历史、艺术、科学价值的手稿和图书资料等；⑤反映历史上各时代、各民族社会制度、社会生产、社会生活的代表性实物。

具有科学价值的古脊椎动物化石和古人类化石同文物一样受国家保护。

二、文物所有权

中华人民共和国境内地下、内水和领海中遗存的一切文物，属于国家所有。古文化遗址、古墓葬、石窟寺属于国家所有。国家指定保护的纪念建筑物、古建筑、石刻、壁画、近代现代代表性建筑等不可移动文物，除国家另有规定的以外，属于国家所有。

国有不可移动文物的所有权不因其所依附的土地所有权或者使用权的改变而改变。

下列可移动文物属于国家所有：①中国境内出土的文物，国家另有规定的除外；②国有文物收藏单位以及其他国家机关、部队和国有企业、事业组织等收藏、保管的文物；③国家征集、购买的文物；④公民、法人和其他组织捐赠给国家的文物；⑤法律规定属于国家所有的其他文物。

属于国家所有的可移动文物的所有权不因其保管、收藏单位的终止或者变更而改变。

属于集体所有和私人所有的纪念建筑物、古建筑和祖传文物以及依法取得的其他文物，其所有权受法律保护。

文物的所有者必须遵守国家有关文物保护的法律、法规的规定。一切机关、组织和个人都有依法保护文物的义务。

三、文物级别

（一）不可移动文物

依照我国《文物保护法》的规定，古文化遗址、古墓葬、古建筑、石窟寺、石刻、壁画、近代现代重要史迹和代表性建筑等不可移动文物，根据它们的历史、艺术、科学价值，可以分别确定为全国重点文物保护单位，省级文物保护单位，市、县级文物保护单位。

国务院文物行政部门在省级、市、县级文物保护单位中，选择具有重大历史、艺术、科学价值的确定为全国重点文物保护单位，或者直接确定为全国重点文物保护单位，报国务院核定公布。

省级文物保护单位，由省、自治区、直辖市人民政府核定公布，并报国务院备案。

市级和县级文物保护单位，分别由设区的市、自治州和县级人民政府核定公布，并报省、自治区、直辖市人民政府备案。

尚未核定公布为文物保护单位的不可移动文物，由县级人民政府文物行政部门予以登记并公布。

保存文物特别丰富并且具有重大历史价值或者革命纪念意义的城市，由国务院核定公布为历史文化名城。保存文物特别丰富并且具有重大历史价值或者革命纪念意义的城镇、街道、村庄，由省、自治区、直辖市人民政府核定公布为历史文化街区、村镇，并报国务院备案。

使用不可移动文物，必须遵守不改变文物原状的原则，负责保护建筑物及其附属文物的安全，不得损毁、改建、添建或者拆除不可移动文物。

对危害文物保护单位安全、破坏文物保护单位历史风貌的建筑物、构筑物，当地人民政府应当及时调查处理，必要时，对该建筑物、构筑物予以拆迁。

国有不可移动文物由使用人负责修缮、保养；非国有不可移动文物由所有人负责修缮、保养。非国有不可移动文物有损毁危险，所有人不具备修缮能力的，当地人民政府应当给予帮助；所有人具备修缮能力而拒不依法履行修缮义务的，县级以上人民政府可以给予抢救修缮，所需费用由所有人负担。

对不可移动文物进行修缮、保养、迁移，必须遵守不改变文物原状的原则。

非国有不可移动文物不得转让、抵押给外国人。非国有不可移动文物转让、抵押或者改变用途的，应当根据其级别报相应的文物行政部门备案；由当地人民政府出资帮助修缮的，应当报相应的文物行政管理部门批准。

（二）可移动文物

历史上各时代重要实物、艺术品、文献、手稿、图书资料、代表性实物等可移动文物，分为珍贵文物和一般文物；珍贵文物分为一级文物、二级文物、三级文物。

四、馆藏文物

根据《文物保护法》的规定，博物馆、图书馆和其他文物收藏单位对收藏的文物，必须区分文物等级，设置藏品档案，建立严格的管理制度，并报主管的文物行政管理部门备案。

县级以上地方人民政府文物行政管理部门应当分别建立本行政区域内的馆藏文物档案；国务院文物行政管理部门应当建立国家一级文物藏品档案和其主管的国有文物收藏单位馆藏文物档案。

禁止国有文物收藏单位将馆藏文物赠与、出租或者出售给其他单位、个人。

未经批准，任何单位或者个人不得调取馆藏文物。

五、民间收藏文物

根据《文物保护法》的规定，文物收藏单位以外的公民、法人和其他组织可以收藏通过下列方式取得的文物：①依法继承或者接受赠与；②从文物商店购买；③从经营文物拍卖的拍卖企业购买；④公民个人合法所有的文物相互交换或者依法转让；⑤国家规定的其他合法方式。

文物收藏单位以外的公民、法人和其他组织收藏的上述文物可以依法流通。

公民、法人和其他组织不得买卖下列文物：①国有文物，但是国家允许的除外；②非国有馆藏珍贵文物；③国有不可移动文物中的壁画、雕塑、建筑构件等，但是依法拆除的国有不可移动文物中的壁画、雕塑、建筑构件等不属于应由文物收藏单位收藏的除外；④来源不合法的文物。

国家禁止出境的文物，不得转让、出租、质押给外国人。

文物商店应当由国务院文物行政管理部门或者省、自治区、直辖市人民政府文物行政管理部门批准设立，依法进行管理。文物商店不得从事文物拍卖经营活动，不得设立经营文物拍卖的拍卖企业。经营文物拍卖的拍卖企业不得从事文物购销经营活动，不得设立文物商店。

依法设立的拍卖企业经营文物拍卖的，应当取得国务院文物行政管理部门颁发的文物拍卖许可证。经营文物拍卖的拍卖企业不得从事文物购销经营活动，不得设立文物商店。

禁止设立中外合资、中外合作和外商独资的文物商店或者经营文物拍卖的拍卖企业。除经批准的文物商店、经营文物拍卖的拍卖企业外，其他单位或者个人不得从事文物的商业经营活动。

银行、冶炼厂、造纸厂以及废旧物资回收单位，应当与当地文物行政管理部门共同负责拣选掺杂在金银器和废旧物资中的文物。拣选文物除供银行研究所必需的历史货币可以由人民银行留用外，应当移交当地文物行政管理部门。移交拣选文物，应当给予合理补偿。

六、文物出境进境管理

根据《文物保护法》的规定，国有文物、非国有文物中的珍贵文物和国家规定禁止出境的其他文物，不得出境；但是依法出境展览或者因特殊需要经国务院批准出境的除外。

文物出境，应当经国务院文物行政管理部门指定的文物进出境审核机构审核。经审核允许出境的文物，由国务院文物行政管理部门发给文物出境许可证，从国务院文物行政管理部门指定的口岸出境。

任何单位或者个人运送、邮寄、携带文物出境，应当向海关申报；海关凭文物出境许可证放行。

文物出境展览，应当报国务院文物行政管理部门批准；一级文物超过国务院规定数量的，应当报国务院批准。一级文物中的孤品和易损品，禁止出境展览。

出境展览的文物出境，由文物进出境审核机构审核、登记。海关凭国务院文物行政管理部门或者国务院的批准文件放行。出境展览的文物复进境，由原文物进出境审核机构审核查验。

文物临时进境，应当向海关申报，并报文物进出境审核机构审核、登记。临时进境的文物复出境，必须经原审核、登记的文物进出境审核机构审核查验；经审核查验无误的，由国务院文物行政管理部门发给文物出境许可证，海关凭文物出境许可证放行。

七、法律责任

（一）刑事责任

有下列行为之一，构成犯罪的，依法追究刑事责任：①盗掘古文化遗址、古墓葬的；②故意或者过失损毁国家保护的珍贵文物的；③擅自将国有馆藏文物出售或者私自送给非国有单位或者个人的；④将国家禁止出境的珍贵文物私自出售或者送给外国人的；⑤以牟利为目的倒卖国家禁止经营的文物的；⑥走私文物的；⑦盗窃、哄抢、私分或者非法侵占国有文物的；⑧应当追究刑事责任的其他妨害文物管理行为。

（二）民事责任

违法造成文物灭失、损毁的，依法承担民事责任。

（三）行政责任

（1）违法构成违反治安管理行为的，由公安机关依法给予治安管理处罚。违法构成走私行为，尚不构成犯罪的，由海关依照有关法律、行政法规的规定给予处罚。

（2）刻画、涂污或者损坏文物尚不严重的，或者损毁依法设立的文物保护单位标志的，由公安机关或者文物所在单位给予警告，可以并处罚款，数额为200元以下。

（3）买卖国家禁止买卖的文物或者将禁止出境的文物转让、出租、质押给外国人，尚不构成犯罪的，由县级以上人民政府文物主管部门责令改正，没收违法所得，违法经营额1万元以上的，并处违法经营额2倍以上5倍以下的罚款；违法经营额不足1万元的，并处5000元以上2万元以下的罚款。

（4）有下列情形之一的，由工商行政管理部门没收违法所得、非法经营的文物，违法经营额5万元以上的，并处违法经营额1倍以上3倍以下的罚款；违法经营额不足5万元的，并处5000元以上5万元以下的罚款；情节严重的，由原发证机关吊销许可证书：①文物商店从事文物拍卖经营活动的；②经营文物拍卖的拍卖企业从事文物购销经营活动的；③文物商店销售的文物、拍卖企业拍卖的文物，未经审核的；④文物收藏单位从事文物的商业经营活动的。

（5）有下列情形之一的，尚不构成犯罪的，由县级以上人民政府文物主管部门会同公安机关追缴文物；情节严重的，处5000元以上5万元以下的罚款：①发现文物隐匿不报或者拒不上交的；②未按照规定移交拣选文物的。

（6）未取得相应等级的文物保护工程资质证书，擅自承担文物保护单位的修缮、迁移、重建工程的，由文物行政主管部门责令限期改正；逾期不改正，或者造成严重后果的，处5万元以上50万元以下的罚款。

未取得建设行政主管部门发给的相应等级的资质证书，擅自承担含有建筑活动的文物保护单位的修缮、迁移、重建工程的，由建设行政主管部门依照有关法律、行政法规的规定予以处罚。

（7）未取得资质证书，擅自从事馆藏文物的修复、复制、拓印活动的，由文物行政主管部门责令停止违法活动；没收违法所得和从事违法活动的专用工具、设备；造成严重后果的，并处 1 万元以上 10 万元以下的罚款。

（8）未经批准擅自修复、复制、拓印、拍摄馆藏珍贵文物的，由文物行政主管部门给予警告；造成严重后果的，处 2000 元以上 2 万元以下的罚款；对负有责任的主管人员和其他直接责任人员依法给予行政处分。

（9）文物出境展览超过展览期限的，由国务院文物行政主管部门责令限期改正；对负有责任的主管人员和其他直接责任人员依法给予行政处分。

课堂思考

在旅游活动中转让文物、发掘文物、文物出入境等事项的，应当如何才能确保遵守《文物保护法》？

第二节　《风景名胜区条例》

案例

人满为患的元宵灯会

某风景名胜区举办元宵灯会，为满足广大游客的要求，未限制人数，致使游客人数严重超员，拥挤造成景区内的木桥断裂，多名旅游者在事故中受伤。

该景区应当向受伤的游客承担民事赔偿责任，同时还得承担相应行政责任。根据《民法通则》的规定，造成他人人身伤害的，应当承担赔偿责任。根据《风景名胜区条例》第36条和第48条的规定，该景区应当被追究行政责任。

 案 例 分 析

1. 风景名胜区应当如何进行管理？
2. 如何认定该案例中风景名胜区的法律责任？

一、风景名胜区的概念

根据《风景名胜区条例》规定，风景名胜区，是指具有观赏、文化或者科学价值，自然景观、人文景观比较集中，环境优美，可供人们游览或者进行科学、文化活动的区域。根据上述规定，风景名胜区必须具备三个条件：

（1）具有观赏、文化或科学价值。例如，长江三峡有极大的观赏价值，北京周口店猿人遗址具有极高的文化价值，四川都江堰具有巨大的科学价值。

（2）自然景物、人文景物比较集中。例如杭州西湖，既有自然形成的湖光山色，又有历代遗留的人文景物。

（3）可供人们游览、休息和进行科学活动。例如，名山大川可供人们游览观光，历史遗迹可供人们凭吊等。

 课 堂 思 考

风景名胜区与普通景区有什么不同？

二、风景名胜区的管理、利用

（一）风景名胜区的划分

按照《风景名胜区条例》规定，我国风景名胜区，按其景物的观赏、文化、科学价值和环境质量、规模大小、游览条件，划分为国家级风景名胜区和省级风景名胜区。

（1）省级风景名胜区。设立省级风景名胜区，由县级人民政府提出申请，省、自治区人民政府建设主管部门或者直辖市人民政府风景名胜区主管部门，会同其他有关部门组织论证，提出审查意见，报省、自治区、直辖市人民政府批准公布。

（2）国家级重点风景名胜区。设立国家级风景名胜区，由省、自治区、直辖市人民政府提出申请，国务院建设主管部门会同国务院环境保护主管部门、林业主管部门、文物主管部门等有关部门组织论证，提出审查意见，报国务院批准公布。

（二）风景名胜区的管理、利用

国家对风景名胜区实行科学规划、统一管理、严格保护、永续利用的原则。国务院建设主管部门负责全国风景名胜区的监督管理工作。国务院其他有关部门按照国务院规定的职责分工，负责风景名胜区的有关监督管理工作。国务院建设主管部门应当对国家级风景名胜区的规划实施情况、资源保护状况进行监督检查和评估。对发现的问题，应当及时纠正、处理。

省、自治区人民政府建设主管部门和直辖市人民政府风景名胜区主管部门，负责本行政区域内风景名胜区的监督管理工作。省、自治区、直辖市人民政府其他有关部门按照规定的职责分工，负责风景名胜区的有关监督管理工作。

风景名胜区所在地县级以上地方人民政府设置的风景名胜区管理机构，负责风景名胜区的保护、利用和统一管理工作。

（1）风景名胜区管理机构应当根据风景名胜区的特点，保护民族民间传统文化，开展健康有益的游览观光和文化娱乐活动，普及历史文化和科学知识。

（2）风景名胜区管理机构应当根据风景名胜区规划，合理利用风景名胜资源，改善交通、服务设施和游览条件。风景名胜区管理机构应当在风景名胜区内设置风景名胜区标志和路标、安全警示等标牌。

（3）风景名胜区内宗教活动场所的管理，依照国家有关宗教活动场所管理的规定执行。风景名胜区内涉及自然资源保护、利用、管理和文物保护以及自然保护区管理的，还应当执行国家有关法律、法规的规定。

（4）风景名胜区管理机构应当建立健全安全保障制度，加强安全管理，保障游览安全，并督促风景名胜区内的经营单位接受有关部门依据法律、法规进行的监督检查。禁止超过允许容量接纳游客和在没有安全保障的区域开展游览活动。

（5）进入风景名胜区的门票，由风景名胜区管理机构负责出售。门票价格依照有关价格的法律、法规的规定执行。风景名胜区内的交通、服务等项目，应当由风景名胜区管理机构依照有关法律、法规和风景名胜区规划，采用招标等公平竞争的方式确定经营者。风景名胜区管理机构应当与经营者签订合同，依法确定各自的权利义务。经营者应当缴纳风景名胜资源有偿使用费。

（6）风景名胜区的门票收入和风景名胜资源有偿使用费，实行收支两条线管理。风景名胜区的门票收入和风景名胜资源有偿使用费应当专门用于风景名胜资源的保护和管理以及风景名胜区内财产的所有权人、使用权人损失的补偿。具体管理办法，由国务院财政部门、价格主管部门会同国务院建设主管部门等有关部门制定。

（7）风景名胜区管理机构不得从事以盈利为目的的经营活动，不得将规划、管理和监督等行政管理职能委托给企业或者个人行使。风景名胜区管理机构的工作人员，不得在风景名胜区内的企业兼职。

三、风景名胜区的规划

风景名胜区总体规划的编制，应当体现人与自然和谐相处、区域协调发展和经济社会全面进步的要求，坚持保护优先、开发服从保护的原则，突出风景名胜资源的自然特性、文化内涵和地方特色。

风景名胜区总体规划应当包括下列内容：①风景资源评价；②生态资源保护措施、重大建设项目布局、开发利用强度；③风景名胜区的功能结构和空间布局；④禁止开发和限制开发的范围；⑤风景名胜区的游客容量；⑥有关专项规划。

编制风景名胜区规划，应当广泛征求有关部门、公众和专家的意见；必要时，应当进行听证。风景名胜区规划报送审批的材料应当包括社会各界的意见以及意见采纳的情况和未予采纳的理由。

国家级风景名胜区的总体规划，由省、自治区、直辖市人民政府审查后，报国务院审批。国家级风景名胜区的详细规划，由省、自治区人民政府建设主管部门或者直辖市人民政府风景名胜区主管部门报国务院建设主管部门审批。

省级风景名胜区的总体规划，由省、自治区、直辖市人民政府审批，报国务院建设主管部门备案。省级风景名胜区的详细规划，由省、自治区人民政府建设主管部门或者直辖市人民政府风景名胜区主管部门审批。

四、风景名胜区的保护

《风景名胜区条例》规定，风景名胜区内的一切景物和自然环境，必须严格保护，不得破坏或随意改变。其主要内容是：

（1）风景名胜区内的景观和自然环境，应当根据可持续发展的原则，严格保护，不得破坏或者随意改变。风景名胜区管理机构应当建立健全风景名胜资源保护的各项管理制度。风景名胜区内的居民和游览者应当保护风景名胜区的景物、水体、林草植被、野生动物和各项设施。

（2）风景名胜区管理机构应当对风景名胜区内的重要景观进行调查、鉴定，并制定相应的保护措施。

（3）在风景名胜区内禁止进行下列活动：①开山、采石、开矿、开荒、修坟立碑等破坏景观、植被和地形地貌的活动；②修建储存爆炸性、易燃性、放射性、毒害性、腐蚀性物品的设施；③在景物或者设施上刻画、涂污；④乱扔垃圾。

（4）禁止违反风景名胜区规划，在风景名胜区内设立各类开发区和在核心景区内建设宾馆、招待所、培训中心、疗养院以及与风景名胜资源保护无关的其他建筑物；已经建设的，应当按照风景名胜区规划，逐步迁出。

（5）在风景名胜区内从事《风景名胜区条例》第26条、第27条（分别为2项、3项）禁止范围以外的建设活动，应当经风景名胜区管理机构审核后，依照有关法律、法规的规定办理审批手续。在国家级风景名胜区内修建缆车、索道等重大建设工程，项目的选址方案应当报国务院建设主管部门核准。

（6）在风景名胜区内进行下列活动，应当经风景名胜区管理机构审核后，依照有关法律、法规的规定报有关主管部门批准：①设置、张贴商业广告；②举办大型游乐等活动；③改变水资源、水环境自然状态的活动；④其他影响生态和景观的活动。

（7）风景名胜区内的建设项目应当符合风景名胜区规划，并与景观相协调，不得破坏景观、污染环境、妨碍游览。在风景名胜区内进行建设活动的，建设单位、施工单位应当制定污染防治和水土保持方案，并采取有效措施，保护好周围景物、水体、林草植被、野生动物资源和地形地貌。

（8）国家建立风景名胜区管理信息系统，对风景名胜区规划实施和资源保护情况进行动态监测。国家级风景名胜区所在地的风景名胜区管理机构应当每年向国务院建设主管部门报送风景名胜区规划实施和土地、森林等自然资源保护的情况；国务院建设主管部门应当将土地、森林等自然资源保护的情况，及时抄送国务院有关部门。

五、法律责任

（1）违反《风景名胜区条例》的规定，有下列行为之一的，由风景名胜区管理机构责令停止违法行为、恢复原状或者限期拆除，没收违法所得，并处 50 万元以上 100 万元以下的罚款：①在风景名胜区内进行开山、采石、开矿等破坏景观、植被、地形地貌的活动的；②在风景名胜区内修建储存爆炸性、易燃性、放射性、毒害性、腐蚀性物品的设施的；③在核心景区内建设宾馆、招待所、培训中心、疗养院以及与风景名胜资源保护无关的其他建筑物的。

县级以上地方人民政府及其有关主管部门批准实施本条例第一款规定的行为的，对直接负责的主管人员和其他直接责任人员依法给予降级或者撤职的处分；构成犯罪的，依法追究刑事责任。

（2）违反《风景名胜区条例》的规定，在风景名胜区内从事禁止范围以外的建设活动，未经风景名胜区管理机构审核的，由风景名胜区管理机构责令停止建设、限期拆除，对个人处 2 万元以上 5 万元以下的罚款，对单位处 20 万元以上 50 万元以下的罚款。

（3）违反《风景名胜区条例》的规定，在国家级风景名胜区内修建缆车、索道等重大建设工程，项目的选址方案未经国务院建设主管部门核准，县级以上地方人民政府有关部门核发选址意见书的，对直接负责的主管人员和其他直接责任人员依法给予处分；构成犯罪的，依法追究刑事责任。

（4）违反《风景名胜区条例》的规定，个人在风景名胜区内进行开荒、修坟立碑等破坏景观、植被、地形地貌的活动的，由风景名胜区管理机构责令停止违法行为、限期恢复原状或者采取其他补救措施，没收违法所得，并处1000元以上1万元以下的罚款。

（5）违反《风景名胜区条例》的规定，在景物、设施上刻画、涂污或者在风景名胜区内乱扔垃圾的，由风景名胜区管理机构责令恢复原状或者采取其他补救措施，处50元的罚款；刻画、涂污或者以其他方式故意损坏国家保护的文物、名胜古迹的，按照治安管理处罚法的有关规定予以处罚；构成犯罪的，依法追究刑事责任。

（6）违反《风景名胜区条例》的规定，未经风景名胜区管理机构审核，在风景名胜区内进行下列活动的，由风景名胜区管理机构责令停止违法行为、限期恢复原状或者采取其他补救措施，没收违法所得，并处5万元以上10万元以下的罚款；情节严重的，并处10万元以上20万元以下的罚款：①设置、张贴商业广告的；②举办大型游乐等活动的；③改变水资源、水环境自然状态的活动的；④其他影响生态和景观的活动。

（7）违反《风景名胜区条例》的规定，施工单位在施工过程中，对周围景物、水体、林草植被、野生动物资源和地形地貌造成破坏的，由风景名胜区管理机构责令停止违法行为、限期恢复原状或者采取其他补救措施，并处2万元以上10万元以下的罚款；逾期未恢复原状或者采取有效措施的，由风景名胜区管理机构责令停止施工。

（8）违反《风景名胜区条例》的规定，国务院建设主管部门、县级以上地方人民政府及其有关主管部门有下列行为之一的，对直接负责的主管人员和其他直接责任人员依法给予处分；构成犯罪的，依法追究刑事责任：①违反风景名胜区规划在风景名胜区内设立各类开发区的；②风景名胜区自设立之日起未在2年内编制完成风景名胜区总体规划的；③选择不具有相应资质等级的单位编制风景名胜区规划的；④风景名胜区规划批准前批准在风景名胜区内进行建设活动的；⑤擅自修改风景名胜区规划的；⑥不依法履行监督管理职责的其他行为。

（9）违反《风景名胜区条例》的规定，风景名胜区管理机构有下列行为之一的，由设立该风景名胜区管理机构的县级以上地方人民政府责令改正；情节严重的，对直接负责的主管人员和其他直接责任人员给予降级或者撤职的处分；构成犯罪的，依法追究刑事责任：①超过允许容量接纳游客或者在没有安全保障的区域开展游览活动的；②未设置风景名胜区标志和路标、安全警示等标牌的；③从事以营利为目的的经营活动的；④将规划、管理和监督等行政管理职能委托给企业或者个人行使的；⑤允许风景名胜区管理机构的工作人员在风景名胜区内的企业兼职的；⑥审核同意在风景名胜区内进行不符合风景名胜区规划的建设活动的；⑦发现违法行为不予查处的。

（10）《风景名胜区条例》第40条第一款、第41条、第43条、第44条、第45条、第46条规定的违法行为，依照有关法律、行政法规的规定，有关部门已经予以处罚的，风景名胜区管理机构不再处罚。

（11）《风景名胜区条例》第40条第一款、第41条、第43条、第44条、第45条、第46条规定的违法行为，侵害国家、集体或者个人的财产的，有关单位或者个人应当依法承担民事责任。

（12）依照《风景名胜区条例》的规定，责令限期拆除在风景名胜区内违法建设的建筑物、构筑物或者其他设施的，有关单位或者个人必须立即停止建设活动，自行拆除；对继续进行建设的，作出责令限期拆除决定的机关有权制止。有关单位或者个人对责令限期拆除决定不服的，可以在接到责令限期拆除决定之日起15日内，向人民法院起诉；期满不起诉又不自行拆除的，由作出责令限期拆除决定的机关依法申请人民法院强制执行，费用由违法者承担。

案　例

甲、乙诉泰安市泰山管理委员会案

原告甲随其母原告乙到泰山旅游，遭遇特大暴风雨，山顶无避雨场所，现场亦无被告的管理人员管理。后原告甲、乙冒雨下山，途中甲被雨水冲落的石块击中头部受伤。原告诉请赔偿。被告以系不可抗力主张免责。法院以乙、被告皆有过错判令被告赔偿相应部分。

泰山管理委员会作为泰山风景名胜区的管理单位，负有保障游客安全的法定义务；甲购票进山，与泰山管理委员会形成了事实上的旅游消费合同关系。泰山管理委员会在泰山降特大暴雨、天气状况恶劣、山顶游客较多、不安全因素增多的情况下，未尽管理义务，主观上负有过错。乙在当时天气恶劣的情况下冒险带甲下山，应该预见到其行为潜在的危险，但其没有预见，未尽到监护责任，乙主观上亦负有一定过错。

由于泰山管理委员会疏于管理，甲及其母乙在未得到任何安全警示的情况下冒险下山，是造成该次事故的主要原因。泰山降特大暴雨，虽属不可避免和不能克服的客观情况，但泰山管理委员会对此种天气情况下对游客人身安全存在的威胁及损害结果的发生是应该预见的，故辩称不可抗力免责的理由不予支持。甲作为泰山旅游的消费者，受《消费者权益保护法》的保护，残疾赔偿金作为《消费者权益保护法》对消费者加以特殊保护的独立赔偿项目，对本案是适用的。甲请求被告赔偿残疾赔偿金的理由成立。

——资料来源：http://www.lawyee.net/.

案例分析

在风景名胜区进行旅游活动时，应当采取哪些安全措施？

第三节 《旅游景区质量等级的划分与评定》

为了加强对旅游景区的管理，提高旅游景区服务质量，维护旅游景区和旅游者的合法权益，促进我国旅游资源开发、利用和环境保护，国家旅游局制定并由中华人民共和国国家质量监督检验检疫总局发布了《旅游景区质量等级的划分与评定》标准。该标准总结了国内旅游景区的管理经验，借鉴了国内外有关资料和技术规程，并直接引用了部分国家标准或标准条文。同时，根据 GB/T17775–1999《旅游景区质量等级的划分与评定》国家标准近 3 年的实施情况，在原标准基础上对一些内容进行了修订，其现行的《旅游景区质量等级的划分与评定》（GB/T17775–2003）与 GB/T17775–1999《旅游景区质量等级的划分与评定》相比，更加符合旅游景区的发展实际。主要修改如下：

（1）在划分等级中增加了 5A 级旅游景区。新增的 5A 级旅游景区主要从细节方面、景区的文化性和特色性等方面提出了更高要求。

（2）对原 4A、3A、2A、A 级旅游景区的划分条件均进行了修订，强化以人为本的服务宗旨，4A 级旅游景区增加细节性、文化性和特色性要求。

（3）细化了关于资源吸引力和市场影响力方面的划分条件。

一、旅游景区、旅游资源和游客中心

旅游景区是指经县级以上（含县级）行政管理部门批准成立，有统一管理机构，范围明确，具有参观、游览、度假、康乐、求知等功能，并提供相应旅游服务设施的独立单位。包括旅游景区、主题公园、度假区、保护区、风景区、森林公园、动物园、植物园、博物馆、美术馆等。

旅游资源是指自然界和人类社会中凡能对旅游者产生吸引力，可以为旅游业开发利用，并可产生经济效益、社会效益和环境效益的各种事物和因素。

游客中心是指旅游景区在区内设立的为游客提供信息、咨询、游程安排、讲解、教育、休息等旅游设施和服务功能的专门场所。

二、旅游景区质量等级及标志

旅游景区质量等级划分为五级，从高到低依次为 5A、4A、3A、2A、A 级旅游景区。

旅游景区质量等级的标志、标牌、证书由国家旅游行政主管部门统一规定。

三、旅游景区质量等级划分与评定

从旅游交通、游览、旅游安全、卫生、邮电服务、旅游购物、经营管理、资源和环境的保护、旅游资源吸引力、市场吸引力、年接待海内外旅游者人数以及海外旅游者认识、游客抽样调查满意度 12 个方面进行旅游景区质量等级的划分与评定。

根据旅游景区质量等级划分条件确定旅游景区质量等级，按照"服务质量与环境质量评分细则"、"景观质量评分细则"的评价得分，并结合"游客意见评分细则"的得分综合进行。

对于初步评定的 5A、4A、3A 级旅游景区采取分级公示、征求社会意见的方法。

 复习与思考

一、名词解释

文物　风景名胜区　旅游景区

二、填空题

1. 对不可移动文物进行修缮、保养、迁移，必须遵守_____的原则。

2. 非国有不可移动文物转让、抵押或者改变用途的，应当根据其级别报相应的_____备案。

3. 文物商店应当由_____或者省、自治区、直辖市人民政府文物行政部门批准设立，依法进行管理。

4. 任何单位或者个人运送、邮寄、携带文物出境，应当向_____申报。

5. 未经批准擅自修复、复制、拓印、拍摄馆藏珍贵文物的，由文物行政主管部门给予警告；造成严重后果的，处_____的罚款；对负有责任的主管人员和其他直接责任人员依法给予行政处分。

6. 我国风景名胜区，按其景物的观赏、文化、科学价值和环境质量、规模大小、游览条件，风景名胜区划分为_____和_____。

7. 国家对风景名胜区实行_____、统一管理、严格保护、永续利用的原则。

8. 风景名胜区总体规划的编制，应当体现人与自然和谐相处、区域协调发展和经济社会全面进步的要求，坚持保护优先、开发服从保护的原则，突出风景名胜资源的自然特性、文化内涵和_____。

9. 个人在风景名胜区内进行开荒、修坟立碑等破坏景观、植被、地形地貌的活动的，由风景名胜区管理机构责令停止违法行为、限期恢复原状或者采取其他

补救措施，没收违法所得，并处_____的罚款。

10. 旅游景区质量等级的标志、标牌、证书由_____统一规定。

三、选择题（请选择一个正确答案，填在相应的位置上）

1. 下列文物可能属于私人所有的是（　　）

A. 古文化遗址　　　　B. 古墓葬　　　　　　C. 石窟寺　　　　D. 传世文物

2. 全国重点文物保护单位由（　　）核定并公布。

A. 全国人民代表大会　　　　　　　　B. 市人民政府

C. 省、自治区、直辖市人民政府　　　D. 国务院

3. 历史文化名城由（　　）报国务院核定后，由国务院公布。

A. 国家文化行政管理部门

B. 国家建设行政管理部门

C. 省、自治区、直辖市人民政府

D. 国家文化行政管理部门会同国家建设行政管理部门

4. 可分为一级文物、二级文物、三级文物的是（　　）。

A. 可移动文物　　　B. 珍贵文物　　　　C. 一般文物　　　　D. 所有文物

5. 按照《文物保护法》规定，在全国重点文物保护单位的范围内进行其他建设工程必须经（　　）部门同意。

A. 省、自治区、直辖市人民政府

B. 国家文化行政管理

C. 省、自治区、直辖市人民政府或国家文化行政管理

D. 省、自治区、直辖市人民政府和国家文化行政管理

6. 按照《文物保护法》规定，核定为文物保护单位的属于国家所有的纪念建筑物、古墓葬、古建筑、石窟寺、石刻等（包括建筑物的附属物），在进行修缮、保养迁移时，必须遵守的原则是（　　）。

A. 不改变文物原状　　B. 与时俱进　　　C. 可以改变原状　　D. 修缮翻新

7. 文物收藏单位以外的公民、法人和其他组织不得收藏通过（　　）方式取得的文物。

A. 依法继承或者接受赠予　　　　　　B. 从文物商店购买

C. 从经营文物拍卖的拍卖企业购买　　　D. 从旅游景点拾拣

8. 禁止出境的文物是（　　）。

A. 珍贵文物　　　　　　　　　　　　B. 一级文物中的孤品和易损品

C. 非国有馆藏珍贵文物　　　　　　　D. 一般文物

9. 违反《文物保护法》规定，构成走私行为，尚不构成犯罪的，由（　　）依照有关法律、行政法规的规定给予处罚。

A. 边防检查站　　　　　　　　　　　B. 海关

C. 文物行政管理部门　　　　　　　　D. 公安机关

10. 刻画、涂污或者损坏文物尚不严重的，由公安机关或者文物所在单位给予警告，可以并处罚款，罚款数额为（　　）。

A. 200元以下　　　　B. 150元以下　　　　C. 100元以下　　　　D. 50元以下

11. 有（　　），由公安机关或者文物所在单位给予警告，可以并处罚款。

A. 盗掘古文化遗址、古墓葬的

B. 故意或者过失损毁国家保护的珍贵文物的

C. 施工单位未取得文物保护工程资质证书，擅自从事文物修缮、迁移、重
　　建的

D. 损毁依法设立的文物保护单位标志的

12. 历史文化名城的布局、环境、历史风貌等遭到严重破坏的，由（　　）撤销其历史文化名城称号。

A. 国务院　　　　　　　　　　　　　B. 国务院文化行政管理部门

C. 国务院文物行政管理部门　　　　　D. 国务院环境保护行政部门

13. 设立国家级风景名胜区，提出审查意见，报（　　）批准公布。

A. 国务院　　　　　　　　　　　　　B. 国务院建设主管部门

C. 国务院文化行政管理部门　　　　　D. 国务院旅游行政主管部门

14. 进入风景名胜区的门票，由（　　）负责出售。门票价格依照有关价格的法律、法规的规定执行。

A. 风景名胜区管理机构　　　　　　　B. 文化行政管理部门

C. 文物行政管理部门　　　　　　　　D. 建设主管部门

15. 未经风景名胜区管理机构审核，在风景名胜区内举办大型游乐活动的；由风景名胜区管理机构责令停止违法行为、限期恢复原状或者采取其他补救措施，没收违法所得，并处 5 万元以上 10 万元以下的罚款；情节严重的，并处（　　）的罚款。

A. 10 万元以上 20 万元以下

B. 5 万元以上 20 万元以下

C. 10 万元以上 20 万元以下

D. 10 万元以上 20 万元以下

16. 在核心景区内建设宾馆、招待所、培训中心或者疗养院的，由风景名胜区管理机构责令停止违法行为、恢复原状或者限期拆除，没收违法所得，并处（　　）的罚款。

A. 10 万元以上 50 万元以下　　　　　B. 50 万元以下

C. 50 万元以上 100 万元以下　　　　D. 100 万元以下

17. 根据《文物法》规定，擅自修缮不可移动文物，明显改变文物原状，尚不构成犯罪的，由县级以上人民政府文物主管部门责令改正，造成严重后果的，处（　　）的罚款；情节严重的，由原发证机关吊销资质证书。

A. 5 万元以上 50 万元以下　　　　　B. 50 万元以下

C. 50 万元以上 100 万元以下　　　　D. 100 万元以下

四、判断题

1. 中华人民共和国境内地下、内水和领海中遗存的一切文物，属于国家所有。（　　）

2. 文物，是指人类在历史发展过程中遗留下来的遗物、遗迹。（　　）

3. 具有科学价值的古脊椎动物化石和古人类化石同文物一样受国家的保护。（　　）

4. 国有不可移动文物的所有权因其所依附的土地所有权或者使用权的改变而改变。（　　）

5. 历史文化名城是指保存文物特别丰富、具有重大历史价值和革命意义的城市。（　　）

6. 保存文物特别丰富并且具有重大历史价值或者革命纪念意义的城镇、街道、村庄，由国务院核定公布为历史文化街区、村镇。（　　）

7. 非国有不可移动文物可以转让、抵押给外国人。（　　）

8. 出土的文物，除根据需要交给科学研究部门的以外，由当地文物行政管理

部门保管，任何单位或个人不得侵占。（　　）

9. 中国、外国团体或个人，在旅行游览过程中，发现零散文物或者古文化遗址和古墓葬时，只需向当地旅游局反映，即可进行发掘，但不得将零散文物藏匿或私自带走。（　　）

10. 文物收藏单位以外的公民、法人和其他组织收藏的以上文物可以自由流通。（　　）

11. 公安、海关、工商行政管理部门依法没收的重要文物，应当上交国库。（　　）

12. 任何单位或者个人运送、邮寄、携带文物出境，应当向海关申报，海关凭文物出境许可证放行。（　　）

五、简答题

1. 什么是文物？受国家法律保护的文物分哪几类？

2. 文物资源管理的具体内容是什么？

3. 什么是风景名胜区？我国风景名胜区的等级是如何划分的？

4. 对风景名胜区的保护有哪些内容？

5. 旅游景区划分为几个等级？划分的依据是什么？

六、案例分析

假文物买卖案

收藏者张先生已退休，空闲时经常去研究社赏玩古董，逐渐熟悉了时任副社长的孙某。2009 年 4 月，张先生在研究社看到几件南宋官窑文物，非常喜欢，对孙某说，想买下来。孙某面露难色，说这些都是藏品，不能卖的，如果张先生真的喜欢，他可以留心看看有没有朋友要出售。张先生连连说好。

2009 年 7 月，孙某打来电话，称手上有两件南宋官窑古董，一件是三足香炉，一件是"洗"（古代盥洗与文房用具的统称，最早见于西晋青釉制品。1989 年苏富比香港秋季拍卖会上，一件直径为 11 厘米的南宋官窑葵瓣洗以 2500 万港币成交，成为当时中国瓷器拍卖之最）。张先生兴冲冲赶到研究社。孙某说，两件古董都是朋友施工挖出来的，三足香炉售价 6.8 万元，"洗"售价 40 多万元。张先生当即支付了 6.8 万元的现金，买下了三足香炉。孙某主动提出，让张先生把"洗"先带回去看看，买不买再决定。张先生很高兴，抱回了两件"古董"。

几天后，张先生给孙打电话，表示愿意买下"洗"，双方又约在研究社交易，张先生分三次支付了 42.5 万元。不久，张先生听到消息，孙某因为涉嫌骗取了研究社一笔款子，被研究社开除了。张先生起了疑心，找来专家对三足香炉和"洗"鉴定，鉴定结果，这两件所谓的南宋官窑古董都是假的，根本不值钱。

张先生当即向研究社提出退货还款，研究社却拿出一份孙某的"个人声明"，说这是孙某的个人行为，和研究社无关。张先生随后找到孙某，孙某答应在 2009 年 10 月 10 日前退货还款，时间到了，孙某却没了消息。张先生将研究社和孙某一并告上法庭，要求退还全部货款。

——资料来源：http://www.zjcomlawyer.com/content/584.html.

根据以上案例，回答如下问题：

1. 张先生应当如何寻求法律救济？

2. 研究社和孙某应当承担哪些法律责任？

七、实践与训练

辨明在旅游景区发现的文物的国家所有权类型，禁止旅游者非法私占文物。

📖 推荐阅读

1. http://www.sach.gov.cn/.

2. http://www.mohurd.gov.cn/zcfg/xzfg/200805/t20080504_166878.html.

3. http://www.mohurd.gov.cn/zcfg/xzfg/200611/t20061101_158970.html.

4. http://www.cnta.gov.cn/.

旅游交通法律制度

　　旅游交通是旅游业"六要素"之一。学习旅游交通法律知识，可以使得旅游业从业人员熟悉旅游交通中旅游者和旅游企业的权利、义务和责任，同时也可以帮助旅游者增强旅游交通安全意识，自觉遵守交通安全法律法规，维护交通安全，为旅游业发展创造良好的交通安全环境。

　　本章主要阐述了规范旅游交通的法律——《合同法》、《民航法》、《铁路法》等。这些法律规定了旅客和承运人的权利、义务，以及违反义务的法律责任。

学习目标

知识目标

1. 了解《合同法》中有关运输合同、《民航法》和《铁路法》的基本规定。
2. 熟悉旅客或者托运人享有的权利和承运人应当履行的义务。
3. 掌握违反运输合同应当承担的赔偿责任。

技能目标

1. 认知托运人或者旅客享有的权利和承运人应当履行的义务。
2. 适时提醒旅游者保障人身安全和保护财产安全。
3. 明确违法应当承担的法律责任和培养恰当选择法律救济途径的技能。
4. 能够及时、恰当维护旅游交通中旅游者的人身安全和保护财产安全，明确发生旅游交通纠纷的解决途径。

上车没买票，受伤也得赔

2007年3月，张某出门走亲戚，上了朋友李某开的中巴车，李某热情地拒收车钱。但开车不久意外就发生了。为躲避障碍物，李某突然急转方向盘，巨大的惯性让张某猝不及防，结结实实地撞在了扶杆上，背部顿时剧痛。经医院检查，张某肩胛骨骨折。张某花去了医药费2000余元。

伤好后，张某向李某索要医药费，但遭到李某的拒绝。张某只能向高淳县法院提起诉讼。张某在庭审中认为，自己在李某的车上受伤，李某当然应该赔偿自己的损失。李某则认为，他不该赔张某，因为张某是搭便车的。

法院审理认为，按照合同法的相关规定，即便张某没有买票，但毕竟经过李某的允许才上车，因此两人之间同样签订了运输合同。因此法院判决李某应承担张某受伤的全部损失。

——资料来源：http://www.bjhetong.com/article7308.aspx.

案例分析

1. 承运人的义务有哪些？
2. 如何认定损害赔偿责任承担者？

交通是旅游"六要素"的重要组成部分之一。涉及旅游交通的法律法规主要有：《中华人民共和国合同法》(以下简称《合同法》)、《中华人民共和国民用航空法》(以下简称《民航法》)、《中国民用航空旅客、行李国内运输规则》、《中国民用航空旅客、行李国际运输规则》、《中华人民共和国铁路法》(以下简称《铁路法》)《中华人民共和国公路法》、《中华人民共和国内河交通安全管理条例》等法律、法规。

本章主要介绍了《合同法》第十七章运输合同的规定，《民航法》和《铁路法》的相关规定。

第一节 运输合同

根据《合同法》的规定，运输合同是承运人将旅客或者货物从起运地点运输到约定地点，旅客、托运人或者收货人支付票款或者运输费用的合同。承运人应当在约定期间或者合理期间内将旅客、货物安全运输到约定地点。承运人应当按照约定的或者通常的运输路线将旅客、货物运输到约定地点。

从事公共运输的承运人不得拒绝旅客、托运人通常、合理的运输要求。

旅客、托运人或者收货人应当支付票款或者运输费用。承运人未按照约定路线或者通常路线运输增加票款或者运输费用的，旅客、托运人或者收货人可以拒绝支付增加部分的票款或者运输费用。

一、客运合同

客运合同自承运人向旅客交付客票时成立，但当事人另有约定或者另有交易习惯的除外。

（一）旅客的义务

旅客应当持有效客票乘运。旅客无票乘运、超程乘运、越级乘运或者持失效客票乘运的，应当补交票款，承运人可以按照规定加收票款。旅客不交付票款的，承运人可以拒绝运输。

旅客因自己的原因不能按照客票记载的时间乘坐的，应当在约定的时间内办理退票或者变更手续。逾期办理的，承运人可以不退票款，并不再承担运输义务。

旅客在运输中应当按照约定的限量携带行李。超过限量携带行李的，应当办理托运手续。旅客不得随身携带或者在行李中夹带易燃、易爆、有毒、有腐蚀性、有放射性以及有可能危及运输工具上人身和财产安全的危险物品或者其他违禁物品。

旅客违反携带的，承运人可以将违禁物品卸下、销毁或者送交有关部门。旅客坚持携带或者夹带违禁物品的，承运人应当拒绝运输。

（二）承运人的义务

（1）承运人应当向旅客及时告知有关不能正常运输的重要事由和安全运输应当注意的事项。

（2）承运人应当按照客票载明的时间和班次运输旅客。承运人迟延运输的，应当根据旅客的要求安排改乘其他班次或者退票。

（3）承运人擅自变更运输工具而降低服务标准的，应当根据旅客的要求退票或者减收票款；提高服务标准的，不应当加收票款。

（4）承运人在运输过程中，应当尽力救助患有急病、分娩、遇险的旅客。

（5）承运人应当对运输过程中旅客（免票、持优待票或者经承运人许可搭乘的无票旅客）伤亡承担损害赔偿责任，但伤亡是旅客自身健康原因造成的或者承运人证明伤亡是旅客故意、重大过失造成的除外。

（6）在运输过程中旅客自带物品毁损、灭失，承运人有过错的，应当承担损害赔偿责任。旅客托运的行李毁损、灭失的，适用货物运输的有关规定。

二、货运合同

（一）托运人的义务

（1）托运人办理货物运输，应当向承运人准确表明收货人的名称或者姓名或者凭指示的收货人，货物的名称、性质、重量、数量，收货地点等有关货物运输的必要情况。

（2）因托运人申报不实或者遗漏重要情况，造成承运人损失的，托运人应当承担损害赔偿责任。

（3）托运人托运易燃、易爆、有毒、有腐蚀性、有放射性等危险物品的，应当按照国家有关危险物品运输的规定对危险物品妥善包装，作出危险物标志和标签，并将有关危险物品的名称、性质和防范措施的书面材料提交承运人。

（4）托运人托运危险物品，承运人可以拒绝运输，也可以采取相应措施以避免损失的发生，因此产生的费用由托运人承担。

（二）承运人的义务

（1）在承运人将货物交付收货人之前，托运人可以要求承运人中止运输、返还货物、变更到达地或者将货物交给其他收货人，但应当赔偿承运人因此受到的损失。

（2）货物运输到达后，承运人知道收货人的，应当及时通知收货人，收货人应当及时提货。收货人逾期提货的，应当向承运人支付保管费等费用。

（3）收货人提货时应当按照约定的期限检验货物。

（4）承运人对运输过程中货物的毁损、灭失承担损害赔偿责任，但承运人证明货物的毁损、灭失是因不可抗力、货物本身的自然性质或者合理损耗以及托运人、收货人的过错造成的，不承担损害赔偿责任。

（5）货物的毁损、灭失的赔偿额，当事人有约定的，按照其约定；没有约定或者约定不明确，依法仍不能确定的，按照交付或者应当交付时货物到达地的市场价格计算。法律、行政法规对赔偿额的计算方法和赔偿限额另有规定的，依照其规定。

案 例

承运人未尽提醒说明义务的格式条款不生效

某中级人民法院终审审结一起财产损害赔偿案，维持一审判决，判令快运公司赔偿甲公司电脑款 25500 元，并返还托运费 340 元。

法院审理查明，2005 年 12 月 5 日，甲公司将 5 台方正笔记本电脑委托快运服务有限公司运回厂方调换。甲公司经办人在快运公司经办人提供的一份空白递运单的发件人签名处签了姓名。该运单正面发件人签名处上方注有"您的签名意味着您已阅读并接受背面的契约条款"。而该运单背面契约条款第 4 条规定："遗失、损坏、延误和被盗未保价的快件，赔偿最高金额为 200 元人民币。凡申报价值超过 200 元人民币的快件，本公司将在原收费标准的基础上，按申报价值增收 5% 的保价费，并以实际收费时认定的申报价值的实际损失酌情予以赔偿，但最高不超过其保价额。"甲公司经办托运事宜签订运单时并未申报托运物品的价值，亦未交纳保价费。其后，该批货物在运输中遗失，双方当事人为赔偿问题未能达成协议，甲公司遂诉至人民法院。

法院认为，承运人有责任将托运人交其托运的物品安全运输到指定的地点，但由于承运人工作失误，造成托运人经济损失的，应承担相应的赔偿责任。承运人提供的递运单，背面的契约条款属格式条款，其中第4条关于赔偿的条款限制了承运人的赔偿责任。依照相关法律规定，提供格式条款的一方负有对格式条款进行提醒说明的义务，以提醒合同相对方对该条款的注意，但承运人未尽此义务。故法院判决由快递公司赔偿联通公司电脑款25500元，并返还托运费340元。

——资料来源：http://www.bjhetong.com/article7644.aspx.

案 例 分 析

对于哪些情形，承运人应当对运输过程中托运人的经济损失承担赔偿责任？

第二节　《民航法》

一、公共航空运输企业

（1）公共航空运输企业应当以保证飞行安全和航班正常，提供良好服务为准则，采取有效措施，提高运输服务质量。公共航空运输企业应当教育和要求本企业职工严格履行职责，以文明礼貌、热情周到的服务态度，认真做好旅客和货物运输的各项服务工作。旅客运输航班延误的，应当在机场内及时通告有关情况。

（2）公共航空运输企业申请经营定期航班运输（以下简称航班运输）的航线，暂停、终止经营航线，应当报经国务院民用航空主管部门批准。公共航空运输企业经营航班运输，应当公布班期时刻。

（3）禁止旅客随身携带法律、行政法规规定的禁运物品乘坐民用航空器。禁止以非危险品品名托运危险品。禁止旅客随身携带危险品乘坐民用航空器。除因执行公务并按照国家规定经过批准外，禁止旅客携带枪支、管制刀具乘坐民用航空器。禁止违反国务院民用航空主管部门的规定将危险品作为行李托运。

（4）公共航空运输企业不得运输拒绝接受安全检查的旅客，不得违反国家规定运输未经安全检查的行李。公共航空运输企业必须按照国务院民用航空主管部门的规定，对承运的货物进行安全检查或者采取其他保证安全的措施。

（5）公共航空运输企业从事国际航空运输的民用航空器及其所载人员、行李、货物应当接受边防、海关、检疫等主管部门的检查；但是，检查时应当避免不必要的延误。

二、运输凭证

（一）客票

承运人运送旅客，应当出具客票。旅客乘坐民用航空器，应当交验有效客票。客票应当包括的内容由国务院民用航空主管部门规定，至少应当包括以下内容：①出发地点和目的地点；②出发地点和目的地点均在中华人民共和国国境内，而在境外有一个或者数个约定的经停地点的，至少注明一个经停地点；③旅客航程的最终目的地点、出发地点或者约定的经停地点之一不在中华人民共和国境内，依照所适用的国际航空运输公约的规定，应当在客票上声明此项运输适用该公约的，客票上应当载有该项声明。

客票是航空旅客运输合同订立和运输合同条件的初步证据。旅客未能出示客票、客票不符合规定或者客票遗失，不影响运输合同的存在或者有效。在国内航空运输中，承运人同意旅客不经其出票而乘坐民用航空器的，承运人无权援用法律有关赔偿责任限制的规定。在国际航空运输中，承运人同意旅客不经其出票而乘坐民用航空器的，或者客票上未依照法律规定声明的，承运人无权援用法律有关赔偿责任限制的规定。

（二）行李票

承运人载运托运行李时，行李票可以包含在客票之内或者与客票相结合。除记载客票的内容外，行李票还应当包括下列内容：①托运行李的件数和重量；②需要声明托运行李在目的地点交付时的利益的，注明声明金额。

行李票是行李托运和运输合同条件的初步证据。旅客未能出示行李票、行李票不符合规定或者行李票遗失，不影响运输合同的存在或者有效。在国内航空运输中，承运人载运托运行李而不出具行李票的，承运人无权援用法律有关赔偿责任限制的规定。在国际航空运输中，承运人载运托运行李而不出具行李票的，或者行李票上未依法声明的，承运人无权援用本法法律有关赔偿责任限制的规定。

（三）货运单

承运人有权要求托运人填写航空货运单，托运人有权要求承运人接受该航空货运单。托运人未能出示航空货运单、航空货运单不符合规定或者航空货运单遗失，不影响运输合同的存在或者有效。

托运人应当填写航空货运单正本一式三份，连同货物交给承运人。航空货运单第一份注明"交承运人"，由托运人签字、盖章；第二份注明"交收货人"，由托运人和承运人签字、盖章；第三份由承运人在接受货物后签字、盖章，交给托运人。承运人根据托运人的请求填写航空货运单的，在没有相反证据的情况下，应当视为代托运人填写。航空货运单应当包括的内容由国务院民用航空主管部门规定，至少应当包括以下内容：①出发地点和目的地点；②出发地点和目的地点均在中华人民共和国境内，而在境外有一个或者数个约定的经停地点的，至少注明一个经停地点；③货物运输的最终目的地点、出发地点或者约定的经停地点之一不在中华人民共和国境内，依照所适用的国际航空运输公约的规定，应当在货运单上声明此项运输适用该公约的，货运单上应当载有该项声明。

在国内航空运输中，承运人同意未经填具航空货运单而载运货物的，承运人无权援用法律有关赔偿责任限制的规定。在国际航空运输中，承运人同意未经填具航空货运单而载运货物的，或者航空货运单上未依法声明的，承运人无权援用法律有关赔偿责任限制的规定。

托运人应当对航空货运单上所填关于货物的说明和声明的正确性负责。因航空货运单上所填的说明和声明不符合规定、不正确或者不完全，给承运人或者承运人对之负责的其他人造成损失的，托运人应当承担赔偿责任。

航空货运单是航空货物运输合同订立和运输条件以及承运人接受货物的初步证据。航空货运单上关于货物的重量、尺寸、包装和包装件数的说明具有初步证据的效力。除经过承运人和托运人当面查对并在航空货运单上注明经过查对或者书写关于货物的外表情况的说明外，航空货运单上关于货物的数量、体积和情况的说明不能构成不利于承运人的证据。

托运人在履行航空货物运输合同规定的义务的条件下，有权在出发地机场或者目的地机场将货物提回，或者在途中经停时中止运输，或者在目的地点或者途中要求将货物交给非航空货运单上指定的收货人，或者要求将货物运回出发地机场；但是，托运人不得因行使此种权利而使承运人或者其他托运人遭受损失，并应当偿付由此产生的费用。托运人的指示不能执行的，承运人应当立即通知托运人。

承运人按照托运人的指示处理货物，没有要求托运人出示其所收执的航空货运单，给该航空货运单的合法持有人造成损失的，承运人应当承担责任，但是不妨碍承运人向托运人追偿。

收货人拒绝接受航空货运单或者货物，或者承运人无法同收货人联系的，托运人恢复其对货物的处置权。

收货人于货物到达目的地点，并在缴付应付款项和履行航空货运单上所列运输条件后，有权要求承运人移交航空货运单并交付货物。除另有约定外，承运人应当在货物到达后立即通知收货人。

承运人承认货物已经遗失，或者货物在应当到达之日起七日后仍未到达的，收货人有权向承运人行使航空货物运输合同所赋予的权利。

三、承运人的责任

（一）旅客伤亡的赔偿责任

因发生在民用航空器上或者在旅客上、下民用航空器过程中的事件，造成旅客人身伤亡的，承运人应当承担责任；但是，旅客的人身伤亡完全是由于旅客本人的健康状况造成的，承运人不承担责任。

因发生在民用航空器上或者在旅客上、下民用航空器过程中的事件，造成旅客随身携带物品毁灭、遗失或者损坏的，承运人应当承担责任。因发生在航空运输期间的事件，造成旅客的托运行李毁灭、遗失或者损坏的，承运人应当承担责任。

（二）行李或者物品损失的赔偿责任

旅客随身携带物品或者托运行李的毁灭、遗失或者损坏完全是由于行李本身的自然属性、质量或者缺陷造成的，承运人不承担责任。行李，包括托运行李和旅客随身携带的物品。

因发生在航空运输期间的事件，造成货物毁灭、遗失或者损坏的，承运人应当承担责任；但是，承运人证明货物的毁灭、遗失或者损坏完全是由于下列原因之一造成的，不承担责任：①货物本身的自然属性、质量或者缺陷；②承运人或者其受雇人、代理人以外的人包装货物的，货物包装不良；③战争或者武装冲突；④政府有关部门实施的与货物入境、出境或者过境有关的行为。

航空运输期间，是指在机场内、民用航空器上或者机场外降落的任何地点，托运行李、货物处于承运人掌管之下的全部期间。航空运输期间，不包括机场外的任何陆路运输、海上运输、内河运输过程；但是，此种陆路运输、海上运输、内河运输是为了履行航空运输合同而装载、交付或者转运，在没有相反证据的情况下，所发生的损失视为在航空运输期间发生的损失。

（三）延误造成的损失

旅客、行李或者货物在航空运输中因延误造成的损失，承运人应当承担责任。但是，承运人证明本人或者其受雇人、代理人为了避免损失的发生，已经采取一切必要措施或者不可能采取此种措施的，不承担责任。

（四）赔偿责任的减轻或者免除

在旅客、行李运输中，经承运人证明，损失是由索赔人的过错造成或者促成的，应当根据造成或者促成此种损失的过错的程度，相应免除或者减轻承运人的责任。旅客以外的其他人就旅客死亡或者受伤提出赔偿请求时，经承运人证明，死亡或者受伤是旅客本人的过错造成或者促成的，同样应当根据造成或者促成此种损失的过错的程度，相应免除或者减轻承运人的责任。

在货物运输中，经承运人证明，损失是由索赔人或者代行权利人的过错造成或者促成的，应当根据造成或者促成此种损失的过错的程度，相应免除或者减轻承运人的责任。

课 堂 思 考

旅客自行向保险公司投保航空旅客人身意外保险的，此项保险金额的给付，不免除或者减少承运人应当承担的赔偿责任，为什么？

（五）赔偿责任限额

1. 国内航空运输

所谓的国内航空旅客运输，是指根据航空旅客运输合同，运输的始发地、约定经停地和目的地都是在中华人民共和国领域内的航空旅客运输。国内航空运输承运人的赔偿责任限额由国务院民用航空主管部门制定，报国务院批准后公布执行。旅客或者托运人在交运托运行李或者货物时，特别声明在目的地点交付时的利益，并在必要时支付附加费的，除承运人证明旅客或者托运人声明的金额高于托运行李或者货物在目的地点交付时的实际利益外，承运人应当在声明金额范围内承担责任。

我国现行的航空运输的赔偿的依据是：2006 年经过修改的《国内航空运输承运人赔偿责任限额规定》。

国内航空运输承运人（以下简称承运人）应当在下列规定的赔偿责任限额内按照实际损害承担赔偿责任，但是《民航法》另有规定的除外：①对每名旅客的赔偿责任限额为人民币 40 万元；②对每名旅客随身携带物品的赔偿责任限额为人民币 3000 元；③对旅客托运的行李和对运输的货物的赔偿责任限额为每公斤人民币 100 元。

旅客自行向保险公司投保航空旅客人身意外保险的，此项保险金额的给付，不免除或者减少承运人应当承担的赔偿责任。具体来说，一旦发生旅客伤亡事故，保险受益人可以拿到双份赔偿，即承运人的责任赔偿金额、旅客自行投保的保险金额。两者只能相加，不可相抵。

2. 国际航空运输

是指根据当事人订立的航空运输合同，无论运输有无间断或者有无转运，运输的出发地点、目的地点或者约定的经停地点之一不在中华人民共和国境内的运输。国际航空运输承运人的赔偿责任限额按照下列规定执行：

（1）对每名旅客的赔偿责任限额为 16600 计算单位；但是，旅客可以同承运人书面约定高于本项规定的赔偿责任限额。

（2）对托运行李或者货物的赔偿责任限额，每公斤为 17 计算单位。旅客或者托运人在交运托运行李或者货物时，特别声明在目的地点交付时的利益，并在必要时支付附加费的，除承运人证明旅客或者托运人声明的金额高于托运行李或者货物在目的地点交付时的实际利益外，承运人应当在声明金额范围内承担责任。托运行李或者货物的一部分或者托运行李、货物中的任何物件毁灭、遗失、损坏或者延误的，用以确定承运人赔偿责任限额的重量，仅为该一包件或者数包件的总重量；但是，因托运行李或者货物的一部分或者托运行李、货物中的任何物件的毁灭、遗失、损坏或者延误，影响同一份行李票或者同一份航空货运单所列其他包件的价值的，确定承运人的赔偿责任限额时，此种包件的总重量也应当考虑在内。

（3）对每名旅客随身携带的物品的赔偿责任限额为 332 计算单位。

五、刑事责任

（1）以暴力、胁迫或者其他方法劫持航空器的，依照关于惩治劫持航空器犯罪分子的决定追究刑事责任。

（2）对飞行中的民用航空器上的人员使用暴力，危及飞行安全，尚未造成严重后果的，依照《中华人民共和国刑法》（以下简称《刑法》）第 105 条的规定追究刑事责任；造成严重后果的，依照刑法第 106 条的规定追究刑事责任。

（3）违反规定，隐匿携带炸药、雷管或者其他危险品乘坐民用航空器，或者以非危险品品名托运危险品，尚未造成严重后果的，比照《刑法》第 163 条的规定追究刑事责任；造成严重后果的，依照《刑法》第 110 条的规定追究刑事责任。

隐匿携带枪支子弹、管制刀具乘坐民用航空器的，比照《刑法》第 163 条的规定追究刑事责任。

（4）故意在使用中的民用航空器上放置危险品或者唆使他人放置危险品，足以毁坏该民用航空器，危及飞行安全，尚未造成严重后果的，依照《刑法》第 107 条的规定追究刑事责任；造成严重后果的，依照《刑法》第 110 条的规定追究刑事责任。

（5）盗窃或者故意损毁、移动使用中的航空设施，危及飞行安全，足以使民用航空器发生坠落、毁坏危险，尚未造成严重后果的，依照《刑法》第 108 条的规定追究刑事责任；造成严重后果的，依照《刑法》第 110 条的规定追究刑事责任。

（6）聚众扰乱民用机场秩序的，依照《刑法》第 159 条的规定追究刑事责任。

案例

航空运输合同纠纷

沈某一家登上了航空公司的 mu4682 次航班，飞赴昆明，开始了国庆旅游。当天下午 14 时 30 分，当飞机在郑州机场中转时，全体乘客却被告知由于空中管制，需要再次下机等候，结果一等就是 7 个多小时。当他们到达昆明时，已经是第二天的凌晨，事先安排好的行程全部被打乱。一趟国庆游，全家没有享受到旅游的快乐，感受到的只是疲惫和愤怒。

返回后，张某认为航空公司航班延误侵犯了自己的权利并带来了一系列损失，便一纸诉状将航空公司起诉到法院，要求航空公司返还飞机票款 1110 元，赔偿损失 200 元，精神损害赔偿 1 元，并当面和在全国媒体上向自己道歉，此案遂成为全国首例乘客状告航空公司晚点违约及侵权赔偿案。

法院认为，原告张某购买机票并乘坐该趟航班，双方已经形成了旅客运输合同关系。虽然航空公司未能按约定的时间将旅客运抵目的地，但空中管理中心对进出昆明的运输机进行流量控制是一种军事需要，是不能克服的。航班延误的责任不是被告主观过错造成的，原告返还机票票款的要求不能成立。在郑州机场延误的过程中，机场已经对乘客提供了休息和娱乐设施，原告要求的旅店床位费不能被支持。此外，张某提出的昆明宿费和精神损害及全国性媒体道歉等诉讼请求均被法院驳回。

——资料来源：http://case.148365.com/36166.html.

案例分析

客票是否是航空旅客运输合同订立和运输合同条件的唯一证据？为什么？

第三节 《铁路法》

一、铁路运输安全、正点

铁路运输企业应当保证旅客和货物运输的安全，做到列车正点到达。铁路运输企业应当保证旅客按车票载明的日期、车次乘车，并到达目的站。因铁路运输企业的责任造成旅客不能按车票载明的日期、车次乘车的，铁路运输企业应当按照旅客的要求，退还全部票款或者安排改乘到达相同目的站的其他列车。

二、铁路运输合同

铁路运输合同是明确铁路运输企业与旅客、托运人之间权利义务关系的协议。旅客车票、行李票、包裹票和货物运单是合同或者合同的组成部分。铁路运输企业应当按照合同约定的期限或者国务院铁路主管部门规定的期限，将货物、包裹、行李运到目的站；逾期运到的，铁路运输企业应当支付违约金。

托运人或者旅客根据自愿可以向保险公司办理货物运输保险，保险公司按照保险合同的约定承担赔偿责任。托运人或者旅客根据自愿，可以办理保价运输，也可以办理货物运输保险；还可以既不办理保价运输，也不办理货物运输保险。不得以任何方式强迫办理保价运输或者货物运输保险。

三、铁路运输服务要求

铁路运输企业应当采取有效措施做好旅客运输服务工作，做到文明礼貌、热情周到，保持车站和车厢内的清洁卫生，提供饮用开水，做好列车上的饮食供应工作。铁路运输企业应当采取措施，防止对铁路沿线环境的污染。

四、铁路运输条件

（1）旅客乘车应当持有效车票。对无票乘车或者持失效车票乘车的，应当补收票款，并按照规定加收票款；拒不交付的，铁路运输企业可以责令下车。国家铁路、地方铁路和专用铁路印制使用的旅客、货物运输票证，禁止伪造和变造。禁止倒卖旅客车票和其他铁路运输票证。

（2）托运、承运货物、包裹、行李，必须遵守国家关于禁止或者限制运输物品的规定。

（3）铁路运输企业必须加强对铁路的管理和保护，定期检查、维修铁路运输设施，保证铁路运输设施完好，保障旅客和货物运输安全。

（4）铁路公安机关和地方公安机关分工负责共同维护铁路治安秩序。车站和列车内的治安秩序，由铁路公安机关负责维护；铁路沿线的治安秩序，由地方公安机关和铁路公安机关共同负责维护，以地方公安机关为主

（5）托运货物需要包装的，托运人应当按照国家包装标准或者行业包装标准包装；没有国家包装标准或者行业包装标准的，应当妥善包装，使货物在运输途中不因包装原因而受损坏。铁路运输企业对承运的容易腐烂变质的货物和活动物，应当按照国务院铁路主管部门的规定和合同的约定，采取有效的保护措施。

五、货物、包裹、行李的领取

（1）货物、包裹、行李到站后，收货人或者旅客应当按照国务院铁路主管部门规定的期限及时领取，并支付托运人未付或者少付的运费和其他费用；逾期领取的，收货人或者旅客应当按照规定交付保管费。

（2）自铁路运输企业发出领取货物通知之日起满 30 日仍无人领取的货物，或者收货人书面通知铁路运输企业拒绝领取的货物，铁路运输企业应当通知托运人，托运人自接到通知之日起满 30 日未作答复的，由铁路运输企业变卖，所得价款在扣除保管等费用后尚有余款的，应当退还托运人，无法退还，自变卖之日起 180 日内托运人又未领回的，上缴国库。

（3）自铁路运输企业发出领取通知之日起满 90 日仍无人领取的包裹或者到站后满 90 日仍无人领取的行李，铁路运输企业应当公告，公告满 90 日仍无人领取的，可以变卖；所得价款在扣除保管等费用后尚有余款的，托运人、收货人或者旅客可以自变卖之日起 180 日内领回，逾期不领回的，上缴国库。

（4）对危险物品和规定限制运输的物品，应当移交公安机关或者有关部门处理，不得自行变卖。

（5）对不宜长期保存的物品，可以按照国务院铁路主管部门的规定缩短处理期限。

六、民事责任

因铁路行车事故及其他铁路运营事故造成人身伤亡的，铁路运输企业应当承担赔偿责任；如果人身伤亡是因不可抗力或者由于受害人自身的原因造成的，铁路

运输企业不承担赔偿责任。违章通过平交道口或者人行过道，或者在铁路线路上行走、坐卧造成的人身伤亡，属于受害人自身的原因造成的人身伤亡。

（一）免责条件

根据《铁路法》的规定，由于下列原因造成的货物、包裹、行李损失的，铁路运输企业不承担赔偿责任：①不可抗力；②货物或者包裹、行李中的物品本身的自然属性，或者合理损耗；③托运人、收货人或者旅客的过错。

（二）赔偿责任

铁路运输企业逾期30日仍未将货物、包裹、行李交付收货人或者旅客的，托运人、收货人或者旅客有权按货物、包裹、行李灭失向铁路运输企业要求赔偿。

铁路运输企业应当对承运的货物、包裹、行李自接受承运时起到交付时止发生的灭失、短少、变质、污染或者损坏，承担赔偿责任：①托运人或者旅客根据自愿申请办理保价运输的，按照实际损失赔偿，但最高不超过保价额；②未按保价运输承运的，按照实际损失赔偿，但最高不超过国务院铁路主管部门规定的赔偿限额；如果损失是由于铁路运输企业的故意或者重大过失造成的，不适用赔偿限额的规定，按照实际损失赔偿。

因旅客、托运人或者收货人的责任给铁路运输企业造成财产损失的，由旅客、托运人或者收货人承担赔偿责任。

（三）《铁路交通事故应急救援和调查处理条例》就赔偿责任限额的规定

（1）事故造成人身伤亡的，铁路运输企业应当承担赔偿责任；但是人身伤亡是不可抗力或者受害人自身原因造成的，铁路运输企业不承担赔偿责任。违章通过平交道口或者人行过道，或者在铁路线路上行走、坐卧造成的人身伤亡，属于受害人自身的原因造成的人身伤亡。

（2）事故造成铁路旅客人身伤亡和自带行李损失的，铁路运输企业对每名铁路旅客人身伤亡的赔偿责任限额为人民币15万元，对每名铁路旅客自带行李损失的赔偿责任限额为人民币2000元。铁路运输企业与铁路旅客可以书面约定高于前款规定的赔偿责任限额。尽管规定对铁路运输企业的赔偿做了最高限额，但根据《铁路法》第17条的规定，如果损失是由于铁路运输企业的故意或者重大过失造成的，不适用赔偿限额的规定，按照实际损失赔偿。也就是说，如果旅客能够证明，损害的造成是由于铁路运输企业故意或重大过失，旅客能够得到等同于实际损失的赔偿。

（3）事故造成铁路运输企业承运的货物、包裹、行李损失的，铁路运输企业应当依照《铁路法》的规定承担赔偿责任。事故造成其他人身伤亡或者财产损失的，依照国家有关法律、行政法规的规定赔偿。

（4）铁路运输企业依照本规定给付赔偿金，不影响旅客按照国家有关铁路旅客意外伤害强制保险规定获取保险金。根据 1992 年发布的《铁路旅客意外伤害强制保险条例》第 5 条的规定：旅客之保险金额，不论坐席等次、全票、半票、免票，一律规定为每人人民币 2 万元。就是说，铁路运输途中发生了旅客死亡事故，如果铁路运输企业应当承担赔偿责任，死者继承人既可以获取上述的 15 万元赔偿，又可以获取 2 万元的保险费。

（5）旅客或者其继承人向铁路运输企业要求赔偿的请求，应当自事故发生之日起 1 年内提出。铁路运输企业应当自接到赔偿请求之日起 30 日内答复。

课堂思考

为什么要对铁路运输实施赔偿责任限额？

六、刑事责任

根据《铁路法》规定，对下列情形追究刑事责任：

（1）携带危险品进站上车或者以非危险品品名托运危险品，导致发生重大事故的。

（2）携带炸药、雷管或者非法携带枪支子弹、管制刀具进站上车的。

（3）故意损毁、移动铁路行车信号装置或者在铁路线路上放置足以使列车倾覆的障碍物的。

（4）盗窃铁路线路上行车设施的零件、部件或者铁路线路上的器材，危及行车安全的。

（5）聚众拦截列车、冲击铁路行车调度机构不听制止的首要分子和骨干分子。

（6）聚众哄抢铁路运输物资的首要分子和骨干分子。

（7）在列车内，抢劫旅客财物，伤害旅客的。

（8）在列车内，寻衅滋事，侮辱妇女，情节恶劣的。

（9）敲诈勒索旅客财物的。

（10）倒卖旅客车票，构成犯罪的。

案　例

火车票误售纠纷

　　1992年9月11日，原告在被告处购买到龙潭的火车票2张，票价计5元整。票面载明：南京西至龙潭，1992年9月13日335次7时12分开。9月13日上午，原告叶长清等2人持票乘上335次列车。当原告发现该列车经过龙潭站未停靠时，急忙向4号车厢列车员询问。列车员查看车票后，答复原告：335次列车在龙潭站不停，该票系南京西站误售。列车到达镇江站，原告下车后，急于返回龙潭，遂从镇江乘出租汽车，于当日11时到达龙潭。汽车票价合计为15元。9月14日，原告到被告处要求赔偿经济损失。被告承认误售车票，但拒绝赔偿原告的经济损失。

　　原告遂于1992年9月29日诉至铁路运输法院，要求被告赔偿直接经济损失15元，间接损失（即耽误的时间及身体、精神创伤损失）200元。被告未作答辩。

　　铁路运输法院经审理认为：依照《中华人民共和国铁路法》第11条之规定，旅客车票系原告、被告双方订立的旅客运输合同。被告因疏忽误售车票，致使原告未能及时到达目的地并造成了经济损失，被告应对此承担赔偿责任。原告要求被告赔偿间接损失，于法无据，本院不予支持。该院在查明事实、分清责任的基础上，依法进行了调解。原告、被告双方于1991年10月10日自愿达成调解协议：被告赔偿原告叶长清经济损失15元，于1992年10月20日前付清。

　　　　　　　　　　　　——资料来源：http://www.110.com/ziliao/article-41865.html.

复习与思考

一、名词解释

运输合同　　　　　　　　旅客　　　　　　　　承运人

二、填空题

1. 客运合同自承运人向旅客交付客票时成立，但当事人另有约定或者另有_____的除外。

2. 旅客因自己的原因不能按照客票记载的时间乘坐的，应当在约定的时间内办理退票或者变更手续。逾期办理的，承运人可以_____，并不再承担运输义务。

3. 承运人应当对运输过程中旅客（免票、持优待票或者经承运人许可搭乘的无票旅客）伤亡承担损害赔偿责任，但伤亡是_____造成的或者承运人证明伤亡是旅客故意、重大过失造成的除外。

4. 承运人对运输过程中货物的毁损、灭失承担损害赔偿责任，但承运人证明货物的毁损、灭失是因_____、货物本身的自然性质或者合理损耗以及托运人、收货人的过错造成的，不承担损害赔偿责任。

5. 行李票是行李托运和运输合同条件的_____。

6. 因发生在民用航空器上或者在旅客上、下民用航空器过程中的事件，造成旅客人身伤亡的，承运人应当承担责任；但是，旅客的人身伤亡完全是由于_____造成的，承运人不承担责任。

7. 旅客随身携带物品或者托运行李的毁灭、遗失或者损坏完全是由于行李本身的_____、质量或者缺陷造成的，承运人不承担责任。

8. 国内航空运输承运人的赔偿责任限额由_____制定，报国务院批准后公布执行。

9. 铁路运输企业应当自接到赔偿请求之日起_____内答复。

10. 如果损失是由于铁路运输企业的_____或者_____造成的，不适用赔偿限额的规定，按照实际损失赔偿。

三、选择题（请选择一个正确答案，填在相应的位置上）

1. 承运人应当按照约定的或者（　）的运输路线将旅客、货物运输到约定地点。

A. 法定　　　　　　B. 通常　　　　　　C. 协商　　　　　　D. 任意

2. 下列关于运输合同中权利义务的说法，错误的是（　）。

A. 从事公共运输的承运人不得拒绝旅客、托运人通常、合理的运输要求

B. 承运人应当在约定的期间或者合理期间内将旅客、货物安全运输到约定的

地点

C. 承运人应当按照约定的或者通常的运输路线将旅客、货物运输到约定地点

D. 旅客、托运人或者收货人应当支付实际发生的运输的票款或者运输费用

3. 承运人擅自变更运输工具而降低服务标准的，应当根据旅客的要求（　　）。

A. 应当退票或者减收票款　　　　　B. 应当退还双倍的票款

C. 应当退还双倍票款的差额　　　　D. 减收全部票款

4. 下列不属于公共航空运输企业应当遵循的准则是（　　）。

A. 保证飞行安全　　B. 航班正常　　　C. 提供良好服务　　D. 提高经济效益

5. 下列不属于国内民用航空运输中的禁运品的是（　　）。

A. 毒品　　　　　　B. 黄色淫秽音像制品或书刊、反动宣传品

C. 伪钞　　　　　　D. 水果

6. 下列关于民用航空运输的说法，错误的是（　　）。

A. 禁止旅客随身携带法律、行政法规规定的禁运物品乘坐民用航空器

B. 禁止旅客随身携带危险品乘坐民用航空器

C. 公共航空运输企业可以运输未经接受安全检查的旅客

D. 公共航空运输企业从事国际航空运输的民用航空器及其所载人员、行李、货物应当接受边防、海关、检疫等主管部门的检查

7. 旅客航程的最终目的地点、出发地点或者约定的经停地点之一不在中华人民共和国境内，客票上应当载明声明：适用（　　）。

A. 国际航空运输公约

B. 中华人民共和国民用航空法

C. 出发地国家的航空法

D. 目的地国家的航空法

8. 客票是航空旅客运输合同订立和运输条件的（　　）。

A. 唯一证据　　　B. 原始证据　　　C. 初步证据　　　D. 充分证据

9. 在旅客、行李运输中，经承运人证明，损失是由（　　）造成或者促成的，应当根据造成损失的主观原因相应免除或者减轻承运人的责任。

A. 装卸人的过错　　B. 驾驶员的过错　　C. 索赔人的过失　　D. 第三人的过错

10. 旅客以外的其他人就旅客死亡或者受伤提出赔偿请求时，经承运人证明，死亡或者受伤是（　　）造成或者促成的，同样应当根据造成或者促成此种损失的主观原因，相应免除或者减轻承运人的责任。

A. 旅客本人的故意　　　　　　　　　　B. 旅客本人的过失

C. 旅客本人的过错　　　　　　　　　　D. 第三人的过错

11. 旅客、行李或者货物在航空运输中因延误造成的损失，承运人应当承担责任；但是，承运人证明（　　）为了避免损失的发生，已经采取一切必要措施或者不可能采取此种措施的，不承担责任。

A. 托运人　　　　　　　　　　　　　　B. 收货人

C. 本人或者其受雇人、代理人　　　　　D. 第三人

12. 国内航空运输承运人的赔偿责任限额由（　　）制定，报国务院批准后公布执行。

A. 国务院旅游主管部门　　　　　　　　B. 国务院民用航空主管部门

C. 国务院财政主管部门　　　　　　　　D. 国务院运输主管部门

13. 根据《国内航空运输承运人赔偿责任限额规定》，国内航空运输承运人应当在对每名旅客的赔偿责任限额为人民币（　　）内按照实际损害承担赔偿责任，但是《民航法》另有规定的除外。

A. 10 万元　　　　B. 20 万元　　　　C. 30 万元　　　　D. 40 万元

14. 铁路运输企业逾期（　　）天仍未将货物、包裹、行李交付收货人或者旅客的，托运人、收货人或者旅客有权按货物、包裹、行李灭失向铁路运输企业要求赔偿。

A. 10　　　　　　B. 20　　　　　　C. 30　　　　　　D. 40

15. 在铁路运输中，托运人或者旅客根据自愿申请办理保价运输，承运的货物、包裹、行李自接受承运时起到交付时止发生的灭失、短少、变质、污染或者损坏的，按照（　　）。

A. 实际损失赔偿　　　　　　　　B. 实际损失赔偿，但最高不超过保价额

C. 法定赔偿方法赔偿　　　　　　D. 保价额赔偿

16. 在铁路运输中，承运的货物、包裹、行李自接受承运时起到交付时止发生的灭失、短少、变质、污染或者损坏，未按保价运输承运的，按照（　　）。

A. 实际损失赔偿　　　　　　　　　　　B. 保价额赔偿

C. 实际损失赔偿，但最高不超过保价额

D. 实际损失赔偿，但最高不超过国务院铁路主管部门规定的赔偿限额

17. 根据《铁路交通事故应急救援和调查处理条例》就赔偿责任限额的规定，事故造成铁路旅客人身伤亡的，铁路运输企业对每名铁路旅客人身伤亡的赔偿责任限额为人民币（　　）。

A. 5 万元　　　　　　　　　　　B. 10 万元

C. 15 万元　　　　　　　　　　D. 20 万元

18. 根据《铁路交通事故应急救援和调查处理条例》就赔偿责任限额的规定，事故造成铁路旅客自带行李损失的，铁路运输企业对每名铁路旅客自带行李损失的赔偿责任限额为人民币（　　）。

A.1000 元　　　　B.2000 元　　　　C.3000 元　　　　D.4000 元

19. 铁路运输途中发生了旅客死亡事故，如果铁路运输企业应当承担赔偿责任，死者继承人可以获得赔偿总额为人民币（　　）。

A. 15 万元　　　　B. 16 万元　　　　C. 17 万元　　　　D. 20 万元

20. 旅客或者其继承人向铁路运输企业要求赔偿的请求，应当自事故发生之日起（　　）内提出。

A. 180 天　　　　B. 1 年　　　　C. 2 年　　　　D. 4 年

四、判断题

1. 从事公共运输的承运人可以自愿选择旅客、托运人。（　　）

2. 承运人遇到交通拥堵，可以调整运输合同约定的时间。（　　）

3. 所有的客运合同自承运人向旅客交付客票时成立。（　　）

4. 旅客无票承运、超程承运、越级承运或者持失效客票承运的，承运人可以要求其支付相应的费用。（　　）

5. 旅客航程的最终目的地点、出发地点或者约定的经停地点之一不在中华人民共和国境内，客票上的内容与国内航空运输客票的内容完全一样。（　　）

6. 如果承运人同意旅客不经其出票而乘坐民用航空器的，在国内航空运输中，承运人仍然可以援用有关赔偿责任限制的规定。（　　）

7. 行李票是行李托运和运输合同条件的初步证据。

8. 在国内航空运输中，承运人载运托运行李而不出具行李票的，承运人有权援用本法有关赔偿责任限制的规定。（　　）

9. 因发生在民用航空器上或者在旅客上、下民用航空器过程中的事件，造成旅客人身伤亡的，承运人应当承担责任。（　　）

10. 旅客自行向保险公司投保航空旅客人身意外保险的，此项保险金额的给付，可以免除或者减少承运人应当承担的赔偿责任。（　　）

11. 铁路运输企业必须坚持社会主义经营方向和为人民服务的宗旨，改善经营管理，切实改进路风，提高运输服务质量。（　　）

12. 任何人均可以单独乘坐火车。（　　）

13. 托运人或者旅客根据自愿申请办理保价运输的，按照实际损失赔偿。（　　）

14. 如果损失是由于铁路运输企业的故意或者重大过失造成的，按照赔偿限额的规定进行赔偿。（　　）

15. 托运人或者旅客必须向保险公司办理货物运输保险。（　　）

五、简答题

1. 客运合同中旅客的义务有哪些？承运人的义务有哪些？

2. 民航运输客票包括哪些具体内容？

3. 民航运输禁运规定有哪些具体内容？

4. 铁路旅客的乘车条件是什么？

5. 什么是铁路运输部门的赔偿责任？

6. 对哪些情形，铁路运输企业不承担赔偿责任？

六、案例分析

旅客乘车受伤纠纷

2003 年 2 月 9 日，王某搭上一辆由梁某驾驶的由海口市秀英区开往海口市永兴镇的琼旺公司的中巴车。琼旺公司与中巴车司机梁某是承包租赁关系，双方签订的《车辆承包经营协议》中约定了责任分担条款。车子开到海榆中线海口车管所路段时，突然与对面开过来的一辆大货车相撞。车祸中，乘客王某不幸受伤。在海口市人民医院治疗 34 天后，王某要求司机梁某和该车的发包公司共同向他承担赔偿责任。

但他的这一要求却被对方断然拒绝了。原因是，事故发生后，当地交警部门认定：此事故中，对面开过来的那辆大货车司机应负事故的全部责任，被撞的中巴车司机梁某及其受伤乘客王某不负事故责任。

——资料来源：http://news.9ask.cn/htjf/htzs/yunshu/201102/1082873.shtml.

根据以上案例，回答如下问题：

1. 本案中王某的要求是否有法律依据？为什么？

2. 琼旺公司与中巴车司机梁某的辩解是否成立？为什么？

七、实践与训练

安全乘坐火车、汽车、飞机的经验交流，模拟应对突发交通事故，编写相应的应急预案。

 推荐阅读

1.http://www.bjhetong.com/article7308.aspx.

2.http://www.bjhetong.com/article7644.aspx.

3.http://case.148365.com/36166.html.

4.http://www.110.com/ziliao/article−41865.html.

5.http://www.caac.gov.cn/F1/F2/.

第十五章

旅游投诉法律制度

尽管旅游法律制度不断健全，解决纠纷的途径不断完善，但是随着旅游消费的普及，旅游纠纷还是不断发生。旅游投诉处理机制是一种低成本和较高效益的解决纠纷的机制，可以降低处理纠纷的成本，维护企业和从业人员的形象，促进旅游业有序健康发展。

本章阐述了旅游投诉处理管辖，受理和不予受理的情形、条件，处理决定的类型。

学习目标 »

知识目标

1. 了解旅游投诉的含义和旅游投诉处理机构的职责。
2. 熟悉旅游投诉的管辖确定、受理及处理的程序。
3. 掌握旅游投诉受理和不予受理的情形、条件，处理决定的类型。

能力目标

1. 能够准确判断旅游投诉管辖、受理或者不予受理旅游投诉处理的情形。
2. 熟练应对投诉处理遇到的问题。

案　例

航班机票纠纷

　　A地甲旅行社组织了20人赴B地区旅游。按照合同约定，旅游者乘H512次航班返程。地接社难以买到约定的航班机票，购买了其他返程航班机票。旅游者明确表示无法接受，要求旅行社给予赔偿。由于双方分歧过大，结果旅游者滞留在旅游目的地。旅游者应当如何投诉？

　　　　　　——资料来源：旅游行业典型案例解析．忻州旅游网，www.sxxzlyw.com.

 **案例分析**

　　1. 旅游者应当如何选择旅游投诉处理机构？
　　2. 在发生纠纷时，如何认定合同双方的法律责任？

第一节　旅游投诉概述

　　为使旅游业健康发展，不仅要建立旅行社管理制度和导游人员管理制度，而且要建立旅游经营者与旅游者的纠纷处理制度，旅游投诉处理制度随之而生。1991年6月1日，国家旅游局颁布了《旅游投诉暂行规定》。1995年以后，国家旅游局相继颁布了《旅行社质量保证金暂行规定》、《旅行社质量保证金暂行规定实施细则》、《旅行社质量保证金赔偿暂行办法》、《全国旅游质量监督管理机构组织与管理暂行办法》、《旅行社质量保证金赔偿试行标准》，又于2010年5月5日颁布了《旅游投诉处理办法》，自2010年7月1日起施行。该办法的目的在于维护旅游者和旅游经营者的合法权益，依法公正地处理旅游投诉。

一、旅游投诉的概念

根据《旅游投诉处理办法》的规定，旅游投诉，是指旅游者认为旅游经营者损害其合法权益，请求旅游行政管理部门、旅游质量监督管理机构或者旅游执法机构（以下统称"旅游投诉处理机构"），对双方发生的民事争议进行处理的行为。

旅游投诉有以下特征：①投诉者是与案件有直接利害关系的人。直接利害关系人是因被投诉者的行为直接导致其合法权益侵害的旅游者，合法权益包括旅游者的人身权和财产权。②被投诉者。被投诉者必须是旅游经营者。③损害行为。旅游经营者实施了对旅游者的人身权或者财产权造成损害的行为。④违法性。旅游经营者的损害行为违反了法律、法规、服务标准或者合同约定。⑤时间性。损害行为必须发生在旅游活动过程中。⑥受理机构。受理机构为处理机构旅游行政管理部门、旅游质量监督管理机构或者旅游执法机构。

二、旅游投诉处理机构的职责

行政机关或者法律、法规或者规章授权的组织应当在法律规定的授权范围内行使职权，否则构成违法行政。根据《旅游投诉处理办法》的规定，旅游投诉处理机构应当在其职责范围内处理旅游投诉。地方各级旅游行政主管部门应当在本级人民政府的领导下，建立、健全相关行政管理部门共同处理旅游投诉的工作机制。

旅游投诉处理机构在处理旅游投诉中，发现被投诉人或者其从业人员有违法或犯罪行为的，应当按照法律、法规和规章的规定，作出行政处罚、向有关行政管理部门提出行政处罚建议或者移送司法机关。

第二节　旅游投诉处理的管辖

根据《旅游投诉处理办法》规定，旅游投诉处理的管辖分为级别管辖和地域管辖。

一、级别管辖

级别管辖是指上下级旅游投诉处理机构对处理旅游投诉案件的权限和分工。根据《旅游投诉处理办法》规定，上级旅游投诉处理机构有权处理下级旅游投诉处理机构管辖的投诉案件。

二、地域管辖

地域管辖是指不同地区的同级旅游投诉处理机构之间受理旅游投诉案件的权限和分工。根据《旅游投诉处理办法》规定，旅游投诉由县级以上旅游投诉处理机构管辖，按照以下标准确定管辖：

（1）旅游合同签订地。合同签订地是指合同双方就合同协议书签字盖章确认的地点。如果一方先签字，另一方后签字，以后签字一方的签字地点为合同签订地。

（2）被投诉人所在地。被投诉者所在地一般是指被投诉者的住所地，被投诉者为旅游经营者，其主要办事机构所在地为住所地。

（3）损害行为发生地。损害行为发生地一般是指被投诉者造成旅游者人身权、财产权受到损害的行为发生地。对于具体的损害行为延续时间的长短不同，损害行为发生地不仅在一个地点，而且可能涉及两个以上的地点。损害行为发生地县级以上旅游投诉处理机构管辖享有管辖权，但是必须具备的前提条件是：需要立即制止、纠正被投诉人的损害行为。

三、指定管辖

旅游投诉者自愿选择旅游投诉管辖机构，可以同时或者先后向两个以上旅游投诉处理机构提出投诉请求，发生管辖争议的，旅游投诉处理机构可以协商确定，或者报请共同的上级旅游投诉处理机构指定管辖。

第三节　旅游投诉受理

一、旅游投诉予以受理的情形

根据《旅游投诉处理办法》的规定，投诉人可以就下列事项向旅游投诉处理机构投诉：

（1）认为旅游经营者违反合同约定的。

（2）因旅游经营者的责任致使投诉人人身、财产受到损害的。

（3）因不可抗力、意外事故致使旅游合同不能履行或者不能完全履行，投诉人与被投诉人发生争议的。

（4）其他损害旅游者合法权益的。

二、旅游投诉不予受理的情形

根据《旅游投诉处理办法》的规定，下列情形不予受理：

（1）人民法院、仲裁机构、其他行政管理部门或者社会调解机构已经受理或者处理的。

（2）旅游投诉处理机构已经作出处理，且没有新情况、新理由的。

（3）不属于旅游投诉处理机构职责范围或者管辖范围的。

（4）超过旅游合同结束之日 90 天的。

（5）不符合本办法第十条规定的旅游投诉条件的。

（6）本办法规定情形之外的其他经济纠纷。

属于第（3）项规定的情形的，旅游投诉处理机构应当及时告知投诉人向有管辖权的旅游投诉处理机构或者有关行政管理部门投诉。

三、旅游投诉受理的条件

根据《旅游投诉处理办法》的规定，旅游投诉应当符合下列条件：

（1）投诉人与投诉事项有直接利害关系。

（2）有明确的被投诉人、具体的投诉请求、事实和理由。

四、旅游投诉的载明事项

旅游投诉一般应当采取书面形式，一式两份，并载明下列事项：

（1）投诉人的姓名、性别、国籍、通信地址、邮政编码、联系电话及投诉日期。

（2）被投诉人的名称、所在地。

（3）投诉的要求、理由及相关的事实根据。

但是，投诉事项比较简单的，投诉人可以口头投诉，由旅游投诉处理机构进行记录或者登记，并告知被投诉人；对于不符合受理条件的投诉，旅游投诉处理机构可以口头告知投诉人不予受理及其理由，并进行记录或者登记。

投诉人委托代理人进行投诉活动的，应当向旅游投诉处理机构提交授权委托书，并载明委托权限。

五、共同投诉

投诉人4人以上，以同一事由投诉同一被投诉人的，为共同投诉。共同投诉可以由投诉人推选1~3名代表进行投诉。代表人参加旅游投诉处理机构处理投诉过程的行为，对全体投诉人发生效力，但代表人变更、放弃投诉请求或者进行和解，应当经全体投诉人同意。

六、受理

旅游投诉处理机构接到投诉，应当在5个工作日内作出以下处理：

（1）投诉符合本办法的，予以受理。

（2）投诉不符合本办法的，应当向投诉人送达《旅游投诉不予受理通知书》，告知不予受理的理由。

（3）依照有关法律、法规和本办法规定，本机构无管辖权的，应当以《旅游投诉转办通知书》或者《旅游投诉转办函》，将投诉材料转交有管辖权的旅游投诉处理机构或者其他有关行政管理部门，并书面告知投诉人。

第四节　旅游投诉处理

一、处理程序

（一）送达投诉书副本

根据《旅游投诉处理办法》的规定，旅游投诉处理机构处理旅游投诉，应当立案办理，填写《旅游投诉立案表》，并附有关投诉材料，在受理投诉之日起 5 个工作日内，将《旅游投诉受理通知书》和投诉书副本送达被投诉人。对于事实清楚、应当即时制止或者纠正被投诉人损害行为的，可以不填写《旅游投诉立案表》和向被投诉人送达《旅游投诉受理通知书》，但应当对处理情况进行记录存档。

被投诉人应当在接到通知之日起 10 日内作出书面答复，提出答辩的事实、理由和证据。

（二）审查

根据《旅游投诉处理办法》的规定，投诉人和被投诉人应当对自己的投诉或者答辩提供证据。旅游投诉处理机构应当对双方当事人提出的事实、理由及证据进行审查。旅游投诉处理机构认为有必要收集新的证据，可以根据有关法律、法规的规定，自行收集或者召集有关当事人进行调查。需要委托其他旅游投诉处理机构协助调查、取证的，应当出具《旅游投诉调查取证委托书》，受委托的旅游投诉处理机构应当予以协助。

对专门性事项需要鉴定或者检测的，可以由当事人双方约定的鉴定或者检测部门鉴定。没有约定的，当事人一方可以自行向法定鉴定或者检测机构申请鉴定或者检测。鉴定、检测费用按双方约定承担。没有约定的，由鉴定、检测申请方先行承担；达成调解协议后，按调解协议承担。鉴定、检测的时间不计入投诉处理时间。

课 堂 思 考

旅游投诉处理程序有何特点？

二、和解

根据《旅游投诉处理办法》的规定，在投诉处理过程中，投诉人与被投诉人自行和解的，应当将和解结果告知旅游投诉处理机构；旅游投诉处理机构在核实后应当予以记录并由双方当事人、投诉处理人员签名或者盖章。

三、调解

根据《旅游投诉处理办法》的规定，旅游投诉处理机构处理旅游投诉，除本办法另有规定外，实行调解制度。旅游投诉处理机构应当在查明事实的基础上，遵循自愿、合法的原则进行调解，促使投诉人与被投诉人相互谅解，达成协议。旅游投诉处理机构受理投诉后，应当积极安排当事双方进行调解，提出调解方案，促成双方达成调解协议。

四、处理决定

根据《旅游投诉处理办法》的规定，旅游投诉处理机构应当在受理旅游投诉之日起 60 日内，作出以下处理：

（1）双方达成调解协议的，应当制作《旅游投诉调解书》，载明投诉请求、查明的事实、处理过程和调解结果，由当事人双方签字并加盖旅游投诉处理机构印章。

（2）调解不成的，终止调解，旅游投诉处理机构应当向双方当事人出具《旅游投诉终止调解书》。

调解不成的，或者调解书生效后没有执行的，投诉人可以按照国家法律、法规的规定，向仲裁机构申请仲裁或者向人民法院提起诉讼。

在下列情形下，经旅游投诉处理机构调解，投诉人与旅行社不能达成调解协议的，旅游投诉处理机构应当做出划拨旅行社质量保证金赔偿的决定，或向旅游行政管理部门提出划拨旅行社质量保证金的建议：

（1）旅行社因解散、破产或者其他原因造成旅游者预交旅游费用损失的。

（2）因旅行社中止履行旅游合同义务、造成旅游者滞留，而实际发生了交通、食宿或返程等必要及合理费用的。

对于旅行社质量保证金的划拨决定不服的，可以依法提起行政复议或者行政诉讼。

旅游投诉处理机构应当每季度公布旅游者的投诉信息。旅游投诉处理机构应当使用统一规范的旅游投诉处理信息系统。旅游投诉处理机构应当为受理的投诉制作档案并妥善保管相关资料。有关文书式样，由国家旅游局统一制定。

第五节　旅行社服务质量赔偿标准

为了提高旅游服务质量，规范旅行社经营，打击违法违规行为，保护旅游者合法权益，国家旅游局办公室于 2011 年 4 月 12 日发布了〔2011〕44 号规范性文件《旅行社服务质量赔偿标准》，规定此后在调解旅游纠纷时，以《旅行社服务质量赔偿标准》为调解赔偿依据。

一、赔偿总则

1. 旅行社不履行合同或者履行合同不符合约定的服务质量标准，旅游者和旅行社对赔偿标准未做出合同约定的，旅游行政管理部门或者旅游质监执法机构在处理相关旅游投诉时，参照适用本赔偿标准。

2. 由于不可抗力等不可归责于旅行社的客观原因或旅游者个人原因，造成旅游者经济损失的，旅行社不承担赔偿责任。

二、赔偿标准

1. 旅行社与旅游者订立合同或收取旅游者预付旅游费用后，因旅行社原因不能成行的，旅行社应在合理期限内通知旅游者，否则按下列标准承担赔偿责任：

（1）国内旅游应提前 7 日（不含 7 日）通知旅游者，否则应向旅游者全额退还预付旅游费用，并按下述标准向旅游者支付违约金：出发前 7 日（含 7 日）至 4 日，支付旅游费用总额 10% 的违约金；出发前 3 日至 1 日，支付旅游费用总额 15% 的违约金；出发当日，支付旅游费用总额 20% 的违约金。

（2）出境旅游（含赴台游）应提前 30 日（不含 30 日）通知旅游者，否则应向旅游者全额退还预付旅游费用，并按下述标准向旅游者支付违约金：出发前 30 日至 15 日，支付旅游费用总额 2% 的违约金；出发前 14 日至 7 日，支付旅游费用总额 5% 的违约金；出发前 6 日至 4 日，支付旅游费用总额 10% 的违约金；出发前 3 日至 1 日，支付旅游费用总额 15% 的违约金；出发当日，支付旅游费用总额 20% 的违约金。

2. 旅行社未经旅游者同意，擅自将旅游者转团、拼团的，旅行社应向旅游者支付旅游费用总额 25% 的违约金。解除合同的，还应向未随团出行的旅游者全额退还预付旅游费用，向已随团出行的旅游者退还未实际发生的旅游费用。

3. 在同一旅游行程中，旅行社提供相同服务，因旅游者的年龄、职业等差异增收费用的，旅行社应返还增收的费用。

4. 因旅行社原因造成旅游者未能乘坐预定的公共交通工具的，旅行社应赔偿旅游者的直接经济损失，并支付直接经济损失 20% 的违约金。

5.旅行社安排的旅游活动及服务档次与合同不符，造成旅游者经济损失的，旅行社应退还旅游者合同金额与实际花费的差额，并支付同额违约金。

6.导游或领队未按照国家或旅游行业对旅游者服务标准提供导游或者领队服务，影响旅游服务质量的，旅行社应向旅游者支付旅游费用总额 1% 至 5% 的违约金，本赔偿标准另有规定的除外。

7.旅行社及导游或领队违反旅行社与旅游者的合同约定，损害旅游者合法权益的，旅行社按下述标准承担赔偿责任：

（1）擅自缩短游览时间、遗漏旅游景点、减少旅游服务项目的，旅行社应赔偿未完成约定旅游服务项目等合理费用，并支付同额违约金。遗漏无门票景点的，每遗漏一处旅行社向旅游者支付旅游费用总额 5% 的违约金。

（2）未经旅游者签字确认，擅自安排合同约定以外的用餐、娱乐、医疗保健、参观等另行付费项目的，旅行社应承担另行付费项目的费用。

（3）未经旅游者签字确认，擅自违反合同约定增加购物次数、延长停留时间的，每次向旅游者支付旅游费用总额 10% 的违约金。

（4）强迫或者变相强迫旅游者购物的，每次向旅游者支付旅游费用总额 20% 的违约金。

（5）旅游者在合同约定的购物场所所购物品系假冒伪劣商品的，旅行社应负责挽回或赔偿旅游者的直接经济损失。

（6）私自兜售商品，旅行社应全额退还旅游者购物价款。

8.旅行社违反合同约定，中止对旅游者提供住宿、用餐、交通等旅游服务的，应当负担旅游者在被中止旅游服务期间所订的同等级别的住宿、用餐、交通等必要费用，并向旅游者支付旅游费用总额 30% 的违约金。

 **复习与思考**

一、名词解释

旅游投诉　级别管辖　地域管辖

二、填空题

1. 旅游投诉，是指旅游者认为旅游经营者损害其合法权益，请求旅游行政管理部门、旅游质量监督管理机构或者旅游执法机构，对双方发生的_____进行处理的行为。

2. 旅游投诉处理的管辖分为_____和地域管辖。

3. 旅游投诉者自愿选择旅游投诉管辖机构，可以同时或者先后向两个以上旅游投诉处理机构提出投诉请求，发生管辖争议的，旅游投诉处理机构可以协商确定，或者报请共同的上级旅游投诉处理机构_____。

4. 旅游投诉一般应当采取_____，但是投诉事项比较简单的，投诉人可以口头投诉。

5. 投诉人_____人以上，以同一事由投诉同一被投诉人的，为共同投诉。

6. 旅游投诉处理机构处理旅游投诉，应当立案办理，填写《旅游投诉立案表》，并附有关投诉材料，在受理投诉之日起_____内，将《旅游投诉受理通知书》和投诉书副本送达被投诉人。

7. 被投诉人应当在接到通知之日起_____内作出书面答复，提出答辩的事实、理由和证据。

8. 旅游投诉处理机构应当在查明事实的基础上，遵循_____、合法的原则进行调解，促使投诉人与被投诉人相互谅解，达成协议。

9. 旅游投诉处理机构应当在受理旅游投诉之日起_____内，作出处理。

10. 《旅游投诉调解书》应当载明_____、查明的事实、处理过程和调解结果，由当事人双方签字并加盖旅游投诉处理机构印章。

三、选择题（请选择一个正确答案，填在相应的位置上）

1. 旅游投诉，是指旅游者认为旅游经营者损害其合法权益，请求旅游行政管理部门、旅游质量监督管理机构或者旅游执法机构，对双方发生的（　　）进行处理的行为。

A. 人身争议　　　　　　　　　　B. 财产争议

C. 行政争议　　　　　　　　　　D. 民事争议

2. 投诉者是指（　　）的人。

A. 与案件有关系　　　　　　　　B. 与案件有利害关系

C. 与案件有直接利害关系　　　　D. 对案件了解

3.（　　）是指上下级旅游投诉处理机构对处理旅游投诉案件的权限和分工。

A.地域管辖　　　　　B.地域管理　　　　C.级别管理　　　　D.级别管辖

4. 合同签订地是指合同双方就合同协议书签字盖章确认的地点。如果一方先签字，另一方后签字，以（　　）为合同签订地。

A.先签字一方的签字地点　　　　　　B.后签字一方的签字地点

C.任一方的签字地点　　　　　　　　D.任一方的住所

5. 被投诉者所在地一般是指被投诉者的住所地，被投诉者为旅游经营者，其住所地为（　　）。

A.门市部　　　　　　　　　　　　　B.营业部

C.所有的经营网点　　　　　　　　　D.主要办事机构所在地

6. 投诉人不得向旅游投诉处理机构投诉的事项是（　　）。

A.认为旅游经营者违反合同约定的

B.因旅游经营者的责任致使投诉人人身、财产受到损害的

C.因不可抗力、意外事故致使旅游合同不能履行或者不能完全履行，投诉人与被投诉人发生争议的

D.组团社没有按照合同约定向地接社支付团款

7. 投诉人可以向旅游投诉处理机构投诉的事项是（　　）

A.因不可抗力、意外事故致使旅游合同不能履行或者不能完全履行，投诉人与被投诉人发生争议的

B.人民法院、仲裁机构、其他行政管理部门或者社会调解机构已经受理或者处理的

C.旅游投诉处理机构已经作出处理，且没有新情况、新理由的

D.超过旅游合同结束之日90天的

8. 旅游投诉处理机构不予受理投诉的情形是（　　）。

A.认为旅游经营者违反合同约定的

B.因旅游经营者的责任致使投诉人人身、财产受到损害的

C.因不可抗力、意外事故致使旅游合同不能履行或者不能完全履行，投诉人与被投诉人发生争议的

D.人民法院、仲裁机构、其他行政管理部门或者社会调解机构已经受理或者处理的

9. 旅游者张三在旅游行程中，从甲地出发，在乙地景区观光，在丙地观看演出，在丁地吃晚餐后，出现呕吐。张三应当向（　　）地的旅游投诉处理机构投诉。

A. 甲　　　　　　　B. 乙　　　　　　　C. 丙　　　　　　　D. 丁

10. 旅游者张三与甲地旅行社在乙地签订旅游合同，在丙地与地接发生冲突，人身受到伤害，被送到丁地治疗，下列说法正确的是（　　）。

A. 张三只能向甲地旅游投诉机构投诉

B. 张三只能向甲地或者乙地旅游投诉机构投诉

C. 张三只能向甲地、乙地或者丙地旅游投诉机构投诉

D. 张三只能向甲地、乙地、丙地或者丁地旅游投诉机构投诉

四、判断题

1. 旅游投诉，是指旅游者请求旅游投诉处理机构处理争议的行为。（　　）

2. 旅游投诉由投诉人所在地县级以上地方旅游投诉处理机构管辖。（　　）

3. 旅游投诉可以由旅游合同签订地县级以上地方旅游投诉处理机构管辖。（　　）

4. 因不可抗力致使旅游合同不能履行，投诉人与被投诉人发生争议的，投诉人可以向旅游投诉处理机构投诉。（　　）

5. 因意外事故致使旅游合同不能完全履行，投诉人与被投诉人发生争议的，投诉人可以向旅游投诉处理机构投诉。（　　）

6. 对仲裁机构已经受理或者处理的旅游投诉，旅游投诉处理机构仍然可以受理。（　　）

7. 因旅行社原因造成旅游者未能乘坐预定的公共交通工具的，旅行社应赔偿旅游者的直接经济损失，并支付直接经济损失30%的违约金。（　　）

8. 由于不可抗力等不可归责于旅行社的客观原因或旅游者个人原因，造成旅游者经济损失的，旅行社不承担赔偿责任。（　　）

9. 旅游者必须在旅游合同结束之日2年内，向旅游投诉处理机构提起旅游投诉。（　　）

10. 共同投诉的代表人参加旅游投诉处理机构处理投诉过程的所有行为，均对全体投诉人发生效力。（　　）

五、简答题

1. 旅游投诉处理机构受理旅游投诉的情形有哪些？

2. 旅游投诉处理机构不予受理旅游投诉的情形有哪些？

3. 旅游投诉受理的条件有哪些？

4. 旅游投诉书应当载明的事项有哪些？

5. 旅游投诉处理机构可以对旅游投诉作出哪些处理决定？

六、案例分析

　　旅游者黄某参加了由某国际旅行社组织的香港四日游。第二天晚上，在结束了当天的旅游活动后，黄某与同团其他旅游者外出观赏香港夜景。由于不熟悉当地的道路情况，黄某在过马路时，被一辆巴士撞倒在地，头部受到重创昏迷不醒，即被送至附近的医院，经紧急抢救才脱离生命危险。此后，黄某在香港接受了 1 个月的治疗才稍稍恢复。由于香港各项费用过高，伤势未痊愈的张某返回内地继续治疗。2 个月后，黄某向省旅游质检所投诉并提交了相关证据，要求旅行社承担赔偿责任。

　　根据以上案例，回答如下问题：

　　1. 省旅游质检所是否应当受理投诉，为什么？

　　2. 旅行社是否应当承担赔偿责任，为什么？

七、实践与训练

　　模拟处理旅游投诉。学生自愿组成小组，每组 6~8 人。组织一次课堂交流与讨论，时间为 1 节课。

　　讨论问题：在旅游投诉处理过程中，如何提高并完善应对旅游投诉处理的技能？

📖 推荐阅读

1. www.sxxzlyw.com.

2. http://qualitytourism.cnta.gov.cn/tousu.aspx.

3. http://travel315.people.com.cn/.

4. 黄恢月. 常见旅游纠纷防范与应对指南 [M]. 北京：旅游教育出版社，2011.

中华人民共和国旅游法

（2013 年 4 月 25 日第十二届全国人民代表大会常务委员会第二次会议通过）

第一章 总 则

第一条 为保障旅游者和旅游经营者的合法权益，规范旅游市场秩序，保护和合理利用旅游资源，促进旅游业持续健康发展，制定本法。

第二条 在中华人民共和国境内的和在中华人民共和国境内组织到境外的游览、度假、休闲等形式的旅游活动以及为旅游活动提供相关服务的经营活动，适用本法。

第三条 国家发展旅游事业，完善旅游公共服务，依法保护旅游者在旅游活动中的权利。

第四条 旅游业发展应当遵循社会效益、经济效益和生态效益相统一的原则。国家鼓励各类市场主体在有效保护旅游资源的前提下，依法合理利用旅游资源。利用公共资源建设的游览场所应当体现公益性质。

第五条 国家倡导健康、文明、环保的旅游方式，支持和鼓励各类社会机构开展旅游公益宣传，对促进旅游业发展做出突出贡献的单位和个人给予奖励。

第六条 国家建立健全旅游服务标准和市场规则，禁止行业垄断和地区垄断。旅游经营者应当诚信经营，公平竞争，承担社会责任，为旅游者提供安全、健康、卫生、方便的旅游服务。

第七条 国务院建立健全旅游综合协调机制，对旅游业发展进行综合协调。

县级以上地方人民政府应当加强对旅游工作的组织和领导，明确相关部门或者机构，对本行政区域的旅游业发展和监督管理进行统筹协调。

第八条　依法成立的旅游行业组织，实行自律管理。

第二章　旅游者

第九条　旅游者有权自主选择旅游产品和服务，有权拒绝旅游经营者的强制交易行为。

旅游者有权知悉其购买的旅游产品和服务的真实情况。

旅游者有权要求旅游经营者按照约定提供产品和服务。

第十条　旅游者的人格尊严、民族风俗习惯和宗教信仰应当得到尊重。

第十一条　残疾人、老年人、未成年人等旅游者在旅游活动中依照法律、法规和有关规定享受便利和优惠。

第十二条　旅游者在人身、财产安全遇有危险时，有请求救助和保护的权利。

旅游者人身、财产受到侵害的，有依法获得赔偿的权利。

第十三条　旅游者在旅游活动中应当遵守社会公共秩序和社会公德，尊重当地的风俗习惯、文化传统和宗教信仰，爱护旅游资源，保护生态环境，遵守旅游文明行为规范。

第十四条　旅游者在旅游活动中或者在解决纠纷时，不得损害当地居民的合法权益，不得干扰他人的旅游活动，不得损害旅游经营者和旅游从业人员的合法权益。

第十五条　旅游者购买、接受旅游服务时，应当向旅游经营者如实告知与旅游活动相关的个人健康信息，遵守旅游活动中的安全警示规定。

旅游者对国家应对重大突发事件暂时限制旅游活动的措施以及有关部门、机构或者旅游经营者采取的安全防范和应急处置措施，应当予以配合。

旅游者违反安全警示规定，或者对国家应对重大突发事件暂时限制旅游活动的措施、安全防范和应急处置措施不予配合的，依法承担相应责任。

第十六条　出境旅游者不得在境外非法滞留，随团出境的旅游者不得擅自分团、脱团。

入境旅游者不得在境内非法滞留，随团入境的旅游者不得擅自分团、脱团。

第三章　旅游规划和促进

第十七条　国务院和县级以上地方人民政府应当将旅游业发展纳入国民经济和

社会发展规划。

国务院和省、自治区、直辖市人民政府以及旅游资源丰富的设区的市和县级人民政府，应当按照国民经济和社会发展规划的要求，组织编制旅游发展规划。对跨行政区域且适宜进行整体利用的旅游资源进行利用时，应当由上级人民政府组织编制或者由相关地方人民政府协商编制统一的旅游发展规划。

第十八条　旅游发展规划应当包括旅游业发展的总体要求和发展目标，旅游资源保护和利用的要求和措施，以及旅游产品开发、旅游服务质量提升、旅游文化建设、旅游形象推广、旅游基础设施和公共服务设施建设的要求和促进措施等内容。

根据旅游发展规划，县级以上地方人民政府可以编制重点旅游资源开发利用的专项规划，对特定区域内的旅游项目、设施和服务功能配套提出专门要求。

第十九条　旅游发展规划应当与土地利用总体规划、城乡规划、环境保护规划以及其他自然资源和文物等人文资源的保护和利用规划相衔接。

第二十条　各级人民政府编制土地利用总体规划、城乡规划，应当充分考虑相关旅游项目、设施的空间布局和建设用地要求。规划和建设交通、通信、供水、供电、环保等基础设施和公共服务设施，应当兼顾旅游业发展的需要。

第二十一条　对自然资源和文物等人文资源进行旅游利用，必须严格遵守有关法律、法规的规定，符合资源、生态保护和文物安全的要求，尊重和维护当地传统文化和习俗，维护资源的区域整体性、文化代表性和地域特殊性，并考虑军事设施保护的需要。有关主管部门应当加强对资源保护和旅游利用状况的监督检查。

第二十二条　各级人民政府应当组织对本级政府编制的旅游发展规划的执行情况进行评估，并向社会公布。

第二十三条　国务院和县级以上地方人民政府应当制定并组织实施有利于旅游业持续健康发展的产业政策，推进旅游休闲体系建设，采取措施推动区域旅游合作，鼓励跨区域旅游线路和产品开发，促进旅游与工业、农业、商业、文化、卫生、体育、科教等领域的融合，扶持少数民族地区、革命老区、边远地区和贫困地区旅游业发展。

第二十四条　国务院和县级以上地方人民政府应当根据实际情况安排资金，加强旅游基础设施建设、旅游公共服务和旅游形象推广。

第二十五条　国家制定并实施旅游形象推广战略。国务院旅游主管部门统筹组织国家旅游形象的境外推广工作，建立旅游形象推广机构和网络，开展旅游国际合作与交流。

县级以上地方人民政府统筹组织本地的旅游形象推广工作。

第二十六条　国务院旅游主管部门和县级以上地方人民政府应当根据需要建立旅游公共信息和咨询平台，无偿向旅游者提供旅游景区、线路、交通、气象、住宿、安全、医疗急救等必要信息和咨询服务。设区的市和县级人民政府有关部门应当根据需要在交通枢纽、商业中心和旅游者集中场所设置旅游咨询中心，在景区和通往主要景区的道路设置旅游指示标识。

旅游资源丰富的设区的市和县级人民政府可以根据本地的实际情况，建立旅游客运专线或者游客中转站，为旅游者在城市及周边旅游提供服务。

第二十七条　国家鼓励和支持发展旅游职业教育和培训，提高旅游从业人员素质。

第四章　旅游经营

第二十八条　设立旅行社，招徕、组织、接待旅游者，为其提供旅游服务，应当具备下列条件，取得旅游主管部门的许可，依法办理工商登记：

（一）有固定的经营场所；v

（二）有必要的营业设施；

（三）有符合规定的注册资本；

（四）有必要的经营管理人员和导游；

（五）法律、行政法规规定的其他条件。

第二十九条　旅行社可以经营下列业务：

（一）境内旅游；

（二）出境旅游；

（三）边境旅游；

（四）入境旅游；

（五）其他旅游业务。

旅行社经营前款第二项和第三项业务，应当取得相应的业务经营许可，具体条件由国务院规定。

第三十条　旅行社不得出租、出借旅行社业务经营许可证，或者以其他形式非法转让旅行社业务经营许可。

第三十一条　旅行社应当按照规定交纳旅游服务质量保证金，用于旅游者权益损害赔偿和垫付旅游者人身安全遇有危险时紧急救助的费用。

第三十二条　旅行社为招徕、组织旅游者发布信息，必须真实、准确，不得进行虚假宣传，误导旅游者。

第三十三条　旅行社及其从业人员组织、接待旅游者，不得安排参观或者参与违反我国法律、法规和社会公德的项目或者活动。

第三十四条　旅行社组织旅游活动应当向合格的供应商订购产品和服务。

第三十五条　旅行社不得以不合理的低价组织旅游活动，诱骗旅游者，并通过安排购物或者另行付费旅游项目获取回扣等不正当利益。

旅行社组织、接待旅游者，不得指定具体购物场所，不得安排另行付费旅游项目。但是，经双方协商一致或者旅游者要求，且不影响其他旅游者行程安排的除外。

发生违反前两款规定情形的，旅游者有权在旅游行程结束后三十日内，要求旅行社为其办理退货并先行垫付退货货款，或者退还另行付费旅游项目的费用。

第三十六条　旅行社组织团队出境旅游或者组织、接待团队入境旅游，应当按照规定安排领队或者导游全程陪同。

第三十七条　参加导游资格考试成绩合格，与旅行社订立劳动合同或者在相关旅游行业组织注册的人员，可以申请取得导游证。

第三十八条　旅行社应当与其聘用的导游依法订立劳动合同，支付劳动报酬，缴纳社会保险费用。

旅行社临时聘用导游为旅游者提供服务的，应当全额向导游支付本法第六十条第三款规定的导游服务费用。

旅行社安排导游为团队旅游提供服务的，不得要求导游垫付或者向导游收取任何费用。

第三十九条　取得导游证，具有相应的学历、语言能力和旅游从业经历，并与旅行社订立劳动合同的人员，可以申请取得领队证。

第四十条　导游和领队为旅游者提供服务必须接受旅行社委派，不得私自承揽导游和领队业务。

第四十一条　导游和领队从事业务活动，应当佩戴导游证、领队证，遵守职业道德，尊重旅游者的风俗习惯和宗教信仰，应当向旅游者告知和解释旅游文明行为规范，引导旅游者健康、文明旅游，劝阻旅游者违反社会公德的行为。

导游和领队应当严格执行旅游行程安排，不得擅自变更旅游行程或者中止服务活动，不得向旅游者索取小费，不得诱导、欺骗、强迫或者变相强迫旅游者购物或者参加另行付费旅游项目。

第四十二条　景区开放应当具备下列条件，并听取旅游主管部门的意见：

（一）有必要的旅游配套服务和辅助设施；

（二）有必要的安全设施及制度，经过安全风险评估，满足安全条件；

（三）有必要的环境保护设施和生态保护措施；

（四）法律、行政法规规定的其他条件。

第四十三条　利用公共资源建设的景区的门票以及景区内的游览场所、交通工具等另行收费项目，实行政府定价或者政府指导价，严格控制价格上涨。拟收费或者提高价格的，应当举行听证会，征求旅游者、经营者和有关方面的意见，论证其必要性、可行性。

利用公共资源建设的景区，不得通过增加另行收费项目等方式变相涨价；另行收费项目已收回投资成本的，应当相应降低价格或者取消收费。

公益性的城市公园、博物馆、纪念馆等，除重点文物保护单位和珍贵文物收藏单位外，应当逐步免费开放。

第四十四条　景区应当在醒目位置公示门票价格、另行收费项目的价格及团体收费价格。景区提高门票价格应当提前六个月公布。

将不同景区的门票或者同一景区内不同游览场所的门票合并出售的，合并后的价格不得高于各单项门票的价格之和，且旅游者有权选择购买其中的单项票。

景区内的核心游览项目因故暂停向旅游者开放或者停止提供服务的，应当公示并相应减少收费。

第四十五条　景区接待旅游者不得超过景区主管部门核定的最大承载量。景区应当公布景区主管部门核定的最大承载量，制定和实施旅游者流量控制方案，并可以采取门票预约等方式，对景区接待旅游者的数量进行控制。

旅游者数量可能达到最大承载量时，景区应当提前公告并同时向当地人民政府报告，景区和当地人民政府应当及时采取疏导、分流等措施。

第四十六条　城镇和乡村居民利用自有住宅或者其他条件依法从事旅游经营，其管理办法由省、自治区、直辖市制定。

第四十七条　经营高空、高速、水上、潜水、探险等高风险旅游项目，应当按照国家有关规定取得经营许可。

第四十八条　通过网络经营旅行社业务的，应当依法取得旅行社业务经营许可，并在其网站主页的显著位置标明其业务经营许可证信息。

发布旅游经营信息的网站，应当保证其信息真实、准确。

第四十九条　为旅游者提供交通、住宿、餐饮、娱乐等服务的经营者，应当符合法律、法规规定的要求，按照合同约定履行义务。

第五十条　旅游经营者应当保证其提供的商品和服务符合保障人身、财产安全的要求。

旅游经营者取得相关质量标准等级的，其设施和服务不得低于相应标准；未取得质量标准等级的，不得使用相关质量等级的称谓和标识。

第五十一条　旅游经营者销售、购买商品或者服务，不得给予或者收受贿赂。

第五十二条　旅游经营者对其在经营活动中知悉的旅游者个人信息，应当予以保密。

第五十三条　从事道路旅游客运的经营者应当遵守道路客运安全管理的各项制度，并在车辆显著位置明示道路旅游客运专用标识，在车厢内显著位置公示经营者和驾驶人信息、道路运输管理机构监督电话等事项。

第五十四条　景区、住宿经营者将其部分经营项目或者场地交由他人从事住宿、餐饮、购物、游览、娱乐、旅游交通等经营的，应当对实际经营者的经营行为给旅游者造成的损害承担连带责任。

第五十五条　旅游经营者组织、接待出入境旅游，发现旅游者从事违法活动或者有违反本法第十六条规定情形的，应当及时向公安机关、旅游主管部门或者我国驻外机构报告。

第五十六条　国家根据旅游活动的风险程度，对旅行社、住宿、旅游交通以及本法第四十七条规定的高风险旅游项目等经营者实施责任保险制度。

第五章　旅游服务合同

第五十七条　旅行社组织和安排旅游活动，应当与旅游者订立合同。

第五十八条　包价旅游合同应当采用书面形式，包括下列内容：

（一）旅行社、旅游者的基本信息；

（二）旅游行程安排；

（三）旅游团成团的最低人数；

（四）交通、住宿、餐饮等旅游服务安排和标准；

（五）游览、娱乐等项目的具体内容和时间；

（六）自由活动时间安排；

（七）旅游费用及其交纳的期限和方式；

（八）违约责任和解决纠纷的方式；

（九）法律、法规规定和双方约定的其他事项。

订立包价旅游合同时，旅行社应当向旅游者详细说明前款第二项至第八项所载内容。

第五十九条　旅行社应当在旅游行程开始前向旅游者提供旅游行程单。旅游行程单是包价旅游合同的组成部分。

第六十条　旅行社委托其他旅行社代理销售包价旅游产品并与旅游者订立包价旅游合同的，应当在包价旅游合同中载明委托社和代理社的基本信息。

旅行社依照本法规定将包价旅游合同中的接待业务委托给地接社履行的，应当在包价旅游合同中载明地接社的基本信息。

安排导游为旅游者提供服务的，应当在包价旅游合同中载明导游服务费用。

第六十一条　旅行社应当提示参加团队旅游的旅游者按照规定投保人身意外伤害保险。

第六十二条　订立包价旅游合同时，旅行社应当向旅游者告知下列事项：

（一）旅游者不适合参加旅游活动的情形；

（二）旅游活动中的安全注意事项；

（三）旅行社依法可以减免责任的信息；

（四）旅游者应当注意的旅游目的地相关法律、法规和风俗习惯、宗教禁忌，依照中国法律不宜参加的活动等；

（五）法律、法规规定的其他应当告知的事项。

在包价旅游合同履行中，遇有前款规定事项的，旅行社也应当告知旅游者。

第六十三条　旅行社招徕旅游者组团旅游，因未达到约定人数不能出团的，组团社可以解除合同。但是，境内旅游应当至少提前七日通知旅游者，出境旅游应当至少提前三十日通知旅游者。

因未达到约定人数不能出团的，组团社经征得旅游者书面同意，可以委托其他旅行社履行合同。组团社对旅游者承担责任，受委托的旅行社对组团社承担责任。旅游者不同意的，可以解除合同。

因未达到约定的成团人数解除合同的，组团社应当向旅游者退还已收取的全部费用。

第六十四条　旅游行程开始前，旅游者可以将包价旅游合同中自身的权利义务转让给第三人，旅行社没有正当理由的不得拒绝，因此增加的费用由旅游者和第三人承担。

第六十五条　旅游行程结束前，旅游者解除合同的，组团社应当在扣除必要的费用后，将余款退还旅游者。

第六十六条　旅游者有下列情形之一的，旅行社可以解除合同：

（一）患有传染病等疾病，可能危害其他旅游者健康和安全的；

（二）携带危害公共安全的物品且不同意交有关部门处理的；

（三）从事违法或者违反社会公德的活动的；

（四）从事严重影响其他旅游者权益的活动，且不听劝阻、不能制止的；

（五）法律规定的其他情形。

因前款规定情形解除合同的，组团社应当在扣除必要的费用后，将余款退还旅游者；给旅行社造成损失的，旅游者应当依法承担赔偿责任。

第六十七条　因不可抗力或者旅行社、履行辅助人已尽合理注意义务仍不能避免的事件，影响旅游行程的，按照下列情形处理：

（一）合同不能继续履行的，旅行社和旅游者均可以解除合同。合同不能完全履行的，旅行社经向旅游者作出说明，可以在合理范围内变更合同；旅游者不同意变更的，可以解除合同。

（二）合同解除的，组团社应当在扣除已向地接社或者履行辅助人支付且不可退还的费用后，将余款退还旅游者；合同变更的，因此增加的费用由旅游者承担，减少的费用退还旅游者。

（三）危及旅游者人身、财产安全的，旅行社应当采取相应的安全措施，因此支出的费用，由旅行社与旅游者分担。

（四）造成旅游者滞留的，旅行社应当采取相应的安置措施。因此增加的食宿费用，由旅游者承担；增加的返程费用，由旅行社与旅游者分担。

第六十八条　旅游行程中解除合同的，旅行社应当协助旅游者返回出发地或者旅游者指定的合理地点。由于旅行社或者履行辅助人的原因导致合同解除的，返程费用由旅行社承担。

第六十九条　旅行社应当按照包价旅游合同的约定履行义务，不得擅自变更旅游行程安排。

经旅游者同意，旅行社将包价旅游合同中的接待业务委托给其他具有相应资质的地接社履行的，应当与地接社订立书面委托合同，约定双方的权利和义务，向地接社提供与旅游者订立的包价旅游合同的副本，并向地接社支付不低于接待和服务成本的费用。地接社应当按照包价旅游合同和委托合同提供服务。

第七十条　旅行社不履行包价旅游合同义务或者履行合同义务不符合约定的，应当依法承担继续履行、采取补救措施或者赔偿损失等违约责任；造成旅游者人身损害、财产损失的，应当依法承担赔偿责任。旅行社具备履行条件，经旅游者要求仍拒绝履行合同，造成旅游者人身损害、滞留等严重后果的，旅游者还可以要求旅行社支付旅游费用一倍以上三倍以下的赔偿金。

由于旅游者自身原因导致包价旅游合同不能履行或者不能按照约定履行，或者造成旅游者人身损害、财产损失的，旅行社不承担责任。

在旅游者自行安排活动期间，旅行社未尽到安全提示、救助义务的，应当对旅游者的人身损害、财产损失承担相应责任。

第七十一条　由于地接社、履行辅助人的原因导致违约的，由组团社承担责任；组团社承担责任后可以向地接社、履行辅助人追偿。

由于地接社、履行辅助人的原因造成旅游者人身损害、财产损失的，旅游者可以要求地接社、履行辅助人承担赔偿责任，也可以要求组团社承担赔偿责任；组团社承担责任后可以向地接社、履行辅助人追偿。但是，由于公共交通经营者的原因造成旅游者人身损害、财产损失的，由公共交通经营者依法承担赔偿责任，旅行社应当协助旅游者向公共交通经营者索赔。

第七十二条　旅游者在旅游活动中或者在解决纠纷时，损害旅行社、履行辅助人、旅游从业人员或者其他旅游者的合法权益的，依法承担赔偿责任。

第七十三条　旅行社根据旅游者的具体要求安排旅游行程，与旅游者订立包价旅游合同的，旅游者请求变更旅游行程安排，因此增加的费用由旅游者承担，减少的费用退还旅游者。

第七十四条　旅行社接受旅游者的委托，为其代订交通、住宿、餐饮、游览、娱乐等旅游服务，收取代办费用的，应当亲自处理委托事务。因旅行社的过错给旅游者造成损失的，旅行社应当承担赔偿责任。

旅行社接受旅游者的委托，为其提供旅游行程设计、旅游信息咨询等服务的，应当保证设计合理、可行，信息及时、准确。

第七十五条　住宿经营者应当按照旅游服务合同的约定为团队旅游者提供住宿服务。住宿经营者未能按照旅游服务合同提供服务的，应当为旅游者提供不低于原定标准的住宿服务，因此增加的费用由住宿经营者承担；但由于不可抗力、政府因公共利益需要采取措施造成不能提供服务的，住宿经营者应当协助安排旅游者住宿。

第六章　旅游安全

第七十六条　县级以上人民政府统一负责旅游安全工作。县级以上人民政府有关部门依照法律、法规履行旅游安全监管职责。

第七十七条　国家建立旅游目的地安全风险提示制度。旅游目的地安全风险提示的级别划分和实施程序，由国务院旅游主管部门会同有关部门制定。

县级以上人民政府及其有关部门应当将旅游安全作为突发事件监测和评估的重要内容。

第七十八条　县级以上人民政府应当依法将旅游应急管理纳入政府应急管理体系，制定应急预案，建立旅游突发事件应对机制。

突发事件发生后，当地人民政府及其有关部门和机构应当采取措施开展救援，并协助旅游者返回出发地或者旅游者指定的合理地点。

第七十九条　旅游经营者应当严格执行安全生产管理和消防安全管理的法律、法规和国家标准、行业标准，具备相应的安全生产条件，制定旅游者安全保护制度和应急预案。

旅游经营者应当对直接为旅游者提供服务的从业人员开展经常性应急救助技能培训，对提供的产品和服务进行安全检验、监测和评估，采取必要措施防止危害发生。

旅游经营者组织、接待老年人、未成年人、残疾人等旅游者，应当采取相应的安全保障措施。

第八十条　旅游经营者应当就旅游活动中的下列事项，以明示的方式事先向旅游者作出说明或者警示：

（一）正确使用相关设施、设备的方法；

（二）必要的安全防范和应急措施；

（三）未向旅游者开放的经营、服务场所和设施、设备；

（四）不适宜参加相关活动的群体；

（五）可能危及旅游者人身、财产安全的其他情形。

第八十一条　突发事件或者旅游安全事故发生后，旅游经营者应当立即采取必要的救助和处置措施，依法履行报告义务，并对旅游者作出妥善安排。

第八十二条　旅游者在人身、财产安全遇有危险时，有权请求旅游经营者、当地政府和相关机构进行及时救助。

中国出境旅游者在境外陷于困境时，有权请求我国驻当地机构在其职责范围内给予协助和保护。

旅游者接受相关组织或者机构的救助后，应当支付应由个人承担的费用。

第七章　旅游监督管理

第八十三条　县级以上人民政府旅游主管部门和有关部门依照本法和有关法律、法规的规定，在各自职责范围内对旅游市场实施监督管理。

县级以上人民政府应当组织旅游主管部门、有关主管部门和工商行政管理、产品质量监督、交通等执法部门对相关旅游经营行为实施监督检查。

第八十四条　旅游主管部门履行监督管理职责，不得违反法律、行政法规的规定向监督管理对象收取费用。

旅游主管部门及其工作人员不得参与任何形式的旅游经营活动。

第八十五条　县级以上人民政府旅游主管部门有权对下列事项实施监督检查：

（一）经营旅行社业务以及从事导游、领队服务是否取得经营、执业许可；

（二）旅行社的经营行为；

（三）导游和领队等旅游从业人员的服务行为；

（四）法律、法规规定的其他事项。

旅游主管部门依照前款规定实施监督检查，可以对涉嫌违法的合同、票据、账簿以及其他资料进行查阅、复制。

第八十六条　旅游主管部门和有关部门依法实施监督检查，其监督检查人员不得少于二人，并应当出示合法证件。监督检查人员少于二人或者未出示合法证件的，被检查单位和个人有权拒绝。

监督检查人员对在监督检查中知悉的被检查单位的商业秘密和个人信息应当依法保密。

第八十七条　对依法实施的监督检查，有关单位和个人应当配合，如实说明情况并提供文件、资料，不得拒绝、阻碍和隐瞒。

第八十八条　县级以上人民政府旅游主管部门和有关部门，在履行监督检查职责中或者在处理举报、投诉时，发现违反本法规定行为的，应当依法及时作出处理；对不属于本部门职责范围的事项，应当及时书面通知并移交有关部门查处。

第八十九条　县级以上地方人民政府建立旅游违法行为查处信息的共享机制，对需要跨部门、跨地区联合查处的违法行为，应当进行督办。

旅游主管部门和有关部门应当按照各自职责，及时向社会公布监督检查的情况。

第九十条　依法成立的旅游行业组织依照法律、行政法规和章程的规定，制定行业经营规范和服务标准，对其会员的经营行为和服务质量进行自律管理，组织开展职业道德教育和业务培训，提高从业人员素质。

第八章　旅游纠纷处理

第九十一条　县级以上人民政府应当指定或者设立统一的旅游投诉受理机构。受理机构接到投诉，应当及时进行处理或者移交有关部门处理，并告知投诉者。

第九十二条　旅游者与旅游经营者发生纠纷，可以通过下列途径解决：

（一）双方协商；

（二）向消费者协会、旅游投诉受理机构或者有关调解组织申请调解；

（三）根据与旅游经营者达成的仲裁协议提请仲裁机构仲裁；

（四）向人民法院提起诉讼。

第九十三条　消费者协会、旅游投诉受理机构和有关调解组织在双方自愿的基础上，依法对旅游者与旅游经营者之间的纠纷进行调解。

第九十四条　旅游者与旅游经营者发生纠纷，旅游者一方人数众多并有共同请求的，可以推选代表人参加协商、调解、仲裁、诉讼活动。

第九章　法律责任

第九十五条　违反本法规定，未经许可经营旅行社业务的，由旅游主管部门或者工商行政管理部门责令改正，没收违法所得，并处一万元以上十万元以下罚款；违法所得十万元以上的，并处违法所得一倍以上五倍以下罚款；对有关责任人员，处二千元以上二万元以下罚款。

旅行社违反本法规定，未经许可经营本法第二十九条第一款第二项、第三项业务，或者出租、出借旅行社业务经营许可证，或者以其他方式非法转让旅行社业务经营许可的，除依照前款规定处罚外，并责令停业整顿；情节严重的，吊销旅行社业务经营许可证；对直接负责的主管人员，处二千元以上二万元以下罚款。

第九十六条　旅行社违反本法规定，有下列行为之一的，由旅游主管部门责令改正，没收违法所得，并处五千元以上五万元以下罚款；情节严重的，责令停业整顿或者吊销旅行社业务经营许可证；对直接负责的主管人员和其他直接责任人员，处二千元以上二万元以下罚款：

（一）未按照规定为出境或者入境团队旅游安排领队或者导游全程陪同的；

（二）安排未取得导游证或者领队证的人员提供导游或者领队服务的；

（三）未向临时聘用的导游支付导游服务费用的；

（四）要求导游垫付或者向导游收取费用的。

第九十七条　旅行社违反本法规定，有下列行为之一的，由旅游主管部门或者有关部门责令改正，没收违法所得，并处五千元以上五万元以下罚款；违法所得五万元以上的，并处违法所得一倍以上五倍以下罚款；情节严重的，责令停业整顿或者吊销旅行社业务经营许可证；对直接负责的主管人员和其他直接责任人员，处二千元以上二万元以下罚款：

（一）进行虚假宣传，误导旅游者的；

（二）向不合格的供应商订购产品和服务的；

（三）未按照规定投保旅行社责任保险的。

第九十八条　旅行社违反本法第三十五条规定的，由旅游主管部门责令改正，没收违法所得，责令停业整顿，并处三万元以上三十万元以下罚款；违法所得三十万元以上的，并处违法所得一倍以上五倍以下罚款；情节严重的，吊销旅行社业务经营许可证；对直接负责的主管人员和其他直接责任人员，没收违法所得，处二千元以上二万元以下罚款，并暂扣或者吊销导游证、领队证。

　　第九十九条　旅行社未履行本法第五十五条规定的报告义务的，由旅游主管部门处五千元以上五万元以下罚款；情节严重的，责令停业整顿或者吊销旅行社业务经营许可证；对直接负责的主管人员和其他直接责任人员，处二千元以上二万元以下罚款，并暂扣或者吊销导游证、领队证。

　　第一百条　旅行社违反本法规定，有下列行为之一的，由旅游主管部门责令改正，处三万元以上三十万元以下罚款，并责令停业整顿；造成旅游者滞留等严重后果的，吊销旅行社业务经营许可证；对直接负责的主管人员和其他直接责任人员，处二千元以上二万元以下罚款，并暂扣或者吊销导游证、领队证：

　　（一）在旅游行程中擅自变更旅游行程安排，严重损害旅游者权益的；

　　（二）拒绝履行合同的；

　　（三）未征得旅游者书面同意，委托其他旅行社履行包价旅游合同的。

　　第一百零一条　旅行社违反本法规定，安排旅游者参观或者参与违反我国法律、法规和社会公德的项目或者活动的，由旅游主管部门责令改正，没收违法所得，责令停业整顿，并处二万元以上二十万元以下罚款；情节严重的，吊销旅行社业务经营许可证；对直接负责的主管人员和其他直接责任人员，处二千元以上二万元以下罚款，并暂扣或者吊销导游证、领队证。

　　第一百零二条　违反本法规定，未取得导游证或者领队证从事导游、领队活动的，由旅游主管部门责令改正，没收违法所得，并处一千元以上一万元以下罚款，予以公告。

　　导游、领队违反本法规定，私自承揽业务的，由旅游主管部门责令改正，没收违法所得，处一千元以上一万元以下罚款，并暂扣或者吊销导游证、领队证。

　　导游、领队违反本法规定，向旅游者索取小费的，由旅游主管部门责令退还，处一千元以上一万元以下罚款；情节严重的，并暂扣或者吊销导游证、领队证。

　　第一百零三条　违反本法规定被吊销导游证、领队证的导游、领队和受到吊销旅行社业务经营许可证处罚的旅行社的有关管理人员，自处罚之日起未逾三年的，不得重新申请导游证、领队证或者从事旅行社业务。

　　第一百零四条　旅游经营者违反本法规定，给予或者收受贿赂的，由工商行政管理部门依照有关法律、法规的规定处罚；情节严重的，并由旅游主管部门吊销旅行社业务经营许可证。

第一百零五条　景区不符合本法规定的开放条件而接待旅游者的，由景区主管部门责令停业整顿直至符合开放条件，并处二万元以上二十万元以下罚款。

景区在旅游者数量可能达到最大承载量时，未依照本法规定公告或者未向当地人民政府报告，未及时采取疏导、分流等措施，或者超过最大承载量接待旅游者的，由景区主管部门责令改正，情节严重的，责令停业整顿一个月至六个月。

第一百零六条　景区违反本法规定，擅自提高门票或者另行收费项目的价格，或者有其他价格违法行为的，由有关主管部门依照有关法律、法规的规定处罚。

第一百零七条　旅游经营者违反有关安全生产管理和消防安全管理的法律、法规或者国家标准、行业标准的，由有关主管部门依照有关法律、法规的规定处罚。

第一百零八条　对违反本法规定的旅游经营者及其从业人员，旅游主管部门和有关部门应当记入信用档案，向社会公布。

第一百零九条　旅游主管部门和有关部门的工作人员在履行监督管理职责中，滥用职权、玩忽职守、徇私舞弊，尚不构成犯罪的，依法给予处分。

第一百一十条　违反本法规定，构成犯罪的，依法追究刑事责任。

第十章　附　则

第一百一十一条　本法下列用语的含义：

（一）旅游经营者，是指旅行社、景区以及为旅游者提供交通、住宿、餐饮、购物、娱乐等服务的经营者。

（二）景区，是指为旅游者提供游览服务、有明确的管理界限的场所或者区域。

（三）包价旅游合同，是指旅行社预先安排行程，提供或者通过履行辅助人提供交通、住宿、餐饮、游览、导游或者领队等两项以上旅游服务，旅游者以总价支付旅游费用的合同。

（四）组团社，是指与旅游者订立包价旅游合同的旅行社。

（五）地接社，是指接受组团社委托，在目的地接待旅游者的旅行社。

（六）履行辅助人，是指与旅行社存在合同关系，协助其履行包价旅游合同义务，实际提供相关服务的法人或者自然人。

第一百一十二条　本法自 2013 年 10 月 1 日起施行。

参 考 文 献

［1］浙江省旅游局.旅游安全法规选编［M］.杭州：浙江省旅游局，2004.

［2］孙子文.旅游法规［M］.大连：东北财经大学出版社，1999.

［3］黄恢月.旅游合同纠纷实务解析［M］.北京：中国旅游出版社，2004.

［4］段国强.旅游投诉案例与分析［M］.北京：中国旅游出版社，2003.

［5］姚小玲.旅游法规与实务［M］.北京：旅游教育出版社，2002.

［6］杜江.旅行社经营管理［M］.北京：旅游教育出版社，1999.

［7］韩玉灵.旅游法教程［M］.北京：高等教育出版社，2003.

［8］浙江省旅游局.旅游政策与法规［M］.北京：中国旅游出版社，2010.

［9］刘敢生.WTO与旅游服务贸易的法律问题［M］.广州：广东旅游出版社，2000.

［10］旅游法规案例精选编委会.旅游法规案例精选［M］.北京：中国旅游出版社，2004.

［11］梁智，李红等.旅游投诉与旅游事故案例精选解析［M］.北京：旅游教育出版社，2009.

［12］王静.旅游事故索赔指南［M］.北京：中国法制出版社，2009.

［13］仇书勇.旅游者权益保障简明读本［M］.北京：中国社会出版社，2006.

［14］刘劲柳.旅游合同［M］.北京：法律出版社，2003.

［15］韩阳，孟凡哲.旅游合同研究［M］.北京：知识产权出版社，2007.

［16］魏振瀛.民法［M］.北京：北京大学出版社，2000.

［17］王昆欣.全国导游人员资格考试模拟试题汇编［M］.北京：旅游教育出版社，2010.

［18］徐云松，汪亚明等.全国导游人员资格考试模拟试题汇编［M］.北京：中国旅游出版社，2010.

［19］李远慧，郑宇飞.旅游法规实务［M］.武汉：武汉大学出版社，2008.

［20］邢彦明，吴圣奎等.旅游消费者维权指南.北京：旅游教育出版社，2009.

［21］仇向明，黄恢月.出境旅游领队工作案例解析［M］.北京：旅游教育出版社，2008.

［22］黄恢月.常见旅游纠纷防范与应对指南［M］.北京：旅游教育出版社，2011.

［23］胡锦光，韩大元.中国宪法［M］.北京：法律出版社，2007.

［25］秦刚.中国特色社会主义理论体系［M］.北京：中共中央党校出版社，2008.

项目策划与统筹：付　蓉
责任编辑：付　蓉　张珊珊
封面设计：鲁　筱
责任印制：冯冬青

图书在版编目（CIP）数据

旅游政策与法规/江涛主编. -- 北京：中国旅游
出版社，2013.8（2014.3重印）
"中国旅游院校五星联盟"中国骨干旅游高职院校教
材编写出版项目
ISBN 978-7-5032-4742-2

Ⅰ.①旅… Ⅱ.①江… Ⅲ.①旅游业—方针政策—中
国—高等职业教育—教材②旅游业—法规—中国—高等职
业教育—教材　Ⅳ.①F592.0②D922.296

中国版本图书馆CIP数据核字（2013）第106904号

书　　名：旅游政策与法规

主　　编：江　涛
出版发行：中国旅游出版社
　　　　　（北京建国门内大街甲9号　邮编：100005）
　　　　　http://www.cttp.net.cn　E-mail:cttp@cnta.gov.cn
　　　　　发行部电话：010-85166503
排　　版：北京中文天地文化艺术有限公司
印　　刷：河北省三河市灵山红旗印刷厂
版　　次：2013年8月第1版　2014年3月第2次印刷
开　　本：787毫米×1092毫米　1/16
印　　张：23
印　　数：3001-6000册
字　　数：384千
定　　价：39.80元
ＩＳＢＮ　978-7-5032-4742-2